적중 반편성 배치고사
실전 모의고사 답안지

· 출신학교 :
· 수험번호 :
· 성명 :
· 확인 :

KB219118

오른쪽 [보기]와 같이, 객관식 답안의 경우에는
해당 번호에 컴퓨터용 사인펜으로 까맣게 표기
하고, 주관식 답안의 경우에는 뒷면에 직접 답안
을 써넣습니다.

보기	번호	답 란				
	1	①	②	③	④	⑤
	2	①	②	③	④	⑤
		※ 답안은 뒷면에 작성해 주세요.				
	3	①	②	●	④	⑤

실전 모의고사 국어 점수

번호	답 란				
1	①	②	③	④	⑤
2	①	②	③	④	⑤
3	①	②	③	④	⑤
4	※ 답안은 뒷면에 작성해 주세요.				
5	①	②	③	④	⑤
6	①	②	③	④	⑤
7	①	②	③	④	⑤
8	※ 답안은 뒷면에 작성해 주세요.				
9	①	②	③	④	⑤
10	①	②	③	④	⑤
11	①	②	③	④	⑤
12	①	②	③	④	⑤
13	①	②	③	④	⑤
14	①	②	③	④	⑤
15	①	②	③	④	⑤
16	①	②	③	④	⑤
17	①	②	③	④	⑤
18	※ 답안은 뒷면에 작성해 주세요.				
19	※ 답안은 뒷면에 작성해 주세요.				
20	①	②	③	④	⑤
21	※ 답안은 뒷면에 작성해 주세요.				
22	①	②	③	④	⑤
23	①	②	③	④	⑤
24	※ 답안은 뒷면에 작성해 주세요.				
25	①	②	③	④	⑤

실전 모의고사 수학 점수

번호	답 란				
1	①	②	③	④	⑤
2	※ 답안은 뒷면에 작성해 주세요.				
3	①	②	③	④	⑤
4	①	②	③	④	⑤
5	①	②	③	④	⑤
6	①	②	③	④	⑤
7	①	②	③	④	⑤
8	※ 답안은 뒷면에 작성해 주세요.				
9	①	②	③	④	⑤
10	①	②	③	④	⑤
11	①	②	③	④	⑤
12	①	②	③	④	⑤
13	①	②	③	④	⑤
14	①	②	③	④	⑤
15	①	②	③	④	⑤
16	①	②	③	④	⑤
17	①	②	③	④	⑤
18	①	②	③	④	⑤
19	※ 답안은 뒷면에 작성해 주세요.				
20	①	②	③	④	⑤
21	①	②	③	④	⑤
22	①	②	③	④	⑤
23	※ 답안은 뒷면에 작성해 주세요.				
24	①	②	③	④	⑤
25	①	②	③	④	⑤

실전 모의고사 사회 점수

번호	답 란				
1	①	②	③	④	⑤
2	①	②	③	④	⑤
3	※ 답안은 뒷면에 작성해 주세요.				
4	①	②	③	④	⑤
5	①	②	③	④	⑤
6	※ 답안은 뒷면에 작성해 주세요.				
7	①	②	③	④	⑤
8	①	②	③	④	⑤
9	①	②	③	④	⑤
10	※ 답안은 뒷면에 작성해 주세요.				
11	①	②	③	④	⑤
12	①	②	③	④	⑤
13	①	②	③	④	⑤
14	①	②	③	④	⑤
15	①	②	③	④	⑤
16	①	②	③	④	⑤
17	①	②	③	④	⑤
18	①	②	③	④	⑤
19	①	②	③	④	⑤
20	①	②	③	④	⑤
21	※ 답안은 뒷면에 작성해 주세요.				
22	①	②	③	④	⑤
23	①	②	③	④	⑤
24	①	②	③	④	⑤
25	①	②	③	④	⑤

실전 모의고사 과학 점수

번호	답 란				
1	①	②	③	④	⑤
2	①	②	③	④	⑤
3	※ 답안은 뒷면에 작성해 주세요.				
4	①	②	③	④	⑤
5	①	②	③	④	⑤
6	①	②	③	④	⑤
7	①	②	③	④	⑤
8	※ 답안은 뒷면에 작성해 주세요.				
9	①	②	③	④	⑤
10	①	②	③	④	⑤
11	①	②	③	④	⑤
12	①	②	③	④	⑤
13	①	②	③	④	⑤
14	①	②	③	④	⑤
15	①	②	③	④	⑤
16	①	②	③	④	⑤
17	①	②	③	④	⑤
18	※ 답안은 뒷면에 작성해 주세요.				
19	※ 답안은 뒷면에 작성해 주세요.				
20	①	②	③	④	⑤
21	①	②	③	④	⑤
22	①	②	③	④	⑤
23	①	②	③	④	⑤
24	①	②	③	④	⑤
25	①	②	③	④	⑤

실전 모의고사 영어 점수

번호	답 란				
1	※ 답안은 뒷면에 작성해 주세요.				
2	①	②	③	④	⑤
3	①	②	③	④	⑤
4	①	②	③	④	⑤
5	①	②	③	④	⑤
6	①	②	③	④	⑤
7	①	②	③	④	⑤
8	※ 답안은 뒷면에 작성해 주세요.				
9	①	②	③	④	⑤
10	①	②	③	④	⑤
11	①	②	③	④	⑤
12	①	②	③	④	⑤
13	①	②	③	④	⑤
14	①	②	③	④	⑤
15	①	②	③	④	⑤
16	①	②	③	④	⑤
17	①	②	③	④	⑤
18	※ 답안은 뒷면에 작성해 주세요.				
19	※ 답안은 뒷면에 작성해 주세요.				
20	①	②	③	④	⑤
21	①	②	③	④	⑤
22	①	②	③	④	⑤
23	①	②	③	④	⑤
24	①	②	③	④	⑤
25	①	②	③	④	⑤

적중 반편성 배치고사
영어 실전 모의고사

주관식

번호	답 란
1	
5	
7	
12	
14	
19	

적중 반편성 배치고사
과학 실전 모의고사

주관식

번호	답 란
3	
8	
14	
18	
23	

적중 반편성 배치고사
사회 실전 모의고사

주관식

번호	답 란
3	
5	
6	
10	
21	

적중 반편성 배치고사
수학 실전 모의고사

주관식

번호	답 란
2	
8	
16	
19	
23	

적중 반편성 배치고사
국어 실전 모의고사

주관식

번호	답 란
4	
8	
18	
19	
21	
24	

적중 반편성 배치고사 + 진단평가

6학년 예비 중학생

Start

반편성 배치고사

1, 2학기 핵심 개념 정리
국어/수학/사회/과학/영어

학기별 기출 문제
국어/수학/사회/과학/영어

2월 실시
반편성 배치고사

실전 모의고사 1회(권두부록)
국어/수학/사회/과학/영어

모의고사 1회, 2회
국어/수학/사회/과학/영어

기초학력 진단평가

실전 모의고사 1회, 2회
국어/수학/사회/과학/영어

3월 실시
기초학력 진단평가

Goal

이 책의 구성과 특징

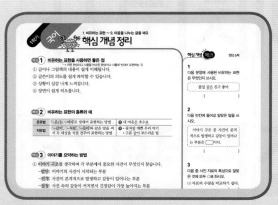

● **핵심 개념 정리**
1, 2학기 핵심 개념을 한눈에 정리하고 핵심 개념을 체크하는 핵심 개념 정리

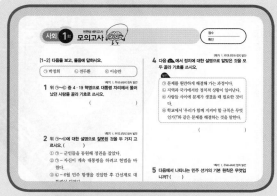

● **반편성 배치고사 모의고사**
시험에 나올 만한 적중률 높은 핵심 문제만을 모아 놓은 모의고사

기초학력 진단평가 3월에 기초학력을 진단하는 시험

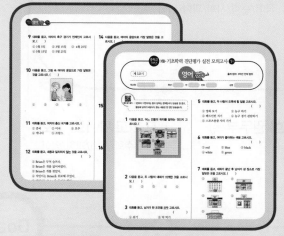

● **기초학력 진단평가 실전 모의고사**
실제 시험과 동일한 유형과 난이도로 구성하여 실전처럼 대비할 수 있도록 구성한 실전 모의고사

반편성 배치고사 2월에 반배치를 목적으로 하는 시험

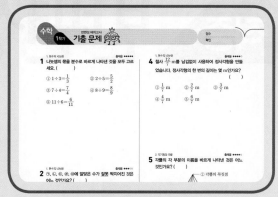

● **반편성 배치고사 기출 문제**
시험에 자주 출제되는 문제를 학기별로 모아 놓은 기출 문제

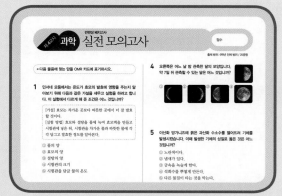

● **(권두부록) 반편성 배치고사 실전 모의고사**
실제 시험에 실전처럼 대비할 수 있도록 구성한 실전 모의고사

부록

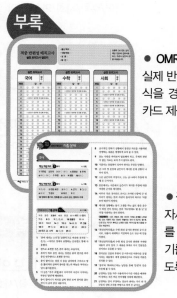

● **OMR 카드**
실제 반편성 배치고사 시험 방식을 경험할 수 있도록 OMR 카드 제공

● **정답과 풀이**
자세한 풀이를 통해 틀린 문제를 바르게 이해하고 오답피하기를 통해 오답에 대비할 수 있도록 구성한 정답과 풀이

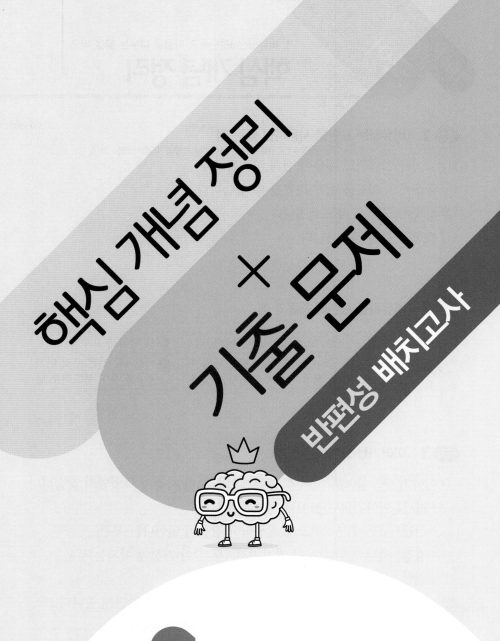

핵심 개념 정리 + 기출 문제

반편성 배치고사

핵심 개념 정리

핵심 개념 체크   정답 6쪽

핵심 1 비유하는 표현을 사용하면 좋은 점
└→ 어떤 현상이나 사물을 비슷한 현상이나 사물에 빗대어 표현하는 것

① 글이나 그림책의 내용이 쉽게 이해됩니다.

② 글쓴이의 의도를 쉽게 파악할 수 있습니다.

③ 상황이 실감 나게 느껴집니다.

④ 장면이 쉽게 떠오릅니다.

핵심 2 비유하는 표현의 종류와 예

은유법	'~은/는 ~이다'로 빗대어 표현하는 방법	예 내 마음은 호수요
직유법	'~같이', '~처럼', '~듯이'와 같은 말을 써서 두 대상을 직접 견주어 표현하는 방법	예 • 꽃처럼 예쁜 우리 아기 • 구름 같이 부드러운 털

핵심 3 이야기를 요약하는 방법

① 이야기 구조를 생각하며 각 부분에서 중요한 사건이 무엇인지 찾습니다.

　－발단: 이야기의 사건이 시작되는 부분

　－전개: 사건이 본격적으로 발생하고 갈등이 일어나는 부분

　－절정: 사건 속의 갈등이 커지면서 긴장감이 가장 높아지는 부분

　－결말: 사건이 해결되는 부분

② 이야기 흐름에서 중요하지 않은 내용은 삭제하거나 간단히 씁니다.

③ 중요한 사건이 일어난 원인과 그에 따른 결과를 찾습니다.

④ 여러 사건이 관련 있을 때에는 관련 있는 사건을 하나로 묶습니다.

핵심 4 다양한 자료의 특성
└→ 자료를 활용할 때에는 자료가 너무 길거나 복잡하지 않아야 하고, 자료를 가져온 곳을 꼭 밝혀야 함.

표	대상의 수량이 얼마나 되는지 쉽게 알 수 있고, 여러 가지 자료의 수량을 비교하기 쉬우며, 많은 양의 자료를 간단하게 나타낼 수 있음.
사진	장면을 있는 그대로 보여 줄 수 있고, 설명하는 대상의 정확한 모습을 한눈에 보여 줄 수 있음.
도표	대상의 수량을 견주어 볼 수 있고, 수량의 변화 정도를 알 수 있으며, 정확한 수치를 나타낼 수 있음.
동영상	대상이 움직이는 모습을 잘 전달할 수 있고, 음악이나 자막을 넣어 분위기를 잘 전달할 수 있음.

핵심 5 발표할 내용 준비하기

① 발표할 주제와 내용을 정합니다.

② 발표하는 상황과 그 특성에 알맞은 발표 자료를 만듭니다.

③ 주제와 내용에 맞는 발표 자료인지 살펴봅니다.

1
다음 문장에 사용된 비유하는 표현은 무엇인지 쓰시오.

> 풀잎 같은 친구 좋아

(　　　　　　)

2
다음 빈칸에 들어갈 알맞은 말을 쓰시오.

> 이야기 구조 중 사건이 본격적으로 발생하고 갈등이 일어나는 부분은 □□이다.

(　　　　　　)

3
다음 중 사진 자료의 특성으로 알맞은 것에 모두 ○표 하시오.

(1) 자료의 수량을 비교하기 쉽다.
(　　)

(2) 장면을 있는 그대로 보여 줄 수 있다.
(　　)

(3) 설명하는 대상의 정확한 모습을 한눈에 보여 줄 수 있다. (　　)

4
다음은 어떤 자료의 특성에 대한 설명인지 쓰시오.

> • 대상이 움직이는 모습을 잘 전달할 수 있음.
> • 음악이나 자막을 넣어 분위기를 잘 전달할 수 있음.

(　　　　　　)

5
다음 빈칸에 알맞은 말에 ○표 하시오.

> 발표할 내용을 준비할 때에는 발표할 (주제 , 사람)과/와 내용을 먼저 정한다.

핵심 6 논설문의 특성

① 논설문은 주장과 이를 뒷받침하는 근거로 이루어져 있습니다.

② 논설문은 서론, 본론, 결론으로 짜여 있습니다.

　－서론에서는 글을 쓴 문제 상황과 글쓴이의 주장을 밝힙니다.

　－본론에서는 글쓴이의 주장에 적절한 근거를 제시합니다.

　－결론에서는 글 내용을 요약하거나 글쓴이의 주장을 다시 한번 강조합니다.

핵심 7 내용의 타당성과 표현의 적절성 판단하기

① 근거가 주장과 관련 있는지 살펴봅니다.

② 근거가 주장을 뒷받침하는지 살펴봅니다.

③ 주관적인 표현, 모호한 표현, 단정하는 표현을 쓰지 않았는지 살펴봅니다.

핵심 8 속담을 사용하는 까닭
　→ 우리 민족의 지혜와 해학, 생활 방식과 교훈이 담겨 있음.

① 자신의 생각을 효과적으로 드러낼 수 있습니다.

② 재미있는 말을 사용하면 듣는 사람이 흥미를 느낄 수 있습니다.

③ 주장의 논리를 뒷받침해 상대를 쉽게 설득할 수 있습니다.

핵심 9 이야기를 듣고 추론하는 방법 알기
　• 단서: 어떤 일이나 사건이 일어난 까닭을 풀 수 있는 실마리
　• 추론: 이미 아는 정보를 근거로 삼아 다른 판단을 이끌어 내는 것

① 이야기에서 찾을 수 있는 단서를 확인합니다.

② 자신이 평소에 아는 사실과 경험한 것을 떠올려 보고 무엇을 더 알 수 있는지 생각해 봅니다.

③ 글에 쓰인 다의어나 동형어가 어떤 뜻인지 정확히 이해하려면 국어사전을 찾아봅니다.
　→ 형태가 같지만 뜻이 다른 낱말
　→ 여러 가지 뜻이 있는 낱말

핵심 10 우리말 사용 실태 알아보기

① 우리말 사용 실태와 관련된 사례를 보고 올바른 우리말 사용을 생각합니다.

② 올바른 우리말 사용과 관련 있는 질문을 만들어 봅니다.

③ '언어생활 자기 점검표'를 바탕으로 하여 모둠 친구들의 우리말 사용 실태를 조사합니다.

핵심 11 인물이 추구하는 가치 파악하기

① 인물이 처한 상황을 떠올려 봅니다.

② 인물이 처한 상황에서 인물이 한 말과 행동을 알아봅니다.

③ 인물이 처한 상황에서 그렇게 말하고 행동한 까닭을 생각해 봅니다.

핵심 12 마음을 나누는 글 쓰기

① 일어난 사건을 자세히 밝힙니다.

② 나누려는 마음을 자세하게 잘 표현합니다.

③ 읽는 사람을 생각해서 정확하고 알기 쉬운 표현을 사용합니다.
　→ 친구에게는 친근한 표현, 어른께는 공손한 표현을 씀.

6

논설문의 특성으로 알맞은 것을 모두 찾아 ○표 하시오.

(1) 서론에서는 주장에 대한 근거를 제시한다. (　　)

(2) 본론에서는 주장에 적절한 근거를 자세하게 제시한다. (　　)

(3) 결론에서는 글 내용을 요약하거나 주장을 다시 한번 강조한다.
(　　)

7

다음에서 설명하는 것은 무엇인지 쓰시오.

> 이미 아는 정보를 근거로 삼아 다른 판단을 이끌어 내는 것

(　　　　　)

8

이야기의 내용을 추론하는 방법으로 알맞지 않은 것의 기호를 쓰시오.

> ㉠ 인물의 생김새 살펴보기
> ㉡ 자신이 평소에 아는 것을 떠올려 더 알 수 있는 것 짐작하기

(　　　　　)

9

다음 빈칸에 들어갈 알맞은 말을 쓰시오.

> 인물이 추구하는 가치를 파악하려면 인물이 처한 상황에서 인물이 한 말과 [　　]을/를 알아본다.

(　　　　　)

10

마음을 나누는 글 쓰기 방법으로 알맞은 것을 찾아 ○표 하시오.

(1) 일어난 사건을 간략히 밝힌다.
(　　)

(2) 읽는 사람을 생각해 정확하고 알기 쉬운 표현을 사용한다.
(　　)

핵심 개념 **체크**   정답 6쪽

핵심 1 작품 속 인물의 삶 살펴보기

① 인물의 말과 행동에서 시대적 배경을 파악해 봅니다.

② 인물의 삶의 태도를 알 수 있는 부분을 찾아봅니다.

③ 인물의 삶과 관련 있는 가치를 찾아봅니다.

핵심 2 작품을 읽고 인물이 추구하는 삶 파악하기

① 인물이 처한 상황을 알아봅니다.

② 인물이 처한 상황에서 인물이 한 말이나 행동을 찾아봅니다.

③ 인물이 한 말이나 행동에서 인물이 추구하는 삶과 관련 있는 가치를 찾아보고 그렇게 생각한 까닭을 정리해 봅니다.

→ 둘 이상의 낱말이 합쳐져 그 낱말의 원래 뜻과는 다른 새로운 뜻으로 굳어져 쓰이는
표현으로 관용어와 속담 따위가 있음. ⓔ 발이 넓다, 발 없는 말이 천 리 간다

핵심 3 관용 표현을 활용하면 좋은 점

① 전하고 싶은 말을 쉽게 표현할 수 있습니다.

② 재미있는 표현이어서 듣는 사람의 관심을 불러일으킬 수 있습니다.

③ 하려는 말을 상대가 쉽게 알아들을 수 있습니다.

핵심 4 이야기를 듣고 말하는 사람의 의도 파악하기

① 글 앞뒤에 있는 내용을 살펴봅니다.

② 표현에 쓰인 낱말이 평소에 어떤 뜻으로 쓰이는지 생각하며 이야기에 활용된 표현의 뜻을 추론해 봅니다.

③ 이야기에 활용된 표현을 쓴 의도를 생각해 봅니다.

핵심 5 주장에 대한 근거가 적절한지 판단하며 글 읽기

① 근거가 주장과 관련 있는지 판단해 봅니다.

② 근거가 주장을 뒷받침하는지 판단해 봅니다.

③ 근거를 뒷받침하는 자료가 적절한지 판단해 봅니다.

→ 자료가 근거의 내용과 관련 있는지, 믿을 수 있는 자료를 활용했는지, 수를 제시할 때에는 정확한
숫자를 사용했는지, 최신 자료를 사용했는지, 자료의 출처가 분명한지 확인해야 함.

핵심 6 여러 가지 매체 자료 살펴보기

① 어떤 사실이나 정보, 의견을 담아서 듣는 사람에게 전하려고 매체 자료를 활용할 수 있습니다.

② 매체 자료에는 영상, 사진, 표, 지도, 도표, 그림, 소리, 음악 따위가 있습니다.

③ 발표 내용과 발표를 듣는 대상의 특성, 발표 상황에 맞는 매체 자료를 알맞게 활용하면 발표 효과를 높일 수 있습니다.

1

작품을 읽고 인물이 추구하는 삶을 파악할 때 살펴보아야 할 것을 모두 찾아 기호를 쓰시오.

> ㉠ 인물이 처한 상황
> ㉡ 인물의 키와 몸무게
> ㉢ 인물이 한 말이나 행동

(   )

2

다음에서 설명하는 것은 무엇인지 쓰시오.

> 둘 이상의 낱말이 합쳐져 그 낱말의 원래 뜻과는 다른 새로운 뜻으로 굳어져 쓰이는 표현

(   )

3

이야기에 활용된 관용 표현의 뜻을 추론하는 방법으로 알맞은 것에 ○표 하시오.

⑴ 말하는 사람이 그 표현을 몇 번 사용했는지 세어 본다. (   )

⑵ 표현에 쓰인 낱말이 평소에 어떤 뜻으로 쓰이는지 생각해 본다. (   )

4

주장에 대한 근거가 적절한지 판단하는 방법을 생각해 빈칸에 들어갈 알맞은 말을 쓰시오.

> ☐ 이/가 주장과 관련 있는지 판단해 본다.

(   )

5

매체 자료를 활용해 발표 효과를 높일 때 생각할 점을 모두 찾아 기호를 쓰시오.

> ㉠ 발표 내용
> ㉡ 발표 상황
> ㉢ 발표하는 사람의 생김새

(   )

핵심 7 글을 읽고 글쓴이의 생각 파악하기

① 제목과 글에 사용한 표현을 보면 글쓴이의 관점을 알 수 있습니다.

② 글의 내용 파악으로 글쓴이가 알려 주고 싶은 생각을 찾을 수 있습니다.
→ 사물이나 현상을 관찰할 때 그 사람이 바라
보는 태도나 방향 또는 처지

③ 예상 독자가 누구일지 생각해 봅니다.

④ 글에 포함된 그림이나 사진을 살펴봅니다.

⑤ 글쓴이가 글을 쓴 의도와 목적을 생각해 봅니다.

핵심 8 글쓴이의 생각과 자신의 생각을 비교하며 글 읽기

① 글에 나타난 글쓴이의 생각을 알아봅니다.

② 글쓴이의 생각과 자신의 생각을 비교하며 같은 점과 다른 점을 이야기해 봅니다.

③ 글을 읽고 자신의 생각에 변화가 있었다면 변화된 생각과 그 까닭을 이야기해 봅니다.

핵심 9 광고에 나타난 표현의 적절성 판단하기

① 광고는 상품이나 생각을 널리 알리려고 정보를 제공하고, 사람들이 상품을 선택하도록 설득합니다.

② 광고에서 과장하거나 감추고 있는 표현이 있는지 판단합니다.
  - 과장 광고: 상품을 잘 팔리게 하려고 상품 기능을 실제보다 부풀리는 광고
  - 허위 광고: 있지도 않은 상품 기능을 있는 것처럼 설명하는 광고

핵심 10 뉴스의 타당성 판단하기

① 가치 있고 중요한 뉴스인지 살핍니다.

② 뉴스 관점과 보도 내용이 서로 관련 있는지 살핍니다.

③ 활용한 자료들이 뉴스의 관점을 뒷받침하는지 살핍니다.

④ 자료의 출처가 명확한지 살핍니다.

핵심 11 글을 고쳐 쓰는 방법

① 쓴 글을 전체적으로 읽습니다.

② 문단 흐름이 자연스러운지, 중심 생각이 잘 나타났는지 살펴봅니다.

③ 어색한 문장이 있는지 찾습니다.

핵심 12 영화 감상문 쓰는 방법

① 영화 속 내용과 비슷한 자신의 경험을 떠올려 씁니다.

② 영화를 보게 된 까닭을 씁니다.

③ 감상문의 전체 내용을 잘 드러내거나 읽는 사람의 관심을 끌 수 있는 제목을 씁니다.

④ 영화 줄거리를 쓰고, 자신이 본 영화나 책을 함께 떠올려 씁니다.

⑤ 영화를 본 뒤의 전체적인 느낌이나 주제도 씁니다.

6

글을 읽고 글쓴이의 생각을 파악하는 방법으로 알맞지 않은 것에 ×표 하시오.

⑴ 제목과 글에 사용한 표현을 살펴본다. (   )

⑵ 글쓴이의 생활 습관이 어떠한지 자세히 살펴본다. (   )

7

상품이나 생각을 널리 알리려고 정보를 제공하고, 상품을 선택하도록 설득하는 것은 무엇인지 쓰시오.

(   )

8

다음 광고 문구에서 반복하여 사용한 과장된 표현을 찾아 쓰시오.

> 기분 최고, 건강 최고, 기술력 최고! 신바람 자전거가 선사합니다.

(   )

9

뉴스의 타당성을 판단하는 방법으로 알맞지 않은 것의 기호를 쓰시오.

> ㉠ 가치 있고 중요한 뉴스인지 살피기
> ㉡ 뉴스 관점과 보도 내용이 서로 관련 있는지 살피기
> ㉢ 활용한 자료들이 특이하고 재미있는 내용인지 살피기

(   )

10

영화 감상문에 쓸 내용으로 알맞은 것을 모두 찾아 ○표 하시오.

> 영화의 줄거리
> 영화를 본 느낌과 감상
> 가장 지루했던 사건
> 영화의 주제
> 모든 등장인물의 이름

1~3

봄비

해님만큼이나
큰 은혜로
내리는 교향악

이 세상
모든 것이 다
악기가 된다.

달빛 내리던 지붕은
두둑 두드둑
큰북이 되고

아기 손 씻던
세숫대야 바닥은

도당도당 도당당
작은북이 된다.

앞마을 냇가에선
퐁퐁 포옹 퐁

뒷마을 연못에선
풍풍 푸웅 풍

외양간 엄마 소도 함께
댕그랑댕그랑

엄마 치마 주름처럼
산들 나부끼며
왈츠

봄의 왈츠
하루 종일 연주한다.

1. 비유하는 표현   출제율 ●●●○○

1 이 시에 대한 설명으로 알맞지 <u>않은</u> 것은 어느 것입니까? (   )

① 경쾌하고 밝은 분위기가 느껴진다.

② 봄비가 오는 상황을 생생하게 나타냈다.

③ 소리나 모양을 흉내 내는 말을 사용했다.

④ 비유하는 표현 방법 중 직유법만 사용했다.

⑤ 소리가 비슷한 글자나 일정한 글자 수가 반복되어 운율이 느껴진다.

1. 비유하는 표현   출제율 ●●●●●

2 이 시에 쓰인 대상과 비유하는 표현이 알맞게 연결되지 <u>않은</u> 것은 무엇입니까? (   )

① 봄비 내리는 소리 – 교향악

② 이 세상 모든 것 – 악기

③ 지붕 – 큰북

④ 세숫대야 바닥 – 작은북

⑤ 외양간 엄마 소 – 왈츠

1. 비유하는 표현   출제율 ●●●○○

3 "봄의 왈츠 / 하루 종일 연주한다."는 무엇이 하루 종일 내리는 장면을 표현한 것인지 쓰시오.

(   )

4~6

할머니는 공터 구석진 곳에 꾸부정하게 앉아서 폐지를 묶고 있었어. 꽤 시간이 흘렀는데도 손놀림은 느려지지 않았지. 다 묶은 폐지 꾸러미를 손수레에 싣고, 할머니는 혹시 하나라도 빠질까 봐 다시 한번 노끈으로 단단히 묶었단다.

할머니는 손수레를 힘껏 끌었어. 뒤에서 보면 수수깡처럼 마른 할머니가 손수레에 밀려가는 것처럼 보였지. 할머니는 머리를 수그린 채 땅만 보며 걸었어. 할머니는 자신의 나이만큼 늙지 않은 건 눈뿐이라고 생각했어. 웬만한 것은 다 보였지. 껌 종이, 담배꽁초, 빨대, 어딘가에 박혀 있다 떨어져 나온 녹슨 못 …….

그리고 갈라진 시멘트 틈도 보였어.

할머니는 이리저리 땅을 살폈어. 종이를 찾는 거야. 무게가 조금도 나가지 않을 것 같은 작은 종이라도, 할머니의 눈에는 무게가 있어 보였거든. 그래서 점점 더 등을 납작하게 구부리고 땅을 뚫어져라 살피게 되었어. 그럴수록 할머니는 하늘을 쳐다보는 일이 줄어들었지. 어느 날부터인가 하늘이 어떻게 생겼는지, 구름이 어떻게 흘러가는지도 까맣게 잊게 되었단다.

그런 할머니를 사람들은 '종이 할머니'라고 불렀어.

2. 이야기를 간추려요   출제율 ●●●○○

4 종이 할머니가 하늘을 쳐다보는 일이 줄어든 까닭은 무엇입니까? (   )

① 하늘이 무섭게 느껴져서

② 하늘과 구름에 대한 관심이 줄어서

③ 할머니가 고개를 들 수 없게 되어서

④ 허리를 구부리고 땅을 살피며 종이를 주워서

⑤ 할머니의 눈이 나빠져 앞이 잘 보이지 않아서

2. 이야기를 간추려요   출제율 ●●●○○

5 이 글에 대한 설명으로 알맞은 것은 어느 것입니까?
(   )

① 사건이 해결되는 부분이다.

② 사건 속의 갈등이 커지는 부분이다.

③ 이야기의 사건이 시작되는 부분이다.

④ 사건이 본격적으로 발생하는 부분이다.

⑤ 이야기의 긴장감이 가장 높아지는 부분이다.

2. 이야기를 간추려요   출제율 ●●●●○

6 이 글에 나타난 사건의 중심 내용을 요약해 ㉠과 ㉡에 들어갈 알맞은 말을 쓰시오.

> 종이 할머니는 (㉠)을/를 굽혀 땅만 보며 (㉡)을/를 주웠다.

(1) ㉠: (   )

(2) ㉡: (   )

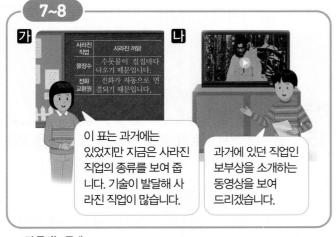

7~8

잘 틀리는 문제

3. 짜임새 있게 구성해요   출제율 ●●●●●

7 그림 **가**에서 여자아이가 사용한 자료를 이용하기에 가장 알맞은 상황은 무엇입니까? (   )

① 병원에 가는 길을 설명할 때

② 우리 마을의 자연환경을 설명할 때

③ 현장 체험 학습을 갈 장소를 발표할 때

④ 과거 우리나라 사람들의 옷차림을 설명할 때

⑤ 반 친구들의 장래 희망을 조사해서 발표할 때

3. 짜임새 있게 구성해요   출제율 ●●●●○

8 그림 **나**에서 친구가 동영상 자료를 사용한 까닭은 무엇이겠습니까? (   )

① 대상의 모습을 상상하기 쉬워서

② 자료의 수량을 비교하기 쉬워서

③ 대상의 정확한 수치를 알 수 있어서

④ 대상의 수량을 견주어 볼 수 있어서

⑤ 대상의 모습을 생생하게 보여 줄 수 있어서

3. 짜임새 있게 구성해요   출제율 ●●●●○

9 자료를 활용하여 발표할 때에 주의할 점으로 알맞은 것을 모두 고르시오. (   )

① 꼭 필요한 내용만 자료에 정리한다.

② 한 번에 적절한 양의 내용을 보여 준다.

③ 듣는 사람을 바라보지 않고 발표 자료만 보며 발표한다.

④ 자료의 출처를 정확히 밝히고 원작자의 동의를 구한다.

⑤ 친구들이 재미있다고 느낄 만한 자료면 주제와 관련이 없어도 찾아 보여 준다.

4. 주장과 근거를 판단해요   출제율 ●●●●●

10 다음 글에서 알 수 있는 지훈이의 주장은 무엇인지 빈칸에 알맞은 말을 쓰시오.

> 지훈: 동물원은 우리에게 큰 즐거움을 줍니다. 3000년 전에 이미 동물원을 만들었을 만큼 사람은 동물을 좋아하고 가까이해 왔습니다. 동물원에서는 쉽게 만날 수 없는 동물을 가까이에서 볼 수 있는데, 열대 지역에 사는 사자나 극지방에 사는 북극곰도 쉽게 만날 수 있습니다. 서울 동물원에만 한 해 평균 350만 명이 방문한다고 합니다. 이렇게 많은 사람이 동물원을 좋아하고 동물원에서 즐거움을 느낍니다.

⇨ '(   )이/가 있어야 한다.'는 것이다.

11~13

(가) 요즘에 우리 전통 음식보다 외국에서 유래한 햄버거나 피자와 같은 음식을 더 좋아하는 어린이를 쉽게 볼 수 있습니다. 이러한 음식은 지나치게 많이 먹으면 건강이 나빠지기도 합니다. 그에 비해 우리 전통 음식은 오랜 세월에 걸쳐 전해 오면서 우리 입맛과 체질에 맞게 발전해 왔기 때문에 여러 가지 면에서 우수합니다. 우리 전통 음식을 사랑합시다. 왜 우리 전통 음식을 사랑해야 할까요?

(나) 우리 전통 음식은 건강에 이롭습니다. 우리가 날마다 먹는 밥은 담백해 쉽게 싫증이 나지 않으며 어떤 반찬과도 잘 어우러져 균형 잡힌 영양분을 섭취하기 좋습니다. 또 된장, 간장, 고추장과 같은 발효 식품에는 무기질과 비타민이 풍부하게 들어 있어 몸을 건강하게 해 줍니다.

(다) 우리나라 전통 음식은 세계 여러 나라 사람에게 주목받고 있습니다. 우리 조상의 넉넉한 마음과 삶에서 배어 나온 지혜가 담긴 우리 전통 음식은 그 맛과 멋과 영양의 삼박자를 모두 갖추고 있습니다. 우리는 우리 전통 음식의 과학성과 우수성을 알고 우리 전통 음식에 관심을 가지고 우리 전통 음식을 사랑해야겠습니다.

11 4. 주장과 근거를 판단해요   출제율 ●●●○○

글 (가)~(다) 중, 글쓴이가 제시한 문제 상황이 나타나 있는 것의 기호를 쓰시오.

글 (   )

12 4. 주장과 근거를 판단해요   출제율 ●●●●●

글쓴이가 자신의 주장에 대해 든 근거는 무엇입니까? (   )

① 우리 전통 음식을 사랑하자.
② 우리 전통 음식은 건강에 이롭다.
③ 우리 전통 음식이 세계 여러 나라 사람에게 주목받고 있다.
④ 우리 전통 음식보다 외국 음식을 더 좋아하는 어린이가 늘고 있다.
⑤ 우리 전통 음식을 가까이하면 계절과 지역에 따라 다양한 맛을 즐길 수 있다.

13 4. 주장과 근거를 판단해요   출제율 ●●●●○

이와 같은 글의 특징으로 알맞지 않은 것은 어느 것입니까? (   )

① 서론 – 본론 – 결론으로 짜여 있다.
② 본론에서는 글쓴이의 주장만 밝힌다.
③ 결론에서는 주장을 다시 한번 강조한다.
④ 서론에서는 글을 쓴 문제 상황을 밝힌다.
⑤ 주장과 이를 뒷받침하는 근거로 이루어져 있다.

14 5. 속담을 활용해요   출제율 ●●●●○

다음 대화에서 빈칸에 들어갈 속담으로 알맞은 것은 어느 것입니까? (   )

> 세은: 일 년 동안 모은 동전이 20만 원이나 돼.
> 태준: 그래? (   ) 그 말이 맞네.

① 티끌 모아 태산이라더니
② 도둑이 제 발 저린다더니
③ 우물을 파도 한 우물만 파라더니
④ 소 잃고 외양간 고치는 격이라더니
⑤ 하룻강아지 범 무서운 줄 모른다더니

잘 틀리는 문제

15 5. 속담을 활용해요   출제율 ●●●●○

다음 상황에서 사용할 수 있는 속담으로 알맞은 것은 어느 것입니까? (   )

> 사랑하는 영주야!
> 처음에는 어렵다고 느껴지는 책도 두세 번씩 읽다 보면 어느덧 담긴 뜻을 생각하며 쉽게 읽을 수 있단다. 그러니 힘든 일이 있더라도 꿋꿋하게 견디며 희망을 가졌으면 좋겠다.

① 구름 갈 제 비가 간다
② 배보다 배꼽이 더 크다
③ 가시나무에 가시가 난다
④ 쥐구멍에도 볕 들 날 있다
⑤ 콩 심은 데 콩 나고 팥 심은 데 팥 난다

16~17

『화성성역의궤』는 수원 화성에 성을 쌓는 과정을 기록한 책인 의궤야. 수원 화성은 일제 강점기를 거치면서 성곽 일대가 훼손되기 시작하고 6.25 전쟁 때 크게 파괴되었는데, 『화성성역의궤』를 보고 원래의 모습대로 다시 만들어졌단다. 덕분에 수원 화성이 1997년에 유네스코 세계 문화유산으로 등록될 수 있었어.

『화성성역의궤』는 정조 임금이 갑자기 세상을 떠나는 바람에 다음 임금인 순조 때 만들어졌는데, 건축과 관련된 의궤 가운데에서도 가장 내용이 많아. 수원 화성 공사와 관련된 공식 문서는 물론, 참여 인원, 사용된 물품, 설계 등의 기록이 그림과 함께 실려 있는 일종의 보고서인 셈이야. 내용이 아주 세세하고 치밀해서 공사에 참여한 기술자 1800여 명의 이름과 주소, 일한 날수와 받은 임금까지 적혀 있어. 공사에 사용된 모든 물건의 크기와 값은 또 얼마나 상세히 적었는지 입이 떡 벌어질 정도라니까. 당시에 이렇게 자세한 공사 보고서를 남긴 나라는 우리나라밖에 없다고 해.

6. 내용을 추론해요   출제율 ●●●○○

16 『화성성역의궤』에 대한 설명으로 알맞은 것을 두 가지 고르시오. (   )

① 내용이 짧고 단순하다.
② 정조 임금 때 만들어졌다.
③ 수원 화성 공사와 관련된 비공식 문서이다.
④ 수원 화성 공사와 관련된 일종의 보고서이다.
⑤ 수원 화성에 성을 쌓는 과정을 기록한 책이다.

잘 나오는 문제
6. 내용을 추론해요   출제율 ●●●●●

17 이 글을 읽고, 전쟁으로 파괴된 수원 화성을 원래의 모습대로 만들 수 있었던 까닭을 알맞게 추론한 친구의 이름을 쓰시오.

민지: 수원 화성이 1997년 유네스코 세계 문화유산으로 등록되었기 때문이야.
건율: 『화성성역의궤』에 수원 화성 공사에 대해 자세히 기록되어 있었기 때문이야.

(   )

18~19

㈎ 창덕궁은 경복궁 동쪽에 있다고 하여 창경궁과 함께 '동궐'로도 불렸다. 건물과 후원이 잘 어우러져 아름다우며 유네스코 세계 문화유산으로 기록되었다. 산이 많은 우리나라답게 산자락에 자연스럽게 배치한 건물이 인상적이다.

㈏ 특히 부용지는 '하늘은 둥글고 땅은 네모나다'는 전통적 사상을 반영하여, 땅을 나타내는 네모난 연못 가운데 하늘을 뜻하는 둥근 섬을 띄워 놓은 형태이다. 연못 가장자리에 있는 부용정은 십자(十) 모양의 정자로, 단청이 화려하고 처마 끝 곡선이 무척 아름답다.

6. 내용을 추론해요   출제율 ●●●○○

18 창덕궁이 유네스코 세계 문화유산으로 기록된 까닭은 무엇이겠습니까? (   )

① 건물이 제일 많이 있어서
② 세계 모든 사람들에게 사랑을 받아서
③ 전통 사상이 가장 많이 반영되어 있어서
④ 우리나라 산자락의 모습을 나타낸 건물이어서
⑤ 건물과 후원이 잘 어우러진 아름다운 곳이어서

6. 내용을 추론해요   출제율 ●●●●○

19 다음 빈칸에 들어갈 알맞은 말을 두 가지 고르시오.
(   )

'단청'의 뜻을 '옛날식 건물에 그린 그림이나 무늬.'라고 추론했다. 단청이 화려하다고 해서 ☐☐(이)나 ☐☐을/를 말하는 것으로 생각했기 때문이다.

① 그림   ② 연못   ③ 자연
④ 무늬   ⑤ 문화유산

7. 우리말을 가꾸어요   출제율 ●●●○○

20 다음 언어생활 상태 중 바람직한 것을 두 가지 고르시오. (   )

① 외국어를 자주 사용한다.
② 줄임 말을 자주 사용한다.
③ 긍정하는 말을 자주 사용한다.
④ 다른 사람을 배려하며 말한다.
⑤ 비속어나 욕설을 섞어서 말한다.

21~22

㈎ 요즘 우리 반 친구들이 대화할 때 짜증 난다는 말이나 비속어, 욕설 따위를 사용합니다. 그런 말을 들으면 기분이 나빠지고 화가 나서 다툼도 일어납니다.

㈏ 우리 반 친구들을 대상으로 조사해 보니 긍정하는 말이 부정하는 말보다 듣기가 좋다는 결과가 나왔습니다. 긍정하는 말을 하면 말하는 사람은 물론 듣는 사람도 마음이 편안해집니다. 예를 들면 "안 돼."보다는 "할 수 있어.", "짜증 나."보다는 "괜찮아.", "이상해 보여."보다는 "멋있어 보여.", "힘들어."보다는 "힘내자."와 같이 부정하는 말을 긍정하는 말로 고쳐 사용하면, 말하는 사람과 듣는 사람 모두 기분도 좋아지고 자신감도 생긴다는 것입니다.

㈐ 긍정하는 표현은 자신은 물론 주변 사람들 마음에 긍정하는 힘을 줍니다. 그리고 고운 우리말 사용이 아름다운 소통을 이루고, 진정한 말맛을 느끼게 합니다. 그러므로 　　　　㉠

7. 우리말을 가꾸어요　　　　출제율 ●●●○○

21 이 글은 어떤 실태 조사를 바탕으로 하여 쓴 것입니까? (　　　)

① 심각한 신조어와 줄임 말 사용에 대한 실태 조사
② 부정하는 말에 대해 좋게 생각하는 우리 반 친구들의 실태 조사
③ 외국어가 올바른 우리말보다 좋다는 전교 어린이들의 실태 조사
④ 긍정하는 말이 부정하는 말보다 좋다는 우리 반 친구들의 실태 조사
⑤ 학생과 학생끼리 학교에서 지내는 동안 높임말을 사용하는 것에 대한 실태 조사

7. 우리말을 가꾸어요　　　　출제율 ●●●●○

22 ㉠에 들어갈 글쓴이의 주장으로 알맞은 것은 무엇입니까? (　　　)

① 자신감 있게 말해야 합니다.
② 긍정하는 말을 많이 만들어야 합니다.
③ 긍정하는 말과 고운 우리말을 사용해야 합니다.
④ 긍정하는 말과 부정하는 말을 구별해야 합니다.
⑤ 부정하는 말을 절대로 사용하지 말아야 합니다.

23~24

1597년 8월, 나라에서는 이순신을 다시 삼도 수군통제사로 세웠습니다. 이순신은 전라도로 내려가면서 남은 배와 군사를 모았습니다. 그나마 여기저기 상한 배 12척과 120여 명의 군사를 모을 수 있었습니다. 나라에서는 아예 바다를 포기하고 육군으로 싸우라고 했습니다. 이순신은 임금님께 글을 올렸습니다.

"지난 5, 6년 동안 일본이 충청도와 전라도 쪽으로 공격해 오지 못한 것은 수군이 그 길목을 막고 있었기 때문입니다. 이제 제게 12척의 배가 있으니 죽을힘을 다해 싸운다면 이길 수 있을 것입니다."

8. 인물의 삶을 찾아서　　　　출제율 ●●●○○

23 이순신이 처한 상황과 이를 해결하려고 한 말이나 행동은 무엇인지 빈칸에 알맞은 말을 쓰시오.

상황	바다를 포기하고 (　　　　)(으)로 싸우라는 나라의 명을 받음.

↓

말이나 행동	• 임금님께 (　　　　)을/를 올림. • 자신에게 (　　　　)의 배가 있으니 죽을힘을 다해 싸운다면 이길 수 있을 것이라고 말함.

잘 나오는 문제
8. 인물의 삶을 찾아서　　　　출제율 ●●●●●

24 이 글에서 알 수 있는 이순신이 추구하는 가치로 알맞은 것을 두 가지 고르시오. (　　　　)

① 용기　　　　② 검소한 생활
③ 용서와 화해　　　　④ 이익과 행복
⑤ 고난 극복의 의지

9. 마음을 나누는 글을 써요　　　　출제율 ●●●○○

25 다음과 같은 상황에서 나누려는 마음은 무엇이겠습니까? (　　　)

마음을 나누는 글을 쓰는 상황	
친구가 수학 문제를 푸는 방법을 알려 줌.	

읽을 사람	글을 전하는 방법
친구	문자 메시지 쓰기

① 두려움　　　② 미안함　　　③ 고마움
④ 속상함　　　⑤ 원망스러움

1~2

㉮ 추사 선생의 독서량과 연습량은 실로 엄청났다. 부지런하고 열성적인 것으로는 누구에게 뒤져 본 적이 없던 허련이지만 잠깐의 시간도 허투루 쓰지 않는 추사 선생의 근면함에는 혀를 내둘렀다. 추사 선생은 획 하나, 글자 하나를 수십 번, 수백 번 연습하는 연습 벌레였다. 누구나 알아주는 대가가 되고서도 끊임없이 뭇 명필들의 서체를 감상하고 연구하며 자기만의 서체를 만들어 나갔다. 스승의 문 안에는 배울 게 많았다. 허련은 우러르는 마음이 절로 생겼다.

㉯ 어느 날, 추사 선생이 물었다.

"자네는 종요라는 사람을 아는가?"

"예, 해서체의 대가로 알고 있습니다."

"그는 잠을 잘 때도 이불에다 손가락으로 글씨를 써 대서 이불이 너덜너덜해졌다고 하더군."

"예. 그만큼 연습을 해야 대가가 되는군요."

"뭐든 미친 듯이 하지 않고서는 큰 성취를 얻을 수 없네."

허련은 깊이 알아듣고 고개를 숙였다.

1. 작품 속 인물과 나 　　　　　　　　　출제율 ●●●○○

1 이 글에서 추사 선생에 대해 설명한 내용으로 알맞지 **않은** 것은 무엇입니까? (　　　)

① 잠깐의 시간도 허투루 쓰지 않았다.

② 획 하나, 글자 하나도 수십, 수백 번 연습했다.

③ 누구나 알아주는 대가가 되고서는 연습을 소홀히 했다.

④ 무엇이든 끊임없이 연습해야 큰 성취를 얻을 수 있다고 생각했다.

⑤ 끊임없이 뭇 명필들의 서체를 감상하고 연구하며 자기만의 서체를 만들어 나갔다.

1. 작품 속 인물과 나 　　　　　　　　　출제율 ●●●●○

2 이 글에서 알 수 있는 추사 선생이 추구하는 삶은 무엇입니까? (　　　)

① 부귀한 삶　　　　　② 노력하는 삶

③ 배려하는 삶　　　　④ 남과 어울려 사는 삶

⑤ 즐거움과 쾌락을 추구하는 삶

3~4

㉮ 세 식구가 단출하게 둘러앉아서 케이크에 촛불을 켰다. 큰 초 네 개와 작은 초 두 개에서 무지갯빛 환한 불이 살아났다. 고개를 갸웃하신 건 역시 아버지였다.

"어? 이게 누구 나이만큼 촛불을 켠 거냐?"

경민이는 대답 대신 예쁘게 포장해 온 선물을 아버지께 내밀었다.

"아버지, 생신을 축하합니다. 그리고 위험 속에서 살아나 주셔서 고맙고, 또 사랑합니다!"

㉯ "경민이에게 당신이 어제 화재 현장에서 고생하신 얘기를 들려주었어요. 그랬더니 글쎄, 우리 아버지가 다시 태어나신 거나 마찬가지라고 저렇게 야단이랍니다."

경민이는 아버지의 잔과 자기의 콜라 잔을 부딪치며 힘차게 "브라보!"를 외쳤다.

"우리 아들, 고맙고 기특하구나. 이 아빠가 막 눈물이 날 것 같아."

1. 작품 속 인물과 나 　　　　　　　　　출제율 ●●●○○

3 '아버지가 다시 태어나셨다'는 말이 뜻하는 것은 무엇입니까? (　　　)

① 아버지의 생신날이다.

② 아버지의 겉모습이 바뀌었다.

③ 아버지의 생신날이 바뀌었다.

④ 아버지가 불길 속에서 살아 돌아왔다.

⑤ 아버지가 오래도록 잠을 자다가 깨어났다.

잘 **틀리는** 문제

1. 작품 속 인물과 나 　　　　　　　　　출제율 ●●●●○

4 이 글에서 알 수 있는 아버지의 삶과 관련 있는 가치로 알맞지 **않은** 것은 어느 것입니까? (　　　)

① 가족에 대한 사랑

② 가족에 대한 도전

③ 가족에 대한 배려

④ 가족에 대한 존중

⑤ 가족이 이해해 주는 것에 대한 감사

5~6

지현: 안나야!

안나: 아이고, 깜짝이야! ㉠간 떨어질 뻔했잖니.

지현: 미안해. 문구점에 같이 가자! 내일 미술 시간에 필요한 준비물을 사야 하지? 일단 어떤 준비물이 있는지 확인해 보자. 난 색 도화지 두 장, 색종이 한 묶음, 딱풀을 사야겠다.

안나: 난 좀 넉넉하게 사야겠어. 색 도화지 열 장, 색종이 여덟 묶음, 딱풀이랑 물풀이랑…….

지현: 너 정말 ㉡_____.

2. 관용 표현을 활용해요　　　　　　출제율 ●●●●○

5 ㉠의 뜻으로 알맞은 것은 무엇입니까? (　　)

① 매우 놀라다.

② 매우 즐겁다.

③ 매우 무섭다.

④ 무척 궁금하다.

⑤ 재미나 의욕이 없다.

2. 관용 표현을 활용해요　　　　　　출제율 ●●●●○

6 ㉡에 들어갈 관용 표현으로, 다음과 같은 뜻을 나타내기에 알맞은 말은 무엇입니까? (　　)

> 양을 많이 준비한다.

① 발이 크구나　　　　② 손이 크구나

③ 손이 작구나　　　　④ 발이 넓구나

⑤ 김이 식는구나

7~8

　오늘 이 자리에 모인 여러분, 우리는 이제부터 누구의 장단점을 말하지 말고 단결해 나갑시다. 모두 함께 독립운동을 할 배포를 기릅시다. 독립을 달성하려고 하루에도 열두 번 노력합시다. 독립운동가가 될 만한 여러분, 독립운동 단체를 조직할 준비를 할 날이 오늘 이외다. 그런즉 나와 여러분은 독립운동 단체가 실현되도록 각각의 의견을 버리고 모두의 한 목표를 이루려고 민족적 정신으로 ㉠어금니를 악물고 나갑시다. 그래서 독립운동의 깃발 아래 우리의 뜻을 모아야 하겠습니다.

잘 나오는 문제

2. 관용 표현을 활용해요　　　　　　출제율 ●●●●●

7 ㉠의 뜻을 알맞게 추론한 것의 기호를 쓰시오.

> ㉮ 매우 자주.
>
> ㉯ 몹시 초조하고 안타까워서 속을 많이 태우다.
>
> ㉰ 고통이나 분노 따위를 참으려고 이를 악물어 굳은 의지를 나타내다.

(　　　　　　)

2. 관용 표현을 활용해요　　　　　　출제율 ●●●○○

8 말하는 이가 이 연설을 한 까닭으로 알맞은 것은 무엇입니까? (　　)

① 독립운동 단체의 마지막을 기념하려고

② 독립운동을 하는 자세한 방법을 알리려고

③ 자신을 지도자로 뽑아 달라고 설득하려고

④ 사람들의 의견을 하나로 모으자고 설득하려고

⑤ 우리나라 독립을 위해 자신이 한 일을 알리려고

9~11

㈎ 공정 무역이란 생산자의 노동에 정당한 대가를 지불해 생산자가 경제적 자립과 발전을 하도록 돕는 무역입니다. ○○광역시는 공정 무역 상품을 사용하고 공정 무역을 확산시키려는 활동을 지원해 실질적인 변화를 만들어 내는 도시가 되었습니다. 우리도 공정 무역 제품을 사용해 이러한 변화에 동참해야 합니다.

㈏ 셋째, 자연을 보호하고 생산자의 건강을 지키는 방법이 됩니다. 공정 무역에서는 지구 환경을 보호하는 친환경 농사법을 권장합니다.

㈐ 『인간의 얼굴을 한 시장 경제, 공정 무역』이라는 책에 따르면 바나나를 재배하는 대부분의 대농장은 원가를 절감하느라 위험한 농약을 대량으로 살포합니다. 대농장 가까이에 사는 노동자들의 음식과 식수는 이 독극물로 오염됩니다. 한 코스타리카 농장을 대상으로 한 연구에서 남성 노동자 가운데 20퍼센트가 그런 화학 물질을 다룬 뒤 불임이 되었다고 합니다. 또 바나나를 채취해서 나르는 여성 노동자들은 백혈병에 걸릴 확률이 평균 발병률보다 두 배나 높게 나타난다고 합니다. 하지만 공정 무역은 농민들이 농약과 화학 비료를 적게 쓰고 유기농으로 농사를 짓게 하여 이러한 문제를 해결하려고 노력하고 있습니다.

3. 타당한 근거로 글을 써요　　　출제율 ●●●●○

9 이 글에서 주장하는 내용은 무엇입니까? (　　)

① 자연을 보호해야 한다.

② 아이들을 위험에서 보호해야 한다.

③ 판매자에게 정당한 이익을 주어야 한다.

④ 공정 무역 제품을 사용해 변화에 동참해야 한다.

⑤ 농약이나 화학 비료를 절대 사용하지 말아야
　한다.

3. 타당한 근거로 글을 써요　　　출제율 ●●●●○

10 글쓴이가 주장을 뒷받침하기 위해 든 근거는 무엇인
지 빈칸에 알맞은 말을 쓰시오.

> (　　　)을/를 보호하고 생산자의 (　　　)
> 을/를 지키는 방법이 된다.

3. 타당한 근거로 글을 써요　　　출제율 ●●●●○

11 글쓴이가 근거를 뒷받침하려고 활용한 자료는 무엇
입니까? (　　)

① 그림　　　② 동영상　　　③ 신문 기사

④ 뉴스 보도　　⑤ 책의 내용

12~13

우리나라 기후가 점점
아열대화되면서 농산물
주산지가 바뀌고 있습니다.
이 지도를 보면 제주도에
서만 재배되던 감귤이 이제
내륙에서도 재배된다는
것을 쉽게 알 수 있습니다.

주요 농작물 주산지 이동 변화
1970~2015년 농림 어업 총조사

■출처: 통계청. 2018.

4. 효과적으로 발표해요　　　출제율 ●●●●○

12 이 그림에서 활용한 매체 자료는 무엇입니까?

(　　)

① 표　　　　② 음악　　　　③ 소리

④ 영상　　　⑤ 그림지도

4. 효과적으로 발표해요　　　출제율 ●●●○○

13 이 발표에서 활용한 매체 자료를 보고 알 수 있는 내
용은 무엇입니까? (　　)

① 감귤 생산량이 줄어들고 있다.

② 농산물 주산지가 한 지역에 집중되어 있다.

③ 우리나라는 다양한 농작물을 수입하고 있다.

④ 우리나라에서 재배되지 않는 농산물이 많다.

⑤ 주요 농산물이 주로 생산되는 지역이 바뀌고
　있다.

14~15

'맨발 걷기'가 새로운 주제라서
흥미롭다는 의견이 많았습니다.
따라서 우리 반은 맨발 걷기를
주제로 영상 자료를 만들어 봅시다.

건강한 생활을 위해 실천하면 좋은 일
줄넘기, 손 씻기, 맨발 걷기, 긍정적 생각

4. 효과적으로 발표해요　　　출제율 ●●●○○

14 친구들은 어떤 주제로 영상 자료를 만들기로 했는지
쓰시오.

(　　　　　)

4. 효과적으로 발표해요　　　출제율 ●●●○○

15 친구들이 정한 주제와 어울리는 촬영 내용은 무엇입
니까? (　　)

① 빠르게 달리는 사람과 면담하는 모습

② 친구들이 다양한 신발을 신고 걷는 모습

③ 운동장 모래 위에서 사람들이 달리는 모습

④ 맨발 걷기를 꾸준히 한 사람과 면담하는 모습

⑤ 우리 신체 기관 중 손과 발의 역할을 설명하는 모습

16~18

(가) 인공 지능 기술이 발전하면서 로봇이 사람을 대신해 일하는 영역이 늘어나고, 그 규모도 커지고 있다. 이에 따라 외국에서는 로봇을 소유한 기업이나 로봇에게 세금을 부과하자는 주장이 나오고 있다. 우리도 로봇세를 도입하여 인간과 로봇이 함께 살아가는 방법을 찾아야 한다. / 세계 경제 포럼은 로봇이나 인공 지능이 이끄는 4차 산업 혁명으로 수많은 사람이 일자리를 잃을 것이라고 전망했다. 로봇 때문에 일자리를 잃고 소득을 얻지 못하는 사람들은 새로운 일자리를 찾기 위해 재교육을 받아야 한다. 로봇세를 도입하면 그 세금으로 일자리를 잃은 사람들에게 진로 상담이나 적성 검사, 기술 교육 등을 할 수 있다.

(나) 로봇을 소유한 기업이나 로봇에게 세금을 부과하자는 주장이 나오고 있다. 로봇이 인간의 일거리를 대신 맡아 할 수 있기 때문에 인간에게 필요한 비용을 로봇세로 보충하려는 것이다. 하지만 로봇세 도입은 로봇 산업의 발전과 국가의 미래 경쟁력에 부정적인 영향을 끼칠 수 있다. / 로봇 산업이 본격적으로 발전하면 로봇은 인간을 대신하여 일을 하게 된다. 이럴 경우에 인간은 위험하거나 단순한 일, 반복적인 일에서 해방될 수 있다. 그런데 인간을 대신하여 일을 할 로봇에게 성급하게 세금을 부과한다면 로봇 산업 발전을 더디게 할 것이다.

5. 글에 담긴 생각과 비교해요   출제율 ●●●●○

16 글 (가)와 글 (나)의 글쓴이는 무엇을 도입하는 것에 대해 서로 다른 생각을 가지고 있는지 찾아 쓰시오.

(   )

5. 글에 담긴 생각과 비교해요   출제율 ●●●●●

17 글 (가)에 나타난 글쓴이의 생각으로 알맞은 것은 무엇입니까? (   )

① 로봇세를 도입해야 한다.
② 로봇세 도입을 늦추어야 한다.
③ 로봇 산업을 크게 발전시켜야 한다.
④ 로봇은 인간을 대신하여 일을 해야 한다.
⑤ 로봇세 도입은 로봇 산업 발전을 더디게 한다.

잘 나오는 문제
5. 글에 담긴 생각과 비교해요   출제율 ●●●●○

18 글 (나)에 붙일 글의 제목으로 알맞은 것은 어느 것입니까? (   )

① 세금이란 무엇인가
② 로봇세를 도입해야 한다
③ 로봇세 도입을 늦추어야 한다
④ 로봇에게 교육을 시켜야 한다
⑤ 로봇은 인간을 위해 일해야 한다

19~20

6. 정보와 표현 판단하기   출제율 ●●●●○

19 이 광고는 무엇을 광고하고 있습니까? (   )

① 깃털 책가방
② 찢어지지 않는 교과서
③ 해외로 수출하는 운동화
④ 절대 찢어지지 않는 손가방
⑤ 학용품을 저렴하게 파는 가게

6. 정보와 표현 판단하기 출제율 ●●●●●

20 ㉠~㉤에 대한 설명으로 알맞지 <u>않은</u> 것은 어느 것입니까? (　　)

① ㉠ - 더 가벼운 책가방이 있을 수 있어 과장되었다.

② ㉡ - 교과서를 모두 넣을 때 무거우면 찢어질 수도 있기 때문에 과장되었다.

③ ㉢ - 가격에 거품이 있을 수 있고, 최고의 품질이라는 말은 과장되었다.

④ ㉣ - 소비자에 따라 느낌이 다를 수 있으므로 과장되었다.

⑤ ㉤ - 있지도 않은 상품 기능을 있는 것처럼 설명하였으므로 과장되었다.

6. 정보와 표현 판단하기 출제율 ●●●●○

21 뉴스의 타당성을 판단하는 방법으로 알맞지 <u>않은</u> 것은 어느 것입니까? (　　)

① 자료의 출처가 명확한가?

② 가치 있고 중요한 뉴스인가?

③ 모든 사람에게 친근한 내용인가?

④ 활용한 자료들이 뉴스의 관점을 뒷받침하는가?

⑤ 뉴스의 관점과 보도 내용이 서로 관련 있는가?

22~23

다른 사람을 존중하자

요즘 많은 어린이가 이야기할 때 은어나 비속어를 사용했다. 국립국어원 조사에 따르면 조사 대상 초등학생의 93퍼센트가 비속어를 사용한 적이 있다고 한다. 만약 학생 열 명이 있기 때문에 적어도 아홉 명은 비속어를 사용한 적이 있는 것이다. 비속어가 아닌 고운 말을 사용해야 하는 까닭은 무엇일까?

고운 말을 사용하면 서로 존중하는 마음을 전할 수 있다. 흔히 말이 눈에 보이지 않는 마음임을 표현할 때 "말은 마음의 거울"이라는 격언을 사용한다. 고운 말을 사용해야 하는 것은 어린이만이 아니다.

7. 글 고쳐 쓰기 출제율 ●●●●○

22 글쓴이가 이 글을 쓴 목적은 무엇인지 쓰시오.

(　　　　　　)을/를 사용해야 한다고 주장하기 위해서

7. 글 고쳐 쓰기 출제율 ●●●●●

23 이 글을 고쳐 쓰는 방법으로 알맞지 <u>않은</u> 것은 무엇입니까? (　　)

① '사용했다'를 '사용한다'로 고쳐 쓴다.

② '있기 때문에'를 '있다면'으로 고쳐 쓴다.

③ 제목을 '고운 말을 사용하자'로 바꾸어 쓴다.

④ '고운 말을 사용해야 하는 것은 어린이만이 아니다.'라는 문장을 삭제한다.

⑤ '고운 말을 사용하면 서로 존중하는 마음을 전할 수 있다.'는 알맞은 근거가 아니므로 바꾸어 쓴다.

7. 글 고쳐 쓰기 출제율 ●●●●○

24 다음 자료를 활용해 쓸 글의 내용으로 알맞은 것은 어느 것입니까? (　　)

동물 실험도 하지 않고 개발한 약을 사람들에게 사용하면 부작용이 발생할 수 있다. 1937년에 한 제약 회사에서 술파닐아미드라는 약을 새롭게 개발했다. 그런데 동물 실험을 거치지 않고 사람들에게 이 약을 판매했다. 그 결과, 이 약을 복용한 많은 사람이 부작용으로 사망하는 불행한 일이 일어났다.

① 동물 실험을 해야 한다.

② 동물 실험을 하면 안 된다.

③ 동물의 생명도 똑같이 소중하다.

④ 동물과 사람에게 나타나는 반응이 똑같지 않다.

⑤ 동물 실험을 대신할 수 있는 대체 실험도 있다.

8. 작품으로 경험하기 출제율 ●●●○○

25 영화 감상문을 쓰는 방법으로 알맞지 <u>않은</u> 것은 어느 것입니까? (　　)

① 영화를 보게 된 까닭을 쓴다.

② 영화를 객관적인 시각으로만 감상하고 쓴다.

③ 영화를 본 뒤의 전체적인 느낌이나 주제를 쓴다.

④ 영화 속 내용과 비슷한 자신의 경험을 떠올려 쓴다.

⑤ 감상문의 전체 내용을 잘 드러내거나 읽는 사람의 관심을 끌 수 있는 제목을 쓴다.

핵심 개념 정리

핵심 개념 체크   정답 8쪽

핵심 1 분수의 나눗셈

(1) (자연수)÷(자연수)의 몫을 분수로 나타내기

나누어지는 수가 분자, 나누는 수가 분모인 분수로 나타낼 수 있습니다.

$$3 \div 4 = \frac{3}{4}, \quad 5 \div 4 = \frac{5}{4} = 1\frac{1}{4}$$

(2) (분수)÷(자연수)

분자를 자연수로 나누거나 분수의 곱셈으로 나타내어 계산합니다.

$$\frac{3}{5} \div 2 = \frac{3 \times 2}{5 \times 2} \div 2 = \frac{6 \div 2}{10} = \frac{3}{10}, \quad \frac{3}{5} \div 2 = \frac{3}{5} \times \frac{1}{2} = \frac{3}{10}$$

(3) (대분수)÷(자연수)

대분수를 가분수로 바꾼 다음 분자를 자연수로 나누거나 분수의 곱셈으로 나타내어 계산합니다.

$$1\frac{1}{2} \div 3 = \frac{3}{2} \div 3 = \frac{3 \div 3}{2} = \frac{1}{2}, \quad 1\frac{1}{2} \div 3 = \frac{3}{2} \div 3 = \frac{3}{2} \times \frac{1}{3} = \frac{3}{6} = \frac{1}{2}$$

핵심 2 각기둥과 각뿔

(1) 각기둥: 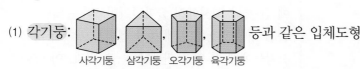 등과 같은 입체도형

사각기둥 삼각기둥 오각기둥 육각기둥

(2) 각기둥의 전개도: 각기둥의 모서리를 잘라서 펼쳐 놓은 그림

(3) 각뿔:  등과 같은 입체도형

삼각뿔 사각뿔 오각뿔 육각뿔

핵심 3 소수의 나눗셈

(1) (소수)÷(자연수)

$$\begin{array}{r} 8.1 \\ 4\overline{)32.4} \\ 32 \\ \hline 4 \\ 4 \\ \hline 0 \end{array} \qquad \begin{array}{r} 0.54 \\ 9\overline{)4.86} \\ 45 \\ \hline 36 \\ 36 \\ \hline 0 \end{array} \qquad \begin{array}{r} 0.95 \\ 2\overline{)1.90} \\ 18 \\ \hline 10 \\ 10 \\ \hline 0 \end{array} \qquad \begin{array}{r} 1.05 \\ 4\overline{)4.20} \\ 4 \\ \hline 20 \\ 20 \\ \hline 0 \end{array}$$

(2) (자연수)÷(자연수)의 몫을 소수로 나타내기

더 이상 계산할 수 없을 때까지 내림을 하고, 내릴 수가 없는 경우에는 0을 내려 계산합니다.

(3) 몫의 소수점 위치 확인하기

12.3÷6에서 12.3을 반올림하여 일의 자리까지 나타내면 12이므로 12÷6으로 어림하여 계산하면 몫이 약 2입니다.

⇨ 12.3÷6=0.205(×), 12.3÷6=2.05(○), 12.3÷6=20.5(×)

1

□ 안에 알맞은 수를 써넣어 계산하세요.

$$\frac{4}{3} \div 5 = \frac{\boxed{}}{15} \div 5$$

$$= \frac{\boxed{} \div 5}{15} = \frac{\boxed{}}{\boxed{}}$$

2

보기와 같이 계산하세요.

보기

$$1\frac{3}{4} \div 2 = \frac{7}{4} \div 2 = \frac{7}{4} \times \frac{1}{2} = \frac{7}{8}$$

$$2\frac{4}{5} \div 3$$

[3-4]

입체도형을 보고 □ 안에 각 부분의 이름을 써넣으세요.

3

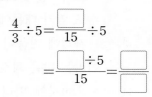

4

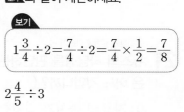

5

자연수의 나눗셈을 이용하여 □ 안에 알맞은 수를 써넣으세요.

410÷2=205 ⇨ 4.1÷2=□

핵심 4 비와 비율

(1) 비: 두 수를 나눗셈으로 비교하기 위해 기호 : 을 사용하여 나타낸 것

두 수 3과 2를 나눗셈으로 비교하면 3 : 2라 쓰고 3 대 2라고 읽습니다.

(2) • 기준량: 비에서 기호 : 의 오른쪽에 있는 수

→ 3과 2의 비
3의 2에 대한 비
2에 대한 3의 비

• 비교하는 양: 비에서 기호 : 의 왼쪽에 있는 수

• 비율: 기준량에 대한 비교하는 양의 크기

$$(비율) = (비교하는 양) \div (기준량) = \frac{(비교하는 양)}{(기준량)}$$

(3) 백분율: 기준량을 100으로 할 때의 비율을 기호 %를 사용하여 나타낸 것

→ 퍼센트

핵심 5 여러 가지 그래프

(1) 그림그래프 그리기

그림을 몇 가지로 나타낼지 정한 다음 조사한 수에 맞게 그림으로 나타냅니다.

(2) 띠그래프: 전체에 대한 각 부분의 비율을 띠 모양에 나타낸 그래프

(3) 원그래프: 전체에 대한 각 부분의 비율을 원 모양에 나타낸 그래프

(4) 띠그래프, 원그래프 그리기

① 자료를 보고 각 항목의 백분율을 구합니다.

② 각 항목의 백분율의 합계가 100%가 되는지 확인합니다.

③ 각 항목이 차지하는 백분율의 크기만큼 띠 또는 원을 나눕니다.

④ 나눈 부분에 각 항목의 내용과 백분율을 씁니다.

⑤ 그래프의 제목을 씁니다.

핵심 6 직육면체의 부피와 겉넓이

(1) $1 cm^3$: 한 모서리의 길이가 1 cm인 정육면체의 부피

→ 1 세제곱센티미터

(2) 직육면체와 정육면체의 부피

• (직육면체의 부피) = (가로) × (세로) × (높이)

• (정육면체의 부피)

= (한 모서리의 길이) × (한 모서리의 길이) × (한 모서리의 길이)

(3) $1 m^3$: 한 모서리의 길이가 1 m인 정육면체의 부피

→ 1 세제곱미터

(4) 직육면체와 정육면체의 겉넓이

• (직육면체의 겉넓이) = (여섯 면의 넓이의 합)

= (한 꼭짓점에서 만나는 세 면의 넓이의 합) × 2

= (옆면의 넓이의 합) + (한 밑면의 넓이) × 2

• (정육면체의 겉넓이) = (여섯 면의 넓이의 합)

= (한 면의 넓이) × 6

6

비를 보고 비율로 나타내세요.

비	분수	소수
3 : 4		
9 : 20		

7

지후네 학교 6학년 학생들이 좋아하는 동물을 조사하여 나타낸 표입니다. 백분율을 구하여 원 그래프를 완성하세요.

좋아하는 동물별 학생 수

동물	개	사자	토끼	기타	합계
학생 수 (명)	90	50	40	20	200

좋아하는 동물별 학생 수

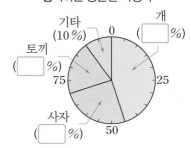

[8-9]

직육면체의 부피와 겉넓이를 구하려고 합니다. ☐ 안에 알맞은 수를 써넣으세요.

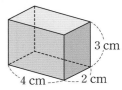

8

(직육면체의 부피)

= (가로) × (세로) × (높이)

$= 4 \times \boxed{} \times \boxed{} = \boxed{} (cm^3)$

9

(직육면체의 겉넓이)

= (서로 다른 세 면의 넓이의 합) × 2

$= \boxed{} \times 2 = \boxed{} (cm^2)$

핵심 ① 분수의 나눗셈

(1) (분수)÷(분수)

분자끼리 나누어 계산합니다.

$$\frac{4}{5} \div \frac{2}{5} = 4 \div 2 = 2, \quad \frac{3}{4} \div \frac{7}{8} = \frac{6}{8} \div \frac{7}{8} = 6 \div 7 = \frac{6}{7}$$

(2) (자연수)÷(분수)

자연수를 분수의 분자로 나눈 값에 분수의 분모를 곱합니다.

$$6 \div \frac{2}{7} = (6 \div 2) \times 7 = 21$$

(3) (대분수)÷(분수)

대분수를 가분수로 고친 다음 분수의 곱셈으로 바꾸어 계산합니다.

$$3\frac{1}{3} \div \frac{3}{4} = \frac{10}{3} \div \frac{3}{4} = \frac{10}{3} \times \frac{4}{3} = \frac{40}{9} = 4\frac{4}{9}$$

핵심 ② 소수의 나눗셈

(1) (소수)÷(소수), (자연수)÷(소수)

소수점을 오른쪽으로 한 자리씩 또는 두 자리씩 옮겨 계산합니다.

```
        8              3            5.4           6
0.4)3.2      0.43)1 2 9    2.8)1 5.1 2    3.5)2 1 0
    3 2            1 2 9          1 4 0          2 1 0
    ───            ─────          ─────          ─────
      0                0          1 1 2              0
                                  1 1 2
                                  ─────
                                      0
```

(2) 몫을 반올림하여 나타내기

몫을 간단한 소수로 구할 수 없는 경우 반올림하여 나타냅니다.

$$13 \div 7 = 1.857\cdots \Rightarrow 1.86$$

(3) 나누어 주고 남는 양 알아보기

소수의 나눗셈에서 몫을 자연수까지만 구하고 남는 수를 알아볼 수 있습니다.

```
       3 → 몫
4)1 3.2
  1 2
  ───
  1.2 → 남는 수
```

핵심 ③ 공간과 입체

(1) 쌓기나무로 쌓은 모양과 위에서 본 모양을 보고 쌓기나무의 개수를 구할 수 있습니다.

(2) 쌓기나무로 쌓은 모양을 보고 위, 앞, 옆에서 본 모양을 그리거나 반대로 위, 앞, 옆에서 본 모양을 보고 쌓기나무의 개수를 알 수 있습니다.

(3) 쌓기나무로 쌓은 모양을 위에서 본 모양에 수를 써서 나타내거나 층별로 나누어 나타낼 수 있습니다.

핵심 개념 체크   정답 8쪽

1

□ 안에 알맞은 수를 써넣어 계산하세요.

$$\frac{8}{9} \div \frac{2}{9} = \boxed{} \div \boxed{} = \boxed{}$$

2

보기와 같이 계산하세요.

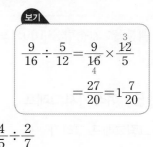

보기

$$\frac{9}{16} \div \frac{5}{12} = \frac{9}{16} \times \frac{\overset{3}{\cancel{12}}}{5}$$
$$= \frac{27}{20} = 1\frac{7}{20}$$

$$\frac{4}{5} \div \frac{2}{7}$$

3

□ 안에 알맞은 수를 써넣으세요.

$$7.2 \div 1.8 = \boxed{}$$

4

콩 34.5 kg을 한 봉지에 5 kg씩 나누어 담으려고 다음과 같이 계산했습니다. □ 안에 알맞은 수를 써넣으세요.

```
       □
5)3 4.5
  3 0
  ───
    □
```

5

주어진 모양과 똑같이 쌓는 데 필요한 쌓기나무의 개수를 구하세요.

위에서 본 모양

□ 개

핵심 4 비례식과 비례배분

(1) • **전항**: 비에서 기호 : 앞에 있는 수
   • **후항**: 비에서 기호 : 뒤에 있는 수
   • 비의 성질: 전항과 후항에 0이 아닌 같은 수를 곱하거나 나누어도 비율은
      같습니다.

(2) • **비례식**: 비율이 같은 두 비를 기호 =를 사용하여 나타낸 식
   • **외항**: 비례식에서 바깥쪽에 있는 두 수
   • **내항**: 비례식에서 안쪽에 있는 두 수

(3) 비례식의 성질: 비례식에서 외항의 곱과 내항의 곱은 같습니다.

(4) **비례배분**: 전체를 주어진 비로 배분하는 것

핵심 5 원의 넓이

(1) 원주와 원주율
   • **원주**: 원의 둘레 → 원주의 길이를 간단히 원주라고도 함.
   • **원주율**: 원의 지름에 대한 원주의 비율

$$(원주율)=(원주)\div(지름)$$

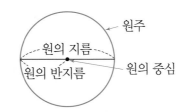

   • 원주율은 원의 크기와 관계없이 항상 일정합니다.

(2) 원주, 지름, 원의 넓이 구하기
   • (원주)＝(지름)×(원주율)
   • (지름)＝(원주)÷(원주율)
   • (원의 넓이)＝(반지름)×(반지름)×(원주율)

핵심 6 원기둥, 원뿔, 구

(1) **원기둥**: 둥근기둥 모양의 입체도형

(2) **원뿔**: 둥근 뿔 모양의 입체도형

(3) **구**: 공 모양의 입체도형

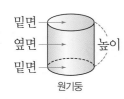  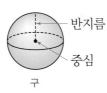

(4) 원기둥의 **전개도**: 원기둥을 잘라서 펼쳐 놓은 그림

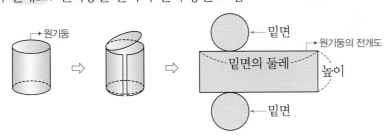

6
□ 안에 알맞은 말을 써넣으세요.

7
간단한 자연수의 비로 나타내려고 합니다. □ 안에 알맞은 수를 써넣으세요.

$$\frac{1}{4}:\frac{1}{5}$$
$$=\left(\frac{1}{4}\times 20\right):\left(\frac{1}{5}\times\boxed{}\right)$$
$$=\boxed{}:\boxed{}$$

8
다음 원의 원주와 넓이를 각각 구하세요. (원주율: 3.1)

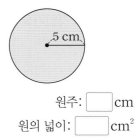

원주: □ cm

원의 넓이: □ cm²

9
□ 안에 알맞은 말을 써넣으세요.

구의 가장 안쪽에 있는 점을 구의 □ 이라 하고, 구의 중심에서 겉면의 한 점을 이은 선분을 구의 □ 이라고 합니다.

10
관계있는 것끼리 선으로 이으세요.

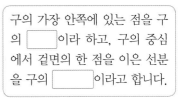

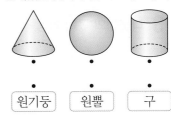

1. 분수의 나눗셈　　　　　　　　　　　출제율 ●●●●●

1 나눗셈의 몫을 분수로 바르게 나타낸 것을 모두 고르세요. (　　　)

① $1 \div 3 = \dfrac{1}{3}$ 　　② $2 \div 5 = \dfrac{5}{2}$

③ $7 \div 4 = \dfrac{7}{4}$ 　　④ $8 \div 9 = \dfrac{8}{9}$

⑤ $11 \div 6 = \dfrac{6}{11}$

1. 분수의 나눗셈　　　　　　　　　　　출제율 ●●●○○

2 ㉠, ㉡, ㉢, ㉣, ㉤에 알맞은 수가 **잘못** 짝 지어진 것은 어느 것인가요? (　　　)

$$3\dfrac{1}{5} \div 2 = \dfrac{㉠}{5} \times \dfrac{1}{㉡} = \dfrac{㉢}{5} = 1\dfrac{㉣}{㉤}$$

① ㉠−16　　　　　　② ㉡−2

③ ㉢−8　　　　　　④ ㉣−4

⑤ ㉤−5

1. 분수의 나눗셈　　　　　　　　　　　출제율 ●●●●○

3 나눗셈의 몫이 가장 작은 것은 어느 것인가요?

(　　　)

① $\dfrac{1}{6} \div 2$ 　　② $\dfrac{7}{9} \div 7$ 　　③ $\dfrac{3}{4} \div 6$

④ $\dfrac{9}{10} \div 9$ 　　⑤ $\dfrac{5}{7} \div 10$

1. 분수의 나눗셈　　　　　　　　　　　출제율 ●●●●○

4 철사 $\dfrac{12}{7}$ m를 남김없이 사용하여 정사각형을 만들었습니다. 정사각형의 한 변의 길이는 몇 m인가요?

(　　　)

① $\dfrac{1}{7}$ m 　　② $\dfrac{2}{7}$ m 　　③ $\dfrac{3}{7}$ m

④ $\dfrac{4}{7}$ m 　　⑤ $\dfrac{6}{7}$ m

2. 각기둥과 각뿔　　　　　　　　　　　출제율 ●●●●○

5 각뿔의 각 부분의 이름을 바르게 나타낸 것은 어느 것인가요? (　　　)

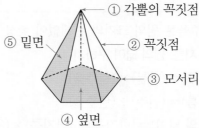

① 각뿔의 꼭짓점
② 꼭짓점
③ 모서리
④ 옆면
⑤ 밑면

잘 나오는 문제
2. 각기둥과 각뿔　　　　　　　　　　　출제율 ●●●●●

6 어떤 각기둥의 전개도인가요?

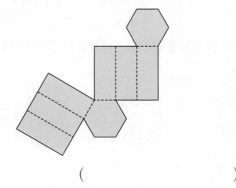

(　　　　　　　)

2. 각기둥과 각뿔   출제율 ●●●●●

7 오각기둥과 오각뿔의 차이점을 모두 고르세요.
(   )

① 밑면의 수   ② 밑면의 모양

③ 옆면의 수   ④ 옆면의 모양

⑤ 모서리의 수

---

2. 각기둥과 각뿔   출제율 ●●●●○

8 밑면이 오른쪽과 같은 각뿔에서 모서리의 수와 꼭짓점의 수의 차는 얼마인가요? (   )

① 6   ② 7   ③ 8

④ 9   ⑤ 10

---

3. 소수의 나눗셈   출제율 ●●●●●

9 자연수의 나눗셈을 이용하여 ☐ 안에 알맞은 수를 써넣으세요.

$$428 \div 2 = 214 \Rightarrow 4.28 \div 2 = \boxed{}$$

---

3. 소수의 나눗셈   출제율 ●●●○○

10 넓이가 17.28 cm²인 직사각형을 다음과 같이 8등분하였습니다. 색칠한 부분의 넓이는 몇 cm²인가요?
(   )

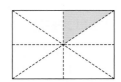

① 1.92 cm²   ② 2.16 cm²   ③ 2.35 cm²

④ 2.88 cm²   ⑤ 4.32 cm²

---

3. 소수의 나눗셈   출제율 ●●●●○

11 몫의 소수 첫째 자리 숫자가 0이 <u>아닌</u> 것은 어느 것인가요? (   )

① 0.3 ÷ 6   ② 1.28 ÷ 4

③ 8.1 ÷ 2   ④ 18.45 ÷ 9

⑤ 25.4 ÷ 5

잘 틀리는 문제

3. 소수의 나눗셈   출제율 ●●●●●

12 개미가 일정한 빠르기로 12분 동안 15 m를 갔습니다. 개미가 1분 동안 간 거리는 몇 m인가요?
(   )

① 0.75 m   ② 0.8 m   ③ 1.2 m

④ 1.25 m   ⑤ 1.5 m

---

4. 비와 비율   출제율 ●●●○○

13 그림을 보고 전체에 대한 색칠한 부분의 비를 <u>잘못</u> 나타낸 것은 어느 것인가요? (   )

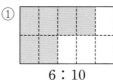

①   6 : 10   ②   7 : 9

③   6 : 5   ④   4 : 7

⑤   3 : 8

14 4. 비와 비율　　출제율 ●●●●○

비교하는 양, 기준량, 비율이 바르게 짝 지어진 것은 어느 것인가요? (　　　)

번호	①	②	③	④	⑤
비교하는 양	3	7	2	5	6
기준량	5	4	9	8	1
비율	$\dfrac{3}{8}$	$\dfrac{4}{7}$	$\dfrac{7}{9}$	$\dfrac{5}{8}$	$\dfrac{1}{6}$

> 잘 틀리는 문제

15 4. 비와 비율　　출제율 ●●●●●

소금 30 g을 물 120 g에 섞었습니다. 소금물 양에 대한 소금 양의 비율은 몇 %인가요? (　　　)

① 10 %　　② 15 %　　③ 20 %

④ 25 %　　⑤ 30 %

16 4. 비와 비율　　출제율 ●●●●●

승우와 민재가 각각 은행에 예금한 돈과 이자율을 나타낸 것입니다. 누가 받을 이자가 얼마만큼 더 많나요?

승우	
예금한 돈	80000원
이자율	4%

민재	
예금한 돈	60000원
이자율	6%

(　　　　　　　), (　　　　　　　)

17 4. 비와 비율　　출제율 ●●●○○

가로에 대한 세로의 비율이 $\dfrac{3}{4}$인 직사각형을 그렸습니다. 이 직사각형의 가로가 12 cm일 때 넓이는 몇 cm²인가요? (　　　)

① 96 cm²　　② 108 cm²　　③ 120 cm²

④ 144 cm²　　⑤ 192 cm²

[18~19] 지현이네 반에서 모은 종류별 기증 도서를 조사하여 나타낸 표입니다. 물음에 답하세요.

종류별 기증 도서

종류	동화책	위인전	과학책	역사책	기타	합계
책 수	105	60	60		30	300
백분율(%)						

18 5. 여러 가지 그래프　　출제율 ●●●●○

위의 표를 완성하세요.

19 5. 여러 가지 그래프　　출제율 ●●●●○

위의 표를 보고 띠그래프를 그리세요.

종류별 기증 도서

0　10　20　30　40　50　60　70　80　90　100 (%)

[20~21] 준희네 학교 학생 500명의 등교 방법을 조사하여 나타낸 원그래프입니다. 물음에 답하세요.

등교 방법별 학생 수

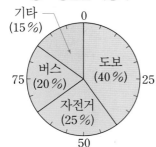

5. 여러 가지 그래프   출제율 ●●●●●

20 도보로 다니는 학생은 자전거를 이용하는 학생보다 몇 명 더 많은가요? (   )

① 15명   ② 50명   ③ 75명

④ 100명   ⑤ 125명

5. 여러 가지 그래프   출제율 ●●●●○

21 기타에 해당하는 학생의 20 %는 지하철을 타고 다닙니다. 준희네 학교 학생 중 지하철을 타고 다니는 학생은 몇 명인가요? (   )

① 15명   ② 50명   ③ 75명

④ 100명   ⑤ 125명

6. 직육면체의 부피와 겉넓이   출제율 ●●●●○

22 부피가 $1 \ cm^3$인 쌓기나무로 만든 다음 직육면체의 부피는 몇 cm^3인가요?

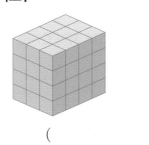

(   )

6. 직육면체의 부피와 겉넓이   출제율 ●●●●○

23 직육면체의 겉넓이를 구하는 방법이 아닌 것을 모두 고르세요. (   )

① (한 면의 넓이)×6

② 여섯 면의 넓이의 합

③ (한 꼭짓점에서 만나는 세 면의 넓이의 합)×2

④ (옆면의 넓이)×2＋(한 밑면의 넓이)

⑤ (한 모서리의 길이)×(한 모서리의 길이)

잘 나오는 문제

6. 직육면체의 부피와 겉넓이   출제율 ●●●●●

24 다음 직육면체의 부피는 $315 \ m^3$입니다. □ 안에 알맞은 수는 어느 것인가요? (   )

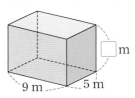

① 4   ② 5   ③ 6

④ 7   ⑤ 8

6. 직육면체의 부피와 겉넓이   출제율 ●●●○○

25 한 밑면의 둘레가 36 cm인 정육면체의 겉넓이는 몇 cm^2인가요? (   )

① $81 \ cm^2$ ② $216 \ cm^2$ ③ $324 \ cm^2$

④ $486 \ cm^2$ ⑤ $729 \ cm^2$

1. 분수의 나눗셈 출제율 ●●●○○

1 ㉠, ㉡, ㉢, ㉣, ㉤에 알맞은 수가 잘못 짝 지어진 것을 모두 고르세요. (   )

$$\frac{8}{15} \div \frac{4}{9} = \frac{8}{15} \times \frac{㉠}{㉡} = \frac{6}{㉢} = 1\frac{㉣}{㉤}$$

① ㉠−9

② ㉡−9

③ ㉢−5

④ ㉣−2

⑤ ㉤−5

1. 분수의 나눗셈 출제율 ●●●●●

2 계산 결과가 가장 작은 것은 어느 것인가요? (   )

① $4 \div \frac{4}{5}$

② $\frac{6}{7} \div \frac{3}{7}$

③ $\frac{9}{11} \div \frac{3}{11}$

④ $\frac{5}{8} \div \frac{3}{4}$

⑤ $2\frac{4}{5} \div 1\frac{7}{9}$

1. 분수의 나눗셈 출제율 ●●●●○

3 지하철역에서 기차역까지의 거리는 $1\frac{2}{7}$ km이고, 지하철역에서 버스 정류장까지의 거리는 $\frac{4}{7}$ km입니다. 지하철역에서 기차역까지의 거리는 지하철역에서 버스 정류장까지의 거리의 몇 배인가요? (   )

① $\frac{1}{4}$배

② $\frac{4}{9}$배

③ $1\frac{4}{9}$배

④ $2\frac{1}{9}$배

⑤ $2\frac{1}{4}$배

1. 분수의 나눗셈 출제율 ●●●●●

4 □ 안에 알맞은 수를 구하세요.

$$\square \times \frac{5}{6} = 1\frac{7}{18}$$

(   )

잘 나오는 문제

2. 소수의 나눗셈 출제율 ●●●●●

5 계산 결과를 비교하여 ○ 안에 >, =, <를 알맞게 써넣으세요.

$$11.2 \div 0.7 \qquad \bigcirc \qquad 25.5 \div 1.7$$

2. 소수의 나눗셈 출제율 ●●●○○

6 우유 6.56 L가 있습니다. 우유를 한 병에 1.64 L씩 담는다면 병은 몇 개가 필요한가요? (   )

① 2개

② 3개

③ 4개

④ 5개

⑤ 6개

2. 소수의 나눗셈 출제율 ●●●●●

7 몫의 소수 21째 자리 숫자는 무엇인가요? (   )

$$43.7 \div 9$$

① 5

② 6

③ 7

④ 8

⑤ 9

2. 소수의 나눗셈 출제율 ●●●●○

8 윗변의 길이가 5.38 cm, 높이가 4.2 cm인 사다리꼴의 넓이는 27.3 cm²입니다. 이 사다리꼴의 아랫변의 길이는 몇 cm인가요? (   )

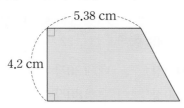

① 3.81 cm   ② 5.46 cm   ③ 6.5 cm

④ 7.62 cm   ⑤ 13 cm

3. 공간과 입체 출제율 ●●●●●

9 주어진 모양과 똑같이 쌓는 데 필요한 쌓기나무는 몇 개인가요? (   )

위에서 본 모양

① 13개   ② 14개   ③ 15개

④ 16개   ⑤ 17개

3. 공간과 입체 출제율 ●●●○○

10 쌓기나무로 쌓은 모양을 보고 위에서 본 모양에 오른쪽과 같이 수를 썼습니다. 앞과 옆에서 본 모양을 바르게 그린 것을 찾아 기호를 쓰세요.

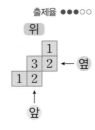

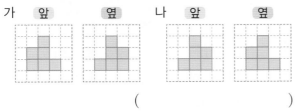

(   )

3. 공간과 입체 출제율 ●●●●○

11 쌓기나무로 쌓은 모양을 위, 앞, 옆에서 본 모양입니다. 똑같은 모양으로 쌓기 위해 필요한 쌓기나무가 가장 적은 경우의 쌓기나무는 몇 개인가요? (   )

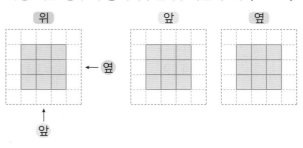

① 14개   ② 15개   ③ 16개

④ 17개   ⑤ 18개

3. 공간과 입체 출제율 ●●●●○

12 쌓기나무 4개를 사용하여 만들 수 있는 모양을 모두 고르세요. (   )

①   ②

③   ④

⑤

4. 비례식과 비례배분 출제율 ●●●●○

13 가로와 세로의 비가 15 : 12인 직사각형을 모두 찾아 기호를 쓰세요.

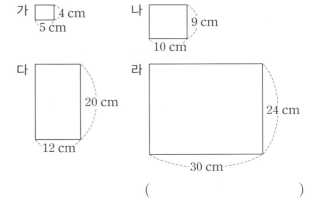

(   )

14 4. 비례식과 비례배분 출제율 ●●●●○

비율이 같은 두 비를 찾아 비례식으로 바르게 나타낸 것은 어느 것인가요? (   )

$$16 : 36 \quad 12 : 18 \quad 4 : 9$$

① $16 : 36 = 12 : 18$ ② $16 : 36 = 4 : 9$
③ $12 : 18 = 4 : 9$ ④ $16 : 36 = 18 : 12$
⑤ $12 : 18 = 9 : 4$

15 4. 비례식과 비례배분 출제율 ●●●●●

다음 비를 간단한 자연수의 비로 나타낸 것은 어느 것인가요? (   )

$$\frac{4}{5} : \frac{5}{6}$$

① $4 : 5$ ② $5 : 4$ ③ $5 : 6$
④ $24 : 25$ ⑤ $25 : 24$

잘 틀리는 문제

16 4. 비례식과 비례배분 출제율 ●●●●○

□ 안에 알맞은 수가 다른 것을 찾아 기호를 쓰세요.

ㄱ $18 : 36 = 2 : \square$
ㄴ $5.4 : 2.7 = 6 : \square$
ㄷ $\frac{1}{3} : \frac{1}{4} = \square : 3$

(   )

17 4. 비례식과 비례배분 출제율 ●●●○○

색종이 300장을 학생 수의 비에 따라 두 반에 나누어 주려고 합니다. 정민이네 반에는 색종이를 몇 장 나누어 주어야 하나요? (   )

반	승진이네 반	정민이네 반
학생 수(명)	32	28

① 100장   ② 120장   ③ 140장
④ 160장   ⑤ 180장

18 5. 원의 넓이 출제율 ●●●●●

원에 대한 설명으로 잘못된 것을 모두 고르세요.
(   )

① 원주율은 항상 일정하다.
② (원주율)=(원주)÷(지름)이다.
③ 반지름이 클수록 원주율은 크다.
④ 지름이 같은 두 원은 원주도 같다.
⑤ 반지름이 다른 두 원의 원주는 같다.

19 5. 원의 넓이 출제율 ●●●○○

한 변이 12 cm인 정사각형에 지름이 12 cm인 원을 그리고, 다음과 같이 1 cm 간격으로 모눈을 그렸습니다. 초록색 모눈과 빨간색 선 안쪽 모눈을 이용하여 원의 넓이를 어림할 때, 다음 중 원의 넓이로 어림할 수 있는 것을 모두 고르세요. (   )

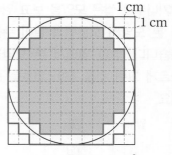

① 85 cm^2 ② 87 cm^2
③ 115 cm^2 ④ 128 cm^2
⑤ 133 cm^2

5. 원의 넓이 출제율 ●●●●●

20 큰 원의 원주는 42 cm입니다. 작은 원의 원주는 몇 cm인가요? (원주율: 3) (   )

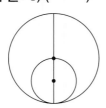

① 7 cm ② 10.5 cm ③ 14 cm
④ 21 cm ⑤ 24 cm

5. 원의 넓이 출제율 ●●●●○

21 두 원의 넓이의 합은 몇 cm² 인가요? (원주율: 3.1)
(   )

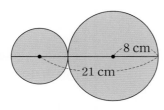

8 cm
21 cm

① 77.5 cm² ② 198.4 cm² ③ 275.9 cm²
④ 310 cm² ⑤ 523.9 cm²

6. 원기둥, 원뿔, 구 출제율 ●●●○○

22 오른쪽과 같이 한 변을 기준으로 직사각형을 돌려 만든 입체도형은 어느 것인가요?
(   )

①   ②   ③

④   ⑤

6. 원기둥, 원뿔, 구 출제율 ●●●●○

23 다음 원기둥과 각기둥의 공통점과 차이점에 대한 설명으로 <u>틀린</u> 것을 고르세요. (   )

① 모두 기둥 모양이다.
② 모두 밑면이 2개이고 서로 평행하다.
③ 원기둥의 밑면은 원이고, 각기둥의 밑면은 사각형이다.
④ 원기둥의 옆면은 굽은 면이고, 각기둥의 옆면은 평평한 면이다.
⑤ 원기둥을 옆에서 본 모양은 원이고, 각기둥을 옆에서 본 모양은 사각형이다.

6. 원기둥, 원뿔, 구 출제율 ●●●●●

24 원뿔에 대한 설명으로 옳은 것은 어느 것인가요?
(   )

① 꼭짓점이 없다.
② 밑면은 2개이다.
③ 밑면은 다각형이다.
④ 옆면은 직사각형이다.
⑤ 원뿔의 꼭짓점에서 밑면에 수직인 선분의 길이를 높이라고 한다.

6. 원기둥, 원뿔, 구 출제율 ●●●●○

25 다음 원기둥을 만들 수 있는 전개도에서 옆면의 둘레는 몇 cm인가요? (원주율: 3.14)

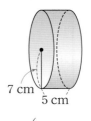

7 cm
5 cm

(   )

 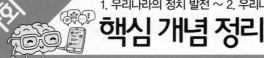
핵심 1 민주주의의 발전과 시민 참여

① 우리나라 민주주의의 발전 과정

4·19 혁명	• 배경: 이승만 정부가 3·15 부정 선거를 일으켰음. • 전개 과정: 1960년 4월 19일에 전국에서 민주주의를 바로 세우고자 시위가 일어났음. • 결과: 이승만이 대통령 자리에서 물러났고, 3·15 부정 선거는 무효가 되었음. • 의의: 혁명을 계기로 민주적인 절차와 과정을 무시하고 들어선 정권은 국민 스스로 바로잡아야 한다는 교훈을 얻게 되었음.
5·18 민주화 운동	• 배경: 박정희가 죽은 후 전두환이 중심이 된 군인들이 정변을 일으켰음. • 전개 과정: 전라남도 광주에서 대규모 민주화 시위가 일어났음. ⇨ 분노한 시민들이 시민군을 만들어 군인들에게 대항했음. ⇨ 계엄군이 시위를 이끌던 사람들이 모여 있던 전라남도청을 공격하여 이들을 강제로 진압했음.
6월 민주 항쟁	• 배경: 전두환이 간선제로 대통령이 된 후 민주주의를 요구하는 사람들을 탄압했음. • 전개 과정: 전두환 정부가 직선제 내용이 포함되도록 헌법을 바꿔야 한다는 국민의 요구를 거부한다고 발표했음. ⇨ 전국 곳곳에서 시위가 일어났음. • 결과: 당시 여당 대표가 6·29 민주화 선언을 발표하면서 민주화 요구를 받아들임.

② 6월 민주 항쟁 이후 민주화 과정

대통령 직선제	1987년 제13대 대통령 선거는 직선제로 시행되었고, 오늘날까지 계속 시행되고 있음.
지방 자치제	일정한 지역의 주민과 이들로부터 선출된 지방 의회 의원과 지방 자치 단체장이 해당 지역의 일을 스스로 처리하는 제도

③ 오늘날 시민들이 사회 공동의 문제 해결에 참여하는 모습

• 6월 민주 항쟁까지 시민들은 주로 대규모 집회에 참여했습니다.

• 6월 민주 항쟁 이후에는 캠페인, 1인 시위, 서명 운동, 투표 등 평화적이고 민주적인 방법으로 사회 공동의 문제를 해결하고 있습니다. → 더 많은 시민이 사회 공동의 문제를 해결하는데 참여하게 되었음.

핵심 2 민주주의

① 정치: 사회생활을 하면서 사람들 사이의 의견 차이나 갈등을 해결하는 활동을 말합니다.

② 민주주의의 뜻과 기본 정신 → 학생 자치회, 주민 자치회, 지방 의회 등이 민주주의의 모습임.

뜻	모든 국민이 나라의 주인으로서 권리를 가지고, 그 권리를 자유롭고 평등하게 행사하는 정치 제도
기본 정신	인간의 존엄, 자유, 평등

③ 민주 선거의 기본 원칙

보통 선거	선거일 기준으로 만 18세 이상의 국민이면 누구나 투표할 수 있음.
평등 선거	누구나 한 사람이 한 표씩만 행사할 수 있음.
직접 선거	투표는 자신이 직접 해야 함.
비밀 선거	누구에게 투표했는지 다른 사람이 알 수 없음.

핵심 개념 체크   정답 10쪽

1
다음 ( ) 안의 알맞은 사람을 골라 ○표 하시오.

> (이승만 , 박정희)은/는 4·19 혁명으로 대통령 자리에서 물러났다.

2
다음 ( ) 안에 들어갈 알맞은 도시의 이름을 쓰시오.

> 전라남도 ( )에서 대규모 민주화 시위가 일어나자 전두환은 시위를 진압할 계엄군을 보냈다.

(   )

3
다음 ( ) 안의 알맞은 말을 골라 ○표 하시오.

> 6·29 민주화 선언이 발표됨에 따라 1987년 제13대 대통령 선거는 (간선제 , 직선제)로 시행되었다.

[4~5]
민주주의에 대한 설명으로 알맞은 것은 ○표, 알맞지 않은 것은 ×표 하시오.

4
민주주의의 기본 정신에는 인간의 존엄, 자유, 차별 등이 있다.

(   )

5
민주 선거의 기본 원칙에는 보통 선거, 평등 선거, 직접 선거, 비밀 선거가 있다.

(   )

④ 민주주의를 실천하는 바람직한 태도

관용	나와 다른 의견을 인정하고 포용하는 태도
비판적 태도	사실이나 의견의 옳고 그름을 따져 살펴보는 태도
양보와 타협	상대방에게 어떤 일을 배려하고 서로 협의하는 것

핵심 3 다수결의 원칙

뜻	다수의 의견이 소수의 의견보다 합리적일 것이라고 가정하고 다수의 의견을 채택하는 방법
주의할 점	다수의 의견이 항상 옳은 것은 아니기 때문에 소수의 의견도 존중해야 함.

핵심 4 민주적 의사 결정 원리에 따라 문제 해결하기

문제 확인 → 문제 발생 원인 파악 → 문제 해결 방안 탐색 → 문제 해결 방안 결정 → 문제 해결 방안 실천

핵심 5 국민 주권과 국회, 정부, 법원 → 4·19 혁명, 5·18 민주화 운동, 6월 민주 항쟁 등은 국민이 주권을 지키려는 노력이었음.

① 국민 주권
• 국민 주권은 국민이 한 나라의 주인으로서 나라의 중요한 일을 스스로 결정하는 권리를 말합니다.
• 국민 주권은 국가의 주인으로서의 권리가 국민에게 있다는 것입니다.
• 우리나라 헌법에서는 주권이 국민에게 있음을 분명히 하고 있으며, 이를 실현하려고 국민의 자유와 권리를 법으로 보장하고 있습니다.

② 국회, 정부, 법원에서 하는 일

국회	• 국민의 대표인 국회의원이 나라의 중요한 일을 의논하고 결정함. • 법을 만들고 법을 고치거나 없애는 일, 예산을 심의하여 확정하는 일, 국정 감사를 하는 일 등
정부	• 대통령은 정부의 최고 책임자로 나라의 중요한 일을 결정함. • 국민의 교육에 관한 일, 나라를 지키는 일, 식품과 의약품 등의 안전을 확인하는 일 등
법원	• 사람들 사이의 다툼을 해결해 주는 일, 법을 지키지 않은 사람을 처벌하는 일, 개인과 국가 및 지방 자치 단체 사이에서 생긴 갈등을 해결해 주는 일, 국민의 생명과 재산을 보호하는 일 등

핵심 6 권력 분립과 삼권 분립

권력 분립	국가 기관이 권력을 나누어 가지고 서로 감시하는 민주 정치의 원리
삼권 분립	• 국가 권력을 국회, 정부, 법원이 나누어 맡는 것 • 한 기관이 국가의 중요한 일을 마음대로 처리할 수 없도록 서로 견제하고 균형을 이루게 하여 국민의 자유와 권리를 지키려는 것임.

핵심 개념 체크   정답 10쪽

6
민주주의를 실현하는 바람직한 태도로 나와 다른 의견을 인정하고 포용하는 태도를 (　　　)(이)라고 한다.

7
다음 (　) 안의 알맞은 말에 ○표 하시오.

다수결의 원칙은 (다수 , 소수)의 의견이 (다수 , 소수)의 의견보다 합리적일 것이라고 가정하고 (다수 , 소수)의 의견을 채택하는 방법이다.

8
다음 일을 하는 국가 기관의 이름을 쓰시오.

법을 만드는 일, 법을 고치거나 없애는 일, 국정 감사를 하는 일

(　　　　　　　)

9
다음 국가 기관의 이름을 쓰시오.

▲ 법에 따라 국가 살림을 함.

(　　　　　　　)

10
삼권 분립은 국민의 자유와 권리를 보호하고자 국가 권력을 국회, 정부, (　　　)이/가 나누어 맡는 것이다.

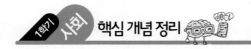

핵심 7 가계와 기업에서 하는 일

가계	• 기업의 생산 활동에 참여하는 대가로 소득을 얻음. • 소득으로 기업에서 만든 물건을 구입함.
기업	• 사람들에게 일자리를 제공함. • 사람들이 생활하는 데 필요한 물건을 만들어 판매하거나 서비스를 제공해 이윤을 얻음.

핵심 8 가계와 기업의 합리적 선택 → 가계와 기업은 시장에서 물건과 서비스를 거래하며, 서로에게 도움이 됨.

가계	가계의 합리적 선택에서 가장 중요한 것은 만족감을 높이는 것임.
기업	기업은 보다 많은 이윤을 얻기 위해 적은 비용으로 많은 수입을 얻을 수 있도록 합리적 선택을 해야 함.

핵심 9 가계와 기업이 만나는 시장

① 시장: 물건을 사고파는 곳으로 가계와 기업이 만나는 곳입니다.

② 다양한 시장

전통 시장, 대형 할인점	• 직접 가서 원하는 물건을 보고 구입함. • 좋은 점: 여러 기업이 생산한 물건을 직접 가격을 비교하여 살 수 있음.
텔레비전 홈쇼핑, 인터넷 쇼핑	• 직접 가지 않아도 구입할 수 있으나 물건이 광고와 다를 수 있음. • 좋은 점: 언제 어디에서든지 물건을 구매할 수 있음.

핵심 10 우리나라 경제의 특징

자유	• 개인은 직업 선택의 자유, 소득을 자유롭게 사용할 자유 등이 있음. • 기업은 생산 활동의 자유가 있음.
경쟁	• 개인은 더 좋은 일자리를 얻으려고 다른 사람과 경쟁함. • 기업은 더 많은 이윤을 얻으려고 다른 기업과 경쟁함.

핵심 11 우리나라의 경제 성장 모습

1960년대	• 1962년에 정부는 경제 개발 5개년 계획을 세우고 정유 시설, 발전소 등을 많이 건설했음. • 기업은 정부의 경제 개발 계획에 따라 경공업 제품을 만들어 수출했음.
1970 ~1980년대	• 1973년에 정부는 중화학 공업 육성 계획을 발표했고, 철강, 석유 화학 등의 산업을 성장시키려고 노력했음. • 1980년대에는 자동차 · 전자 산업 등이 발전했음.
1990년대	기업들의 꾸준한 노력으로 세계적으로 성능이 뛰어난 반도체를 생산할 수 있게 되었음.
2000년대 이후	• 로봇 산업과 같은 고도의 기술이 필요한 첨단 산업이 발달하고 있음. • 문화 콘텐츠 산업, 의료 서비스 산업과 같은 서비스 산업이 빠르게 발달하고 있음.

핵심 개념 **체크**   정답 10쪽

[11~13]
가계에 대한 설명은 '가', 기업에 대한 설명은 '기'라고 쓰시오.

11
생산 활동에 참여하는 대가로 소득을 얻는다.
(   )

12
합리적 선택에서 가장 중요한 것은 만족감을 높이는 것이다.
(   )

13
적은 비용으로 많은 이윤을 얻기 위해 합리적 선택을 한다.
(   )

14
다음에서 설명하는 우리나라 경제의 특징은 무엇인지 쓰시오.

> • 개인은 능력과 적성에 따라 자유롭게 직업을 선택할 수 있다.
> • 기업은 이윤을 얻기 위해 자유롭게 경제 활동을 할 수 있다.

(   )

[15~16]
다음을 보고, 물음에 답하시오.

> ㉠ 로봇 산업   ㉡ 철강 산업
> ㉢ 가발 공업   ㉣ 신소재 산업

15
2000년대 이후부터 발달하기 시작한 산업을 모두 골라 기호로 쓰시오.
(   )

16
1970년대부터 발달하기 시작한 산업을 골라 기호로 쓰시오.
(   )

핵심 12 경제 성장 과정에서 나타난 문제점과 해결 노력

경제적 양극화	• 문제점: 잘사는 사람과 그렇지 못한 사람의 소득 격차가 더욱 커졌음. • 해결 노력: 사회적 약자를 위한 제도와 정책이 필요함.
노사 갈등 문제	• 문제점: 실업자가 증가하고 근로자와 경영자 사이에 갈등이 확산됨. • 해결 노력: 정부와 기업이 근로 환경을 개선하고자 끊임없이 대화하고 새로운 정책을 찾기 위해 노력하고 있음.
환경 오염 문제	• 문제점: 환경이 급속도로 오염되었고 에너지 자원도 부족해졌음. • 해결 노력: 에너지 절약 운동, 환경 보호 운동 등을 하고 있음.

핵심 13 무역

① 무역의 뜻과 무역을 하는 까닭

무역	나라와 나라 사이에 물건과 서비스를 사고파는 것
무역을 하는 까닭	나라마다 자연환경과 자원, 기술 등에 차이가 있어 더 잘 생산할 수 있는 물건이나 서비스가 다르기 때문임.

② 수출과 수입: 무역을 할 때 다른 나라에 물건을 파는 것을 수출, 다른 나라에서 물건을 사 오는 것을 수입이라고 합니다.

③ 우리나라와 다른 나라의 경제 교류 → 우리나라 주요 수출국은 중국, 미국, 베트남 등이며, 주요 수입국은 중국, 미국, 일본 등임.

▲ 수출액 비율

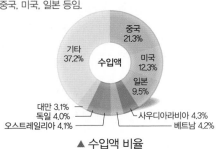

▲ 수입액 비율

핵심 14 경제 교류가 개인과 기업에 미친 영향

개인	• 외국 기업에서 일자리를 얻는 등 개인의 경제 활동 범위가 넓어졌음. • 전 세계의 값싸고 다양한 물건을 선택할 수 있는 기회가 늘어났음.
기업	• 다른 나라와 새로운 기술과 아이디어를 주고받을 수 있게 되었음. • 다른 나라에 공장을 세워 값싼 노동력을 활용할 수 있게 되었음.

핵심 15 우리나라가 무역을 하면서 생기는 문제점과 해결 방안

문제점	다른 나라의 수입 제한으로 발생하는 수출 감소, 한국산 물건에 높은 관세 부과, 수입 거부 때문에 다른 나라와 일어나는 갈등, 외국산에 의존해야 하는 물건의 수입 문제 등
자국의 경제를 보호하는 까닭	경쟁력이 낮은 산업 보호, 국민의 실업 방지, 국가의 안정적 성장, 다른 나라의 불공정 거래에 대응 등
해결 방안	국제기구에 도움 요청, 세계 여러 나라가 무역 문제를 함께 협상하고 합의하려는 노력 등

[17~18]

경제 성장 과정에서 나타난 문제점에 대한 설명으로 알맞은 것은 ○표, 알맞지 않은 것은 ✕표 하시오.

17

잘사는 사람과 그렇지 못한 사람의 소득 격차가 더욱 줄어들고 있다.

(   )

18

에너지 절약 운동, 환경 보호 운동 등은 환경 오염 문제를 해결하기 위한 노력이다.

(   )

[19~20]

다음에서 설명하는 말을 골라 기호로 쓰시오.

| ㉠ 수출   ㉡ 무역   ㉢ 수입 |

19

무역을 할 때 다른 나라에 물건을 파는 것을 말한다.

(   )

20

나라와 나라 사이에 물건과 서비스를 사고파는 것을 말한다.

(   )

21

경제 교류로 인해 (기업 , 개인)은 다른 나라에 공장을 세워 값싼 노동력을 활용할 수 있게 되었다.

22

다른 나라에서 우리나라 물건에 높은 (   )을/를 부과하면 가격이 올라 경쟁에 불리하다.

핵심 개념 정리

핵심 개념 체크   정답 10쪽

핵심 1   세계 지도, 지구본, 디지털 영상 지도의 특징

세계 지도	• 세계 여러 나라의 위치를 한눈에 볼 수 있음. • 나라와 바다의 모양, 거리가 실제와 다르게 표현되기도 함.
지구본	• 지구의 실제 모습과 비슷함. • 전 세계의 모습을 한눈에 보기 어렵고, 가지고 다니기 불편함.
디지털 영상 지도	• 세계 지도나 지구본에서 찾기 어려운 다양한 정보를 얻을 수 있음. • 스마트폰이나 컴퓨터가 필요하며, 인터넷을 연결해야 다양한 기능을 사용할 수 있음.

핵심 2   세계의 여러 대륙과 대양

① 세계의 대륙: 바다로 둘러싸인 큰 땅덩어리로, 아시아, 아프리카, 유럽, 오세아니아, 북아메리카, 남아메리카, 남극 대륙이 있습니다.

② 세계의 대양: 큰 바다를 말하며 태평양, 대서양, 인도양, 북극해, 남극해가 있습니다.

▲ 세계의 대륙과 대양

핵심 3   세계 여러 나라의 면적과 모양

① 세계 여러 나라의 영토 면적: 세계에서 영토의 면적이 가장 넓은 나라는 러시아이며, 세계에서 영토의 면적이 가장 좁은 나라는 바티칸 시국입니다.

② 세계 여러 나라의 영토 모양: 아르헨티나의 영토는 남북으로 길게 뻗은 모양이고, 탄자니아의 영토는 둥근 모양입니다.

우리나라 영토의 면적은 약 22만 km²이며 세계에서 83번째로 넓음.

핵심 4   세계의 다양한 기후와 기후에 따른 생활 모습

열대 기후	• 화전 농업 방식으로 얌, 카사바 등을 재배했음. • 요즘에는 바나나, 기름야자, 커피를 대규모로 재배함.
건조 기후	• 사막 지역의 사람들은 강 주변에서 농사를 지으며 살아감. • 초원 지역의 사람들은 유목 생활을 하며 살아감.
온대 기후	유럽에서는 주로 밀 재배를, 아시아에서는 벼농사를, 지중해 주변 지역에서는 올리브나 포도 재배를 많이 함.
냉대 기후	침엽수림이 널리 분포해 목재와 펄프의 생산지가 되기도 함.
한대 기후	• 여름에 순록을 기르는 유목 생활을 하기도 함. • 한대 기후 지역의 자연환경을 연구하려고 여러 나라가 이곳에 연구소나 기지를 세우고 있음. → 우리나라도 세종 과학 기지, 장보고 과학 기지, 다산 과학 기지를 세워 연구를 하고 있음.

1

다음과 같이 지구의 실제 모습과 비슷한 공간 자료는 무엇인지 쓰시오.

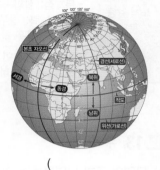

(   )

2

(대륙 , 대양)은 큰 바다를 말하며 태평양, 대서양, 인도양, 북극해, 남극해가 있다.

3

세계에서 영토의 면적이 가장 넓은 나라는 어디인지 쓰시오.

(   )

4

다음과 같이 남북으로 길게 뻗은 영토 모양을 가진 ㉠ 나라는 어디인지 쓰시오.

(   )

5

한대 기후 지역에 사는 사람들은 화전 농업 방식으로 얌, 카사바 등을 재배하며 생활하고 있다. (○ , ×)

정답 10쪽

핵심 5 세계 여러 나라의 생활 모습과 생활 모습을 대하는 바람직한 태도

① 세계 여러 나라 사람들의 다양한 생활 모습

인도의 전통 복장, 사리	인도 여성의 전통 복장으로, 힌두교의 영향 때문에 길고 넓은 천 한 장으로 만들어졌음.
튀르키예의 음식, 케밥	얇게 썬 고기 조각을 구워 먹는 튀르키예의 대표적인 요리로, 유목 생활을 하던 유목민들이 육류를 쉽고 간단하게 먹으려고 조각내어 구워 먹던 것에서 비롯되었음.
파푸아 뉴기니의 고상 가옥	열대 기후 지역에서 볼 수 있는 집 형태로, 땅에서 올라오는 열기와 습기를 피하고 바람이 잘 통하게 하려고 바닥이 땅에서 떨어지게 집을 지음.

└→ 세계 각 지역의 지형, 기후 등 자연환경과 풍습, 종교 등 인문 환경은 그곳에 사는 사람들의 생활 모습에 영향을 미침.

② 세계 여러 나라 사람들의 생활 모습을 이해하고 존중하는 태도

• 각 나라의 생활 모습이 다양함을 알아야 합니다.

• 서로 다른 생활 모습을 이해하고 존중하려는 마음가짐이 필요합니다.

핵심 6 우리나라와 이웃한 나라들의 특징

① 이웃 나라의 자연환경과 인문 환경

중국	• 영토가 넓고 지역마다 다양한 지형과 기후가 나타남. • 인구가 많은 편이고 여러 가지 산업이 발달했음.
일본	• 섬들로 이루어졌고, 국토 대부분이 산지이며 화산이 많음. →지진 활동이 활발함. • 태평양 연안을 따라 공업 지역이 발달했음.
러시아	• 세계에서 영토가 가장 넓고, 위도가 높아 냉대 기후가 널리 나타남. • 대부분의 인구가 서남부 지역에 집중해 있고, 천연자원을 바탕으로 한 산업이 발달했음.

② 이웃 나라의 생활 모습

• 이웃 나라의 문자: 한국, 중국, 일본은 공통적으로 한자의 영향을 받았습니다.

• 이웃 나라의 식생활: 한국, 중국, 일본은 식사할 때 숟가락, 젓가락을 사용합니다.

핵심 7 우리나라와 다른 나라의 교류 모습

① 우리나라와 이웃 나라의 교류 모습

경제 교류	• 우리나라와 이웃 나라가 에너지 협력을 함. • 서로 물건을 수입하거나 수출함.
문화 교류	• 한국, 중국, 일본이 함께 만화 영화를 만듦. • 우리나라에서 공부를 하려고 외국인 유학생이 많이 옴.
정치 교류	• 한국, 중국, 일본이 미세 먼지 해결 방안을 논의함. • 우리나라와 이웃 나라가 정상 회담을 개최함.

② 우리나라와 세계 여러 나라의 교류 모습

서남아시아 지역	우리나라 전체 원유 수입량의 약 85% 정도를 서남아시아(사우디아라비아 등)에서 수입함.
동남아시아 지역	한국의 대중음악, 드라마, 공연 등이 동남아시아 지역에서 선풍적인 인기를 끌고 있음.
아메리카 지역	• 우리나라 밀의 33%를 미국에서 수입함. • 캐나다에서 우리나라의 태권도가 인기를 끌고 있음.

핵심 개념 체크

6

다음과 같이 길고 넓은 천 한 장으로 만들어진 인도 여성의 전통 복장은 무엇인지 쓰시오.

(   )

7

세계 여러 나라의 생활 모습을 대할 때는 서로 다른 생활 모습을 이해하고 존중하려는 마음가짐을 가져야 한다.   (○ , ×)

8

우리나라의 이웃 나라인 (러시아 , 일본)은/는 세계에서 영토가 가장 넓고, 냉대 기후가 널리 나타난다.

9

우리나라와 이웃 나라는 에너지 협력을 하거나, 수입 · 수출을 하는 등 경제적으로 (   )을/를 한다.

10

우리나라는 전체 원유 수입량의 약 85% 정도를 사우디아라비아 등의 (서남아시아 , 동남아시아)에서 수입한다.

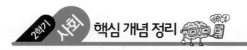

핵심 8 **우리 땅 독도** → 안용복은 조선 숙종 때 일본에 가서 울릉도와 독도가 우리 영토임을 확인받았음.

① 독도의 위치와 특성

위치	우리나라 동쪽 끝에 있는 섬으로 북위 37°, 동경 132°에 가까이 있음.
구성	두 개의 큰 섬(동도, 서도)과 그 주위에 크고 작은 바위섬 89개로 이루어짐.
중요성	동해의 한가운데에 있어 선박의 항로뿐 아니라 군사적으로도 중요함.

② 독도에 대한 지도 및 기록: 「팔도총도」, 「대일본전도」, 『세종실록지리지』, 대한 제국 칙령 제41호 제2조 등에 독도가 우리 땅이라는 기록이 있습니다.

③ 독도의 자연환경

- 독특한 지형과 경관을 지닌 화산섬이고, 다양한 동식물이 서식합니다.
- 차가운 바닷물과 따뜻한 바닷물이 만나 먹이가 풍부해 여러 해양 생물이 살기 좋은 환경을 갖추고 있습니다.

11

다음과 같이 독특한 지형과 경관을 지닌 우리나라의 동쪽 끝에 있는 섬은 무엇인지 쓰시오.

(   )

핵심 9 **남북 통일**

① 남북 분단으로 겪는 어려움: 전쟁에 대한 공포, 이산가족의 아픔, 국방비 과다로 인한 경제적 손실, 남북 간 언어와 문화 차이 등을 겪고 있습니다.

② 남북통일이 필요한 까닭과 남북통일을 위한 노력

남북통일이 필요한 까닭	• 국방비가 줄어서 남은 비용을 국민들의 삶의 질을 높이는 곳에 사용할 수 있음. • 북한의 풍부한 자원과 남한의 높은 기술력을 이용하면 경쟁력 있는 제품을 만들 수 있음.
남북통일을 위한 노력	• 정치적 노력: 2000년, 2007년, 2018년에 남북 정상 회담을 개최함. • 경제적 노력: 끊어진 도로와 철도를 연결하고자 노력함. • 사회·문화적 노력: 남북 단일팀으로 올림픽에서 공동 입장을 함.

12

현존하는 우리나라 옛 지도 중 우산도(지금의 독도)가 표기된 가장 오래된 지도는 『세종실록지리지』이다.

(○ , ×)

13

남북(   )이/가 되면 북한의 풍부한 자원과 남한의 높은 기술력으로 경쟁력 있는 제품을 만들 수 있다.

핵심 10 **지구촌 평화와 발전을 위협하는 갈등**

① 지구촌 갈등 사례: 시리아 내전, 이스라엘과 팔레스타인의 갈등, 나이지리아 내전, 메콩강 유역 갈등 등

② 지구촌 갈등 해결을 위한 노력

- 국제 연합(UN)의 노력: 지구촌의 평화 유지, 전쟁 방지, 국제 협력 활동
- 개인의 노력: 간디(인종 차별에 투쟁), 이태석 신부(의료 봉사), 조디 윌리엄스(지뢰 금지 국제 운동 단체 설립 참여), 말랄라 유사프자이(여성 교육을 위한 활동)
- 비정부 기구(NGO)의 노력: 국경 없는 의사회(의료 지원 활동), 그린피스(핵 실험 반대 및 자연 보호 운동), 세이브 더 칠드런(아동의 생존과 보호를 도움.), 핵무기 폐기 국제 운동(유엔 핵무기 금지 협약을 끌어냄.), 해비타트(집짓기 활동), 지뢰 금지 국제 운동(지뢰 제거 및 희생자 인권 보호) 등

14

(   )은/는 1945년에 설립되어 지구촌 평화 유지, 전쟁 방지, 국제 협력 활동을 하는 국제기구이다.

15

지구촌 갈등 해결을 위해 국제기구뿐만 아니라 그린피스, 해비타트 등의 (   )도 국경을 넘어 다양한 노력을 하고 있다.

핵심 11 지구촌 환경 문제

① 지구촌의 다양한 환경 문제: 플라스틱 쓰레기로 인한 해양 오염, 열대 우림 파괴, 지구 온난화 등

② 지구촌 환경 문제 해결을 위한 노력

개인	환경 캠페인 참여하기, 일회용품 줄이기, 친환경 제품 사용하기, 에너지 절약하기 등
기업	친환경 제품 생산하기, 친환경 소재 개발하기 등
국가	환경 보호 관련 국제 규약이나 협약 준수하기, 지속 가능한 미래를 위한 정책과 법령 마련하기 등
세계	세계 자연 기금(WWF)의 '지구촌 전등 끄기(Earth Hour)' 캠페인 활동 개최하기 등

핵심 12 환경을 생각하는 생산과 소비 활동

① 환경을 생각하는 생산 활동: 환경을 생각한 친환경 숟가락, 해조류 물병과 같은 친환경 물품 개발 등의 생산 활동이 이루어지고 있습니다.

② 환경을 생각하는 생산과 소비 활동의 좋은 점: 자원을 절약하고 환경 오염을 줄임으로써 지속 가능한 미래를 이룰 수 있습니다.

핵심 13 지구촌의 다양한 문제를 해결하기 위한 노력

① 빈곤과 기아 문제 해결을 위한 노력: 모금 활동, 구호 활동, 캠페인, 교육 지원, 농업 기술 지원 등을 합니다.

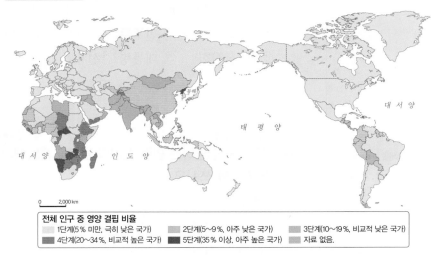

전체 인구 중 영양 결핍 비율
1단계(5% 미만, 극히 낮은 국가)　2단계(5~9%, 아주 낮은 국가)　3단계(10~19%, 비교적 낮은 국가)
4단계(20~34%, 비교적 높은 국가)　5단계(35% 이상, 아주 높은 국가)　자료 없음.

▲ 세계 기아 지도

② 문화적 편견과 차별이 없는 미래를 위한 노력: 편견과 차별 해결을 위한 상담 지원, 캠페인, 홍보 활동, 교육 활동 등을 합니다.

③ 지속 가능한 미래를 위한 노력: 세계 시민으로서 지구촌 문제 해결에 책임감을 갖고 동참하는 태도를 지닙니다.
→ 지구촌 문제가 우리의 문제임을 알고 이를 해결하고자 협력하는 자세를 지닌 사람임.

정답 10쪽

핵심 개념 체크

16
다음에서 지구촌 환경 문제로 알맞은 것을 모두 골라 기호를 쓰시오.

> ㉠ 지구 온난화
> ㉡ 문화적 편견과 차별
> ㉢ 아마존 열대 우림 파괴
> ㉣ 플라스틱 쓰레기로 인한 해양 오염

(　　)

17
지구촌 사람들은 지구촌 환경 문제를 해결하고자 환경 캠페인에 참여하거나 친환경 제품을 사용하기도 한다. (○ , ×)

18
지구촌 환경 문제를 해결하기 위해 다음과 같은 노력을 하는 주체는 개인, 기업, 세계 중 무엇인지 쓰시오.

▲ 오염 물질 배출이 적은 친환경 포장

(　　)

19
지구촌의 빈곤과 기아 문제 해결을 위해 지구촌 사람들이 하고 있는 노력을 한 가지 쓰시오.

(　　)

20
지구촌 문제가 우리의 문제임을 알고 이를 해결하고자 협력하는 자세를 지닌 사람을 무엇이라고 하는지 쓰시오.

(　　)

1. 우리나라의 정치 발전   출제율 ●●●○○

1 다음 보기 에서 3 · 15 부정 선거에 대한 설명으로 옳은 것을 두 가지 고르시오.

> **보기**
> ㉠ 국민들은 이승만 정부가 계속 권력을 잡기를 바랐다.
> ㉡ 이승만 정부가 정부통령 선거에서 이기기 위해 계획한 일이다.
> ㉢ 유권자들에게 돈이나 물건을 주면서 이승만 정부에 투표하도록 했다.
> ㉣ 이승만 정부에 대항해 학생 민주 운동이 일어나 이승만 정부가 선거에서 패했다.

(   )

[2~3] 다음 사건을 보고, 물음에 답하시오.

> ㉠ 4 · 19 혁명   ㉡ 6월 민주 항쟁
> ㉢ 5 · 16 군사 정변   ㉣ 5 · 18 민주화 운동

1. 우리나라의 정치 발전   출제율 ●●●●●

2 위 ㉠~㉣ 중 우리나라 민주주의의 발전을 위해 국민들이 노력한 것을 보여 주는 사건을 모두 고른 것은 어느 것입니까? (   )

① ㉠, ㉡   ② ㉠, ㉡, ㉢
③ ㉠, ㉡, ㉣   ④ ㉡, ㉢, ㉣
⑤ ㉠, ㉡, ㉢, ㉣

1. 우리나라의 정치 발전   출제율 ●●●●○

3 위 ㉠~㉣ 중 다음과 같이 전개된 사건을 골라 기호로 쓰시오.

> 전라남도 광주에서 대규모 민주화 시위가 일어나자 전두환은 시위를 진압할 계엄군을 광주에 보냈다. 계엄군은 시민들과 학생들을 향해 총을 쏘며 폭력적으로 시위를 진압했고 이 과정에서 많은 사람이 죽거나 다쳤다.

(   )

1. 우리나라의 정치 발전   출제율 ●●●●●

4 다음 질문에 대하여 <u>잘못된</u> 대답을 두 가지 고르시오. (   )

> 6월 민주 항쟁 이후 민주주의의 발전을 보여 주는 모습은 무엇일까?

① 유신 헌법이 공포되었다.
② 주민 소환제가 마련되었다.
③ 전두환이 간선제로 대통령이 되었다.
④ 지방 자치제가 완전하게 자리 잡게 되었다.
⑤ 대통령 직선제가 오늘날까지 계속 시행되고 있다.

잘 나오는 문제

1. 우리나라의 정치 발전   출제율 ●●●●○

5 다음에서 나타나는 정치 제도는 무엇입니까?
(   )

▲ 주민 자치회   ▲ 지방 의회

① 독재   ② 민주주의   ③ 군사 정변
④ 촛불 집회   ⑤ 대통령 간선제

1. 우리나라의 정치 발전   출제율 ●●●●○

6 다음에서 설명하는 민주 선거의 원칙을 보기 에서 골라 기호를 쓰시오.

> **보기**
> ㉠ 보통 선거   ㉡ 비밀 선거
> ㉢ 평등 선거   ㉣ 직접 선거

(1) 누구나 한 사람이 한 표씩만 행사할 수 있다.
(   )

(2) 누구에게 투표했는지 다른 사람이 알 수 없게 한다.
(   )

1. 우리나라의 정치 발전 　　　　　　　　출제율 ●●●●●

7 민주주의를 실천하는 바람직한 태도를 모두 고르시오. (　　　　　)

① 관용　　　② 무관심　　　③ 차별 대우

④ 양보와 타협　⑤ 비판적 태도

1. 우리나라의 정치 발전 　　　　　　　　출제율 ●●●●○

8 다음에서 사용하는 민주적 의사 결정 원리에 대한 설명으로 <u>잘못된</u> 것은 어느 것입니까? (　　　　)

▲ 선거로 대표 결정

▲ 학급 회의로 안건 결정

① 이 방법을 사용하면 항상 옳은 결정을 할 수 있다.

② 사용하기에 앞서 충분한 대화와 토론을 거쳐야 한다.

③ 이 방법을 사용하면 쉽고 빠르게 문제를 해결할 수 있다.

④ 사람들 간에 양보와 타협이 어려울 때 사용하는 방법 중 하나이다.

⑤ 이 방법을 사용할 때는 소수의 의견도 존중하는 태도를 가져야 한다.

1. 우리나라의 정치 발전 　　　　　　　　출제율 ●●●●○

9 다음에서 설명하는 것은 무엇인지 쓰시오.

• 나라의 주인인 국민 모두가 가지는 것이다.
• 한 나라의 주인으로서 나라의 중요한 일을 스스로 결정하는 권리를 말한다.

(　　　　　　　)

[10~11] 다음 국가 기관을 보고, 물음에 답하시오.

㉠ 법원　　　　㉡ 국회　　　　㉢ 정부

1. 우리나라의 정치 발전 　　　　　　　　출제율 ●●●●○

10 위 ㉠~㉢ 중 다음과 같은 일을 하는 곳을 골라 기호로 쓰시오.

나라를 지켜요. 국방부

국민의 생명과 재산을 보호해요. 소방청

(　　　　　　　)

1. 우리나라의 정치 발전 　　　　　　　　출제율 ●●●●●

11 위 ㉠~㉢ 중 다음과 같은 제도가 마련되어 있는 곳을 골라 기호로 쓰시오.

• 특정한 경우를 제외한 모든 재판의 과정과 결과를 공개하고 있다.
• 한 사건에 원칙적으로 세 번까지 재판을 받을 수 있는 3심 제도를 두고 있다.

(　　　　　　　)

잘 나오는 문제

1. 우리나라의 정치 발전 　　　　　　　　출제율 ●●●●○

12 다음 ㉠에 들어갈 말로, 국가 권력을 국회, 정부, 법원이 나누어 맡는 것을 무엇이라고 합니까? (　　　　)

국회(입법부)
㉠
정부(행정부)　　　법원(사법부)

① 삼권 분립　② 독재 정치　③ 군사 정변

④ 국정 감사　⑤ 지방 자치제

잘 틀리는 문제

2. 우리나라의 경제 발전 　　　　　　출제율 ●●●●●

13 다음 (　　　) 안에 공통으로 들어갈 경제 활동의 주체는 무엇입니까? (　　　)

> (　　　)은/는 기업에서 일하며 생산 활동에 참여한 대가로 소득을 얻는다. (　　　)은/는 소득으로 시장에서 생활에 필요한 물건과 서비스를 구매한다.

① 법원　　　② 정부　　　③ 가계
④ 국회　　　⑤ 헌법 재판소

2. 우리나라의 경제 발전 　　　　　　출제율 ●●●●○

14 다음 에서 기업에서 합리적인 선택을 하기 위한 질문으로 알맞은 것을 모두 골라 기호를 쓰시오.

> 보기
> ㉠ 물건을 어디에서 사면 좋을까요?
> ㉡ 우리 물건의 장단점은 무엇일까요?
> ㉢ 물건을 생산하는 데 드는 비용을 어떻게 늘릴 수 있을까요?
> ㉣ 소비자들이 편리하게 사용할 수 있는 모양과 재질은 무엇일까요?

(　　　　　　　　)

2. 우리나라의 경제 발전 　　　　　　출제율 ●●●●○

15 다음 중 나머지 넷과 종류가 다른 시장은 어느 것입니까? (　　　)

① 전통 시장　　　② 인력 시장
③ 대형 할인점　　④ 인터넷 쇼핑
⑤ 텔레비전 홈 쇼핑

2. 우리나라의 경제 발전 　　　　　　출제율 ●●●●●

16 다음 (　　　) 안의 알맞은 말을 골라 ○표 하시오.

> (개인 , 기업)은 더 좋은 일자리를 얻으려고 다른 사람들과 경쟁하고, (개인 , 기업)은 더 많은 이윤을 얻으려고 서로 경쟁한다.

2. 우리나라의 경제 발전 　　　　　　출제율 ●●●●●

17 다음 신문 기사의 ㉠에 들어갈 제목으로 알맞은 것은 어느 것입니까? (　　　)

> △△신문　　　　　　20○○년 ○○월 ○○일
>
> | ㉠ |
> |---|
>
> 　기업끼리 가격을 상의해 올릴 수 없도록, 허위·과장 광고를 못하도록, 그리고 특정 기업만 물건을 만들어 가격을 마음대로 올리지 못하도록 감시하고 있다.

① 기업이 합리적 선택을 하는 방법
② 가계와 기업이 만나는 다양한 시장
③ 기업이 합리적 선택을 해야 하는 까닭
④ 자유롭게 경쟁하는 경제 활동이 우리에게 주는 도움
⑤ 공정하지 못한 경제 활동을 해결하려는 우리 사회의 노력

2. 우리나라의 경제 발전 　　　　　　출제율 ●●●○○

18 6·25 전쟁 이후 우리나라의 모습으로 알맞지 않은 것은 어느 것입니까? (　　　)

① 국토 전체가 폐허로 변했다.
② 산업 시설이 대부분 파괴되었다.
③ 사람들의 생활에 필요한 것들이 부족했다.
④ 다른 나라의 도움을 받아 공업 중심에서 농업 중심의 산업 구조로 변화시켰다.
⑤ 파괴된 여러 시설을 복구하고 경제적으로 자립하기 위해 공업 발전에 힘을 모았다.

2. 우리나라의 경제 발전 　　　　　　출제율 ●●●●●

19 식료품, 섬유, 종이 등 비교적 가벼운 물건을 만드는 산업은 무엇입니까? (　　　)

① 경공업　　　② 서비스업
③ 첨단 산업　　④ 중화학 공업
⑤ 반도체 산업

잘 나오는 문제

20 2. 우리나라의 경제 발전　　출제율 ●●●●●

다음 중 1970~1980년대 경제 발전을 위한 노력과 관계없는 사진은 어느 것입니까? (　　)

①
▲ 한국 과학 기술 연구소 준공식

②
▲ 울산 석유 화학 단지 건설

③
▲ 조선 산업의 발달

④
▲ 자동차 산업의 발달

⑤
▲ 한류 열풍

21 2. 우리나라의 경제 발전　　출제율 ●●●●●

다음 (　　) 안에 들어갈 알맞은 말은 무엇입니까?
(　　)

> 2000년대 이후에는 고도의 기술이 필요한 (　　) 산업이 발달하고 있다. 대표적으로 생명 공학, 우주 항공, 로봇 산업 등이 있다.

① 첨단　　② 철강　　③ 조선
④ 자동차　　⑤ 석유 화학

22 2. 우리나라의 경제 발전　　출제율 ●●●●○

경제 성장 과정에서 발생한 문제점이 아닌 것은 어느 것입니까? (　　)

① 에너지 자원이 매우 부족해졌다.
② 노사 갈등에 따른 문제가 생겼다.
③ 우리 주변의 환경이 급속도로 오염되었다.
④ 6·25 전쟁으로 산업 시설이 대부분 파괴되었다.
⑤ 잘사는 사람과 그렇지 못한 사람의 소득 격차가 더욱 커졌다.

[23~24] 다음 그래프는 우리나라의 주요 수출품과 수입품을 나타낸 것입니다. 물음에 답하시오.

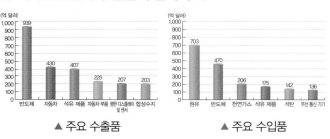
▲ 주요 수출품　　　　▲ 주요 수입품

23 2. 우리나라의 경제 발전　　출제율 ●●●●●

위와 같이 나라와 나라 사이에 물건과 서비스를 사고 파는 것을 무엇이라고 합니까? (　　)

① 소득　　② 무역　　③ 협약
④ 생산　　⑤ 소비

24 2. 우리나라의 경제 발전　　출제율 ●●●●○

위에서 수출액이 가장 많은 물건(㉠)과 수입액이 가장 많은 물건(㉡)이 바르게 짝 지어진 것은 어느 것입니까? (　　)

	㉠	㉡		㉠	㉡
①	원유	반도체	②	원유	석탄
③	자동차	천연가스	④	반도체	원유
⑤	반도체	석유 제품			

25 2. 우리나라의 경제 발전　　출제율 ●●●●●

세계 여러 나라가 서로 자기 나라 경제만을 보호할 경우 생길 수 있는 문제를 바르게 말한 사람을 골라 이름을 쓰시오.

다른 나라와의 무역에 더 많이 의존하게 돼.
▲ 진경

다른 나라와 무역이 잘 이루어지지 않을 수 있어.
▲ 석주

(　　　　)

1. 세계 여러 나라의 자연과 문화　　　　　　출제율 ●●●○○

1 다음 자료에 대한 설명으로 알맞지 <u>않은</u> 것은 어느 것입니까? (　　　)

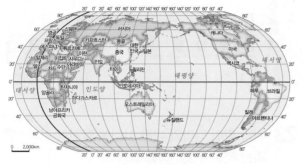

▲ 세계 지도

① 둥근 지구를 평면으로 나타낸 것이다.

② 세계 여러 나라의 위치를 한눈에 볼 수 있다.

③ 실제 지구의 모습을 아주 작게 줄인 모형이다.

④ 인터넷 사용이 불가능한 곳에서도 사용하기 편리하다.

⑤ 나라와 바다의 모양, 거리가 실제와 다르게 표현되기도 한다.

1. 세계 여러 나라의 자연과 문화　　　　　　출제율 ●●●●○

2 다음 (　　　) 안의 알맞은 말에 ○표 하시오.

⑴ (대륙 , 대양)은 바다로 둘러싸인 큰 땅덩어리로, 아시아, 아프리카, 유럽, 오세아니아, 북아메리카, 남아메리카, 남극이 있고, ⑵ (대륙 , 대양)은 큰 바다를 말하며 태평양, 대서양, 인도양, 북극해, 남극해가 있다.

1. 세계 여러 나라의 자연과 문화　　　　　　출제율 ●●●●○

3 다음 나라들이 속해 있는 대륙은 어디인지 쓰시오.

영국, 프랑스, 네덜란드, 포르투갈, 에스파냐, 헝가리, 독일, 스위스, 크로아티아, 이탈리아

(　　　　　　)

1. 세계 여러 나라의 자연과 문화　　　　　　출제율 ●●●●●

4 다음 중 세계에서 영토의 면적이 가장 넓은 나라는 어디입니까? (　　　)

① 영국　　　　② 러시아　　　　③ 이집트

④ 대한민국　　⑤ 아르헨티나

1. 세계 여러 나라의 자연과 문화　　　　　　출제율 ●●●●●

5 다음 ㉠ 기후의 특징으로 알맞은 것은 어느 것입니까? (　　　)

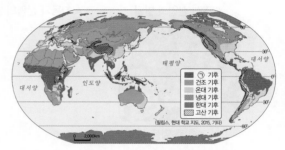

① 사계절이 비교적 뚜렷하다.

② 일 년 내내 평균 기온이 매우 낮다.

③ 일 년 내내 기온이 높고 강수량이 많다.

④ 월평균 기온이 15 ℃ 내외로 매우 온화하다.

⑤ 일 년 동안의 강수량을 모두 합쳐도 500 mm 가 채 되지 않는다.

잘 나오는 문제

1. 세계 여러 나라의 자연과 문화　　　　　　출제율 ●●●●●

6 기후에 따른 사람들의 생활 모습이 바르게 짝 지어진 것은 어느 것입니까? (　　　)

① 한대 기후: 올리브나 포도를 많이 재배한다.

② 열대 기후: 바나나, 기름야자, 커피를 재배한다.

③ 냉대 기후: 나일강 주변에서 농사를 지으며 살아간다.

④ 건조 기후: 침엽수림이 널리 분포해 목재, 펄프 공업이 발달했다.

⑤ 온대 기후: 우리나라는 세종 과학 기지를 세워 이 지역의 자연환경 연구에 힘쓴다.

1. 세계 여러 나라의 자연과 문화   출제율 ●●●●●

7 다음 (　　) 안에 들어갈 알맞은 종교는 무엇입니까? (　　)

> (　　)를 믿는 인도 사람들은 소를 성스러운 동물로 여기기 때문에 소를 죽이거나 먹지 않는다.

① 불교　　　　② 유교　　　　③ 힌두교
④ 이슬람교　　⑤ 크리스트교

1. 세계 여러 나라의 자연과 문화   출제율 ●●●●○

8 다음 세계 여러 나라 사람들의 생활 모습을 대할 때 가져야 할 태도의 기호를 쓰시오.

> ㉠ 서로 다른 생활 모습을 이해하고 존중한다.
> ㉡ 우리나라와 다른 생활 모습은 틀린 것이라고 여긴다.
> ㉢ 다른 나라의 생활 모습을 바라볼 때 우리나라의 생활 모습을 기준으로 살펴본다.

(　　　　　　　)

1. 세계 여러 나라의 자연과 문화   출제율 ●●●●○

9 다음 에서 우리나라와 국경을 마주하고 있는 이웃 나라를 모두 골라 기호를 쓰시오.

> **보기**
> ㉠ 일본　　　　　㉡ 중국
> ㉢ 러시아　　　　㉣ 사우디아라비아

(　　　　　　　)

1. 세계 여러 나라의 자연과 문화   출제율 ●●●●○

10 다음과 같은 자연환경을 볼 수 있는 나라는 어디입니까? (　　)

▲ 고비 사막　　　　▲ 시짱(티베트)고원

① 중국　　　　② 일본　　　　③ 러시아
④ 캐나다　　　⑤ 오스트레일리아

1. 세계 여러 나라의 자연과 문화   출제율 ●●●●○

11 오른쪽과 같이 둥글고 큰 식탁에 둘러앉아 긴 젓가락으로 음식을 먹는 식문화를 가진 나라는 어디입니까? (　　)

① 일본　　　　② 중국　　　　③ 한국
④ 미국　　　　⑤ 러시아

잘 틀리는 문제

1. 세계 여러 나라의 자연과 문화   출제율 ●●●●○

12 다음 자료를 통해 알 수 있는 우리나라와 이웃 나라의 관계로 알맞지 않은 것은 어느 것입니까? (　　)

 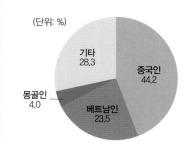

▲ 러시아 발레단의 한　　▲ 국내 외국인 유학생 비율
국 공연 포스터

(단위: %)
기타 28.3
중국인 44.2
몽골인 4.0
베트남인 23.5

① 우리나라는 이웃 나라와 서로 협력하고 있다.
② 우리나라와 이웃 나라는 서로 긴밀한 관계에 있다.
③ 우리나라와 이웃 나라는 문화적으로 교류하고 있다.
④ 우리나라와 이웃 나라는 서로 갈등 관계에 놓여 있다.
⑤ 우리나라와 이웃 나라는 서로 영향을 주고받는 관계이다.

1. 세계 여러 나라의 자연과 문화   출제율 ●●●○○

13 다음 (　　) 안에 들어갈 알맞은 곡식을 쓰시오.

> 우리나라에서는 빵 등의 주원료인 (　　)을/를 미국(33%), 오스트레일리아(27%), 캐나다(14%) 등에서 수입해 온다.

(　　　　　　　)

2. 통일 한국의 미래와 지구촌의 평화   출제율 ●●●●●

14 다음 독도에 대한 설명으로 알맞지 <u>않은</u> 것은 어느 것입니까? (   )

▲ 독도

① 경사가 급하고 대부분 암석이다.
② 우리나라의 서쪽 끝에 있는 섬이다.
③ 독특한 지형과 경관을 지닌 화산섬이다.
④ 다양한 동식물이 서식하는 곳이기도 하다.
⑤ 두 개의 큰 섬과 그 주위에 크고 작은 바위섬들로 이루어졌다.

2. 통일 한국의 미래와 지구촌의 평화   출제율 ●●●●●

15 남북 분단으로 사람들이 겪고 있는 어려움이 <u>아닌</u> 것은 어느 것입니까? (   )

① 이산가족의 아픔
② 대도시로의 인구 집중 현상
③ 남북 간의 언어와 문화 차이
④ 분단으로 인한 전쟁에 대한 공포
⑤ 국방비 과다로 인한 경제적 손실

2. 통일 한국의 미래와 지구촌의 평화   출제율 ●●●○○

16 다음에서 설명하는 사람은 누구인지 쓰시오.

> 조선 숙종 때 부산 동래에 살던 사람으로, 울릉도 인근에서 고기잡이를 하던 중 일본 어부를 발견해 꾸짖다가 일본으로 잡혀갔다. 그는 울릉도와 독도가 우리나라 영토임을 주장하고 이를 확인하는 문서를 일본으로부터 받아냈다.

(   )

2. 통일 한국의 미래와 지구촌의 평화   출제율 ●●●●○

17 남북통일을 위한 다양한 노력이 바르게 짝 지어진 것은 어느 것입니까? (   )

① 경제적 노력: 남북 예술단이 합동 공연을 했다.
② 경제적 노력: 1991년에 남북 기본 합의서를 채택했다.
③ 정치적 노력: 개성 공단이 활발하게 운영되었던 적이 있다.
④ 정치적 노력: 남북이 끊어진 도로와 철도를 연결하려 노력하고 있다.
⑤ 사회·문화적 노력: 남북이 올림픽에서 한반도기를 들고 공동 입장을 했다.

잘 나오는 문제

2. 통일 한국의 미래와 지구촌의 평화   출제율 ●●●●●

18 다음 ⊙ 사람이 속한 나라는 어디인지 쓰시오.

(   )

2. 통일 한국의 미래와 지구촌의 평화   출제율 ●●●●○

19 지구촌 갈등이 지속되는 까닭으로 알맞지 <u>않은</u> 것은 어느 것입니까? (   )

① 오랫동안 미움과 갈등이 쌓였기 때문에
② 사람들이 자기 이익을 먼저 생각하기 때문에
③ 국가가 지켜야 하는 강력한 법이 있기 때문에
④ 다양한 사람들이 서로 다른 생각을 하기 때문에
⑤ 강대국들이 과거의 잘못을 책임지지 않기 때문에

2. 통일 한국의 미래와 지구촌의 평화 출제율 ●●●●●

20 다음과 같은 노력을 하는 국제 연합(UN) 산하 전문 기구는 무엇입니까? ( )

> 교육, 과학, 문화 분야 등에서 다양한 국제 교류를 하면서 국제 평화를 추구하고 있다.

① 유니세프(unicef)
② 유네스코(UNESCO)
③ 국제 노동 기구(ILO)
④ 국제 원자력 기구(IAEA)
⑤ 유엔 난민 기구(UNHCR)

2. 통일 한국의 미래와 지구촌의 평화 출제율 ●●●○○

21 다음과 같은 활동을 하는 비정부 기구는 어느 것입니까? ( )

> 가난한 지역과 전쟁, 자연재해 등으로 터전을 잃은 사람들에게 집을 지어 줘요.

① 해비타트
② 그린피스
③ 국제 앰네스티
④ 국경 없는 의사회
⑤ 세이브 더 칠드런

2. 통일 한국의 미래와 지구촌의 평화 출제율 ●●●○○

22 다음과 관련 있는 환경 문제는 어느 것입니까? ( )

▲ 산호 백화 현상이 진행된 산호초

① 지구 온난화
② 토양의 사막화
③ 초미세 먼지 증가
④ 열대 우림 파괴 증가
⑤ 플라스틱 쓰레기 증가

2. 통일 한국의 미래와 지구촌의 평화 출제율 ●●●●○

23 지구촌 환경 문제 해결을 위해 개인이 할 수 있는 일로 알맞지 않은 것은 어느 것입니까? ( )

① 에너지 절약하기
② 일회용품 줄이기
③ 환경 캠페인 참여하기
④ 친환경 제품 사용하기
⑤ 환경 보호 관련 법령 만들기

2. 통일 한국의 미래와 지구촌의 평화 출제율 ●●●●○

24 다음과 관련 있는 지구촌 문제는 무엇입니까? ( )

> 여전히 많은 어린이가 영양을 제대로 공급받지 못해 발육 부진을 겪는다.

> 가족의 생계를 위해 학교에 못 가고 일을 해야 하는 어린이가 지구촌 곳곳에 있다.

① 자원 갈등
② 해양 오염
③ 지구 온난화
④ 빈곤과 기아
⑤ 문화적 편견과 차별

2. 통일 한국의 미래와 지구촌의 평화 출제율 ●●●●○

25 소미는 '세계 시민으로서 생활하기'를 실천했습니다. 알맞지 않은 행동은 어느 것입니까? ( )

핵심 개념 체크   정답 12쪽

핵심 1 과학자의 탐구 과정

탐구 문제 정하고 가설 세우기	→	실험 계획하기	→	실험 해보기	→	실험 결과 변환하고 해석하기	→	결론 내리기

핵심 2 지구의 자전

지구의 자전	지구가 자전축을 중심으로 하루에 한 바퀴씩 회전하는 것
자전 방향	서쪽 → 동쪽(시계 반대 방향)
지구의 자전으로 나타나는 현상	• 태양이 동쪽에서 서쪽으로 움직이는 것처럼 보임. • 하루 동안 달과 별이 동쪽에서 서쪽으로 움직이는 것처럼 보임. • 낮과 밤이 생김.

핵심 3 지구의 공전

지구의 공전	지구가 태양을 중심으로 1년에 한 바퀴씩 회전하는 것
공전 방향	서쪽 → 동쪽(시계 반대 방향)

지구의 공전으로 나타나는 현상	• 계절에 따라 보이는 별자리가 달라짐.	
	계절	각 계절의 대표적인 별자리
	봄	목동자리, 처녀자리, 사자자리
	여름	백조자리, 독수리자리, 거문고자리
	가을	물고기자리, 안드로메다자리, 페가수스자리
	겨울	쌍둥이자리, 큰개자리, 오리온자리

핵심 4 달의 모양과 위치 변화

① 여러 날 동안 달의 모양 변화

달의 이름	초승달	상현달	보름달	하현달	그믐달
달의 모양					
날짜	음력 2~3일 무렵	음력 7~8일 무렵	음력 15일 무렵	음력 22~23일 무렵	음력 27~28일 무렵

② 여러 날 동안 달의 위치 변화: 같은 시각, 같은 장소에서 달이 보이는 위치가 날마다 서쪽에서 동쪽으로 조금씩 옮겨 갑니다.

저녁 7시에 같은 장소에서 ▶ 달의 위치와 모양을 기록한 것

핵심 개념 체크

1
다음은 무엇에 대한 설명인지 쓰시오.

> 지구가 자전축을 중심으로 하루에 한 바퀴씩 회전하는 것을 말한다.

(   )

2
다음 ( ) 안에 들어갈 알맞은 말에 ○표 하시오.

> 지구는 자전축을 중심으로 하여 하루에 한 바퀴씩 (시계 방향, 시계 반대 방향)으로 회전한다.

3
지구가 태양을 중심으로 1년에 한 바퀴씩 회전하는 것을 무엇이라고 하는지 쓰시오.

(   )

4
다음 ( ) 안에 들어갈 알맞은 말에 ○표 하시오.

> 지구는 태양을 중심으로 하여 1년에 한 바퀴씩 (시계 방향, 시계 반대 방향)으로 회전한다.

5
다음 ( ) 안에 들어갈 알맞은 말을 쓰시오.

> 지구가 태양 주위를 ( )하기 때문에 계절에 따라 지구의 위치가 달라지고, 지구의 위치에 따라 밤에 보이는 별자리가 다르다.

(   )

핵심 개념 체크   정답 12쪽

핵심 5 기체의 발생과 성질

① 산소와 이산화 탄소 기체 모으기
- 기체 발생에 필요한 물질

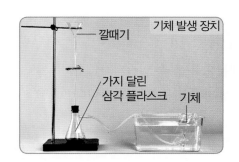

기체 발생 장치
깔때기
가지 달린
삼각 플라스크   기체

산소	묽은 과산화 수소수, 이산화 망가니즈
이산화 탄소	진한 식초, 탄산수소 나트륨

② 산소와 이산화 탄소의 성질

구분	산소	이산화 탄소
색깔, 냄새	없음.	없음.
특징	• 다른 물질이 타는 것을 도움. → 향불을 넣으면 잘 탐. • 금속을 녹슬게 함.	• 물질이 타는 것을 막음. → 이산화 탄소가 든 집기병에 석회수를 넣고 흔들면 석회수가 뿌옇게 흐려짐. • 석회수를 뿌옇게 만듦.
이용	잠수부의 압축 공기통, 소방관의 압축 공기통, 응급 환자용 산소 호흡 장치, 산소 캔	소화기, 드라이아이스, 탄산음료, 자동 팽창식 구명조끼

핵심 6 압력에 따른 기체의 부피 변화

① 압력 변화에 따른 기체의 부피 변화: 액체는 압력을 가해도 부피가 거의 변하지 않지만, 기체는 압력을 가한 정도에 따라 부피가 달라집니다.

구분	피스톤을 약하게 누를 때	피스톤을 세게 누를 때
공기(기체)	• 피스톤이 조금 들어감. • 공기의 부피가 약간 작아짐.	• 피스톤이 많이 들어감. • 공기의 부피가 많이 작아짐.
물(액체)	• 피스톤이 들어가지 않음. • 물의 부피가 변하지 않음.	• 피스톤이 들어가지 않음. • 물의 부피가 변하지 않음.

② 생활 속에서 기체에 압력을 가할 때 기체의 부피가 변하는 예
- 비행기 안에 있는 과자 봉지는 땅에서보다 하늘에서 더 많이 부풀어 오릅니다.
- 바닷속에서 잠수부가 내뿜는 공기 방울이 올라가면서 커집니다.
- 에어 농구화의 공기는 뛰어올랐다가 착지할 때 부피가 작아집니다.

핵심 7 온도에 따른 기체의 부피 변화

① 온도 변화에 따른 기체의 부피 변화: 온도가 높아지면 기체의 부피가 커지고, 온도가 낮아지면 기체의 부피는 작아집니다.
② 생활 속에서 온도 변화에 따라 기체의 부피가 변하는 예
- 뜨거운 음식을 비닐 랩으로 포장하면 처음에는 윗면이 부풀어 오르고, 비닐 랩으로 포장한 음식이 식으면 윗면이 오목하게 들어갑니다.
- 물이 조금 담긴 페트병을 마개로 막아 냉장고에 넣고 시간이 지난 뒤 살펴보면 페트병이 찌그러진 것을 볼 수 있습니다.

6
이산화 망가니즈에 묽은 과산화 수소수를 떨어뜨릴 때 발생하는 기체는 무엇인지 쓰시오.
(   )

7
탄산수소 나트륨에 진한 식초를 떨어뜨릴 때 발생하는 기체는 무엇인지 쓰시오.
(   )

8
다음은 어떤 기체에 대한 특징인지 쓰시오.

- 석회수를 뿌옇게 만드는 성질이 있다.
- 소화기, 드라이아이스 등에 이용된다.

(   )

9
기체에 압력을 가하면 기체의 부피는 어떻게 되는지 쓰시오.
(   )

10
기체의 온도를 높이면 기체의 부피는 어떻게 되는지 쓰시오.
(   )

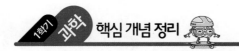

핵심 8 세포

① 세포

- 모든 생물은 세포로 이루어져 있습니다.
- 세포는 대부분 크기가 매우 작아 맨눈으로 볼 수 없습니다.
- 세포는 크기와 모양이 다양하고 그에 따라 하는 일도 다릅니다.

② 식물 세포와 동물 세포

구분	식물 세포	동물 세포
모습	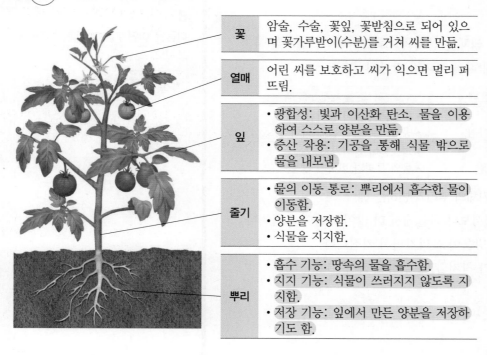핵 / 세포벽 / 세포막	
차이점	세포벽이 있음.	세포벽이 없음.
공통점	• 핵과 세포막이 있음. • 크기가 매우 작아 맨눈으로 관찰하기 어려움.	

핵심 9 식물의 구조와 기능

꽃	암술, 수술, 꽃잎, 꽃받침으로 되어 있으며 꽃가루받이(수분)를 거쳐 씨를 만듦.
열매	어린 씨를 보호하고 씨가 익으면 멀리 퍼뜨림.
잎	• 광합성: 빛과 이산화 탄소, 물을 이용하여 스스로 양분을 만듦. • 증산 작용: 기공을 통해 식물 밖으로 물을 내보냄.
줄기	• 물의 이동 통로: 뿌리에서 흡수한 물이 이동함. • 양분을 저장함. • 식물을 지지함.
뿌리	• 흡수 기능: 땅속의 물을 흡수함. • 지지 기능: 식물이 쓰러지지 않도록 지지함. • 저장 기능: 잎에서 만든 양분을 저장하기도 함.

핵심 10 씨를 퍼뜨리는 방법

민들레	도깨비바늘	벚나무
바람에 날려서 퍼짐.	동물의 털이나 사람의 옷에 붙어서 퍼짐.	동물에서 먹혀서 퍼짐.

11
동물 세포와 식물 세포 중 세포벽이 있는 것은 무엇인지 쓰시오.

(   )

12
식물의 구조 중 땅속의 물을 흡수하고 식물이 쓰러지지 않도록 지지하며, 잎에서 만든 양분을 저장하기도 하는 부분은 무엇인지 쓰시오.

(   )

13
다음은 무엇에 대한 설명인지 쓰시오.

> 식물이 빛과 이산화 탄소, 물을 이용하여 스스로 양분을 만드는 것을 말한다.

(   )

14
잎에 도달한 물이 기공을 통해 식물 밖으로 빠져나가는 것을 무엇이라고 하는지 쓰시오.

(   )

15
다음은 식물의 구조 중 무엇에 대한 설명인지 쓰시오.

> • 암술, 수술, 꽃잎, 꽃받침으로 되어 있다.
> • 꽃가루받이를 거쳐 씨를 만드는 부분이다.

(   )

핵심 11　프리즘을 통과한 햇빛

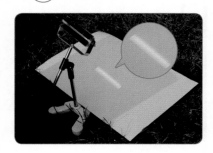

① 프리즘: 유리나 플라스틱 등으로 만든 투명한 삼각기둥 모양의 기구
② 햇빛은 프리즘을 통과하면 하얀색 도화지에 여러 가지 빛깔로 나타남. ⇨ 햇빛은 여러 가지 빛깔로 이루어져 있음.

핵심 12　굴절

① 굴절: 빛이 서로 다른 물질의 경계에서 꺾여 나아가는 현상입니다.
② 공기와 물의 경계에서 빛이 나아가는 모습

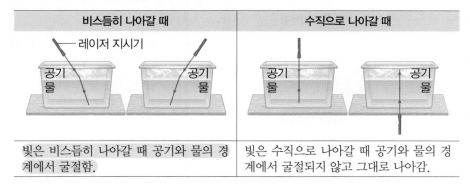

비스듬히 나아갈 때	수직으로 나아갈 때
빛은 비스듬히 나아갈 때 공기와 물의 경계에서 굴절함.	빛은 수직으로 나아갈 때 공기와 물의 경계에서 굴절되지 않고 그대로 나아감.

핵심 13　볼록 렌즈

① 모양: 가운데 부분이 가장자리보다 두꺼운 렌즈입니다.
② 볼록 렌즈로 본 물체의 모습: 실제보다 크게 보일 때도 있고, 상하좌우가 바뀌어 보일 때도 있습니다.

볼록 렌즈의 단면 ▶

돋보기	간이 사진기
실제 물체보다 크게 보임.	상하좌우가 다르게 보임.	상하좌우가 다르게 보임.

③ 우리 생활에서 볼록 렌즈를 이용해 만든 기구

▲ 확대경　▲ 돋보기 안경　▲ 망원경　▲ 현미경　▲ 사진기　▲ 휴대폰

16
유리나 플라스틱으로 만든 투명한 삼각기둥 모양의 기구로, 햇빛을 통과시켰을 때 여러 가지 빛깔로 나누어지게 하는 것은 무엇인지 쓰시오.
(　　　　)

17
서로 다른 물질의 경계에서 빛이 꺾여 나아가는 현상을 무엇이라고 하는지 쓰시오.
(　　　　)

18
다음은 어떤 렌즈에 대한 설명인지 쓰시오.

• 가운데 부분이 가장자리보다 두껍다.
• 이 렌즈로 물체를 보면 실제 물체보다 크게 보일 때도 있고, 실제 물체와 달리 상하좌우가 바뀌어 보일 때도 있다.
(　　　　)

19
간이 사진기에 이용되는 렌즈는 무엇인지 쓰시오.
(　　　　)

20
볼록 렌즈인 대물렌즈와 접안렌즈를 이용하여 작은 물체의 모습을 확대해 볼 수 있게 만든 기구는 무엇인지 쓰시오.
(　　　　)

핵심 1 전지와 전구의 연결 방법

① 전지의 연결 방법

구분	전지의 직렬연결	전지의 병렬연결
전기 회로		
특징	전지 두 개 이상을 서로 다른 극끼리 연결함.	전지 두 개 이상을 서로 같은 극끼리 연결함.
전구의 밝기	전지의 병렬연결보다 밝음.	전지의 직렬연결보다 어두움.

② 전구의 연결 방법

구분	전구의 직렬연결	전구의 병렬연결
전기 회로		
특징	전구 두 개 이상을 한 줄로 연결함.	전구 두 개 이상을 여러 개의 줄에 나누어 한 개씩 연결함.
전구의 밝기	전구의 병렬연결보다 어두움.	전구의 직렬연결보다 밝음.

→ 전구 한 개를 빼내고 스위치를 닫으면 나머지 전구의 불이 꺼짐.

→ 전구 한 개를 빼내고 스위치를 닫으면 나머지 전구의 불이 꺼지지 않음.

핵심 2 전류가 흐르는 전선 주위에 나타나는 자석의 성질

① 전류가 흐르는 전선 주위에 자석의 성질이 나타나기 때문에 전류가 흐르는 전선을 나침반에 가까이 가져가면 나침반 바늘이 움직입니다.

② 전지의 극을 반대로 하여 전류가 흐르는 방향을 바꾸어 주면 나침반 바늘이 움직이는 방향도 바뀝니다.

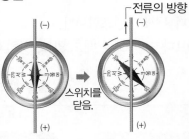
스위치를 닫음.

핵심 3 전자석

① 전자석: 전류가 흐르는 전선 주위에 자석의 성질이 나타나는 것을 이용하여 만든 자석입니다. →둥근머리 볼트에 에나멜선을 여러 번 감아 전기 회로와 연결해 만듦.

② 전자석의 특징
• 전류가 흐를 때만 자석의 성질이 나타납니다.
• 직렬로 연결된 전지의 개수를 다르게 하여 전자석의 세기를 조절할 수 있습니다.
• 전류의 방향이 바뀌면 전자석의 극(N극과 S극)도 바뀝니다.

③ 우리 생활에서 전자석을 이용하는 예: 전자석 기중기, 자기 부상 열차, 선풍기, 스피커, 헤드폰, 전기 자동차, 세탁기, 머리 말리개 등이 있습니다.

핵심 개념 체크   정답 12쪽

1
다음에서 설명하는 것은 무엇인지 쓰시오.

> 전기 회로에서 전지 두 개 이상을 서로 다른 극끼리 연결하는 방법이다.

전지의 (   )

2
다음에서 설명하는 것은 무엇인지 쓰시오.

> 전기 회로에서 전구 두 개 이상을 여러 개의 줄에 나누어 한 개씩 연결하는 방법이다.

전구의 (   )

3
전구 두 개를 직렬연결한 것과 병렬연결한 것 중 전구의 밝기가 더 밝은 것을 쓰시오.

전구의 (   )

4
전류가 흐르는 전선 주위에 자석의 성질이 나타나는 것을 이용하여 만든 자석을 무엇이라고 하는지 쓰시오.

(   )

5
우리 생활에서 전자석을 이용하는 예를 한 가지 쓰시오.

(   )

핵심 4 **하루 동안의 태양 고도, 그림자 길이, 기온의 관계**

① 태양 고도: 태양이 지표면과 이루는 각입니다.

② 태양 고도와 그림자 길이, 기온의 관계

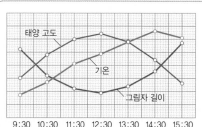

태양 고도
기온
그림자 길이
9:30 10:30 11:30 12:30 13:30 14:30 15:30
측정 시각 (시:분)

└→ 하루 동안 기온이 가장 높게 나타나는 시각 은 태양이 남중한 시각보다 약 두 시간 정 도 뒤임.

- 태양 고도가 높아지면 그림자 길이 는 짧아지고, 기온은 높아짐.
- 태양 고도가 가장 높은 때와 기온이 가장 높은 때는 시간 차이가 있음.
  ⇨ 까닭: 태양 고도가 높아질수록 지표면은 더 많이 데워지는데, 지표면이 데워져 공기의 온도가 높아지는 데에는 시간이 더 걸 리기 때문임.

6
태양이 지표면과 이루는 각을 무엇 이라고 하는지 쓰시오.
(   )

7
태양 고도가 높아지면 그림자 길이 는 짧아지는지, 길어지는지 쓰시오.
(   )

핵심 5 **계절에 따른 태양의 남중 고도와 낮의 길이, 기온 변화**

① 태양의 남중 고도가 높은 여름에는 낮의 길이가 길고, 태양의 남중 고도가 낮 은 겨울에는 낮의 길이가 짧습니다. →태양의 남중 고도는 6~7월에 가장 높고, 12~1월에 가장 낮음.

② 계절에 따라 태양의 남중 고도가 달라지기 때문에 기온이 달라지는데, 태양의 남중 고도가 높은 여름에는 기온이 높아지고, 태양의 남중 고도가 낮은 겨울 에는 기온이 낮아집니다. →태양의 남중 고도가 높아지면 일정한 면적의 지표면에 도달하는 태양 에너 지양이 많아지고, 지표면에 도달하는 태양 에너지양이 많아지면 지표면이 더 많이 데워져 기온이 높아짐.

8
태양의 남중 고도가 높은 계절에 낮 의 길이는 짧아지는지, 길어지는지 쓰시오.
(   )

핵심 6 **계절이 변하는 까닭**

① 지구의 자전축이 공전 궤도면에 대해 기울어져 있으면 지구의 위치에 따라 태양의 남중 고도 가 달라집니다.

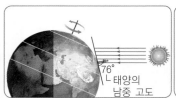

76°
태양의 남중 고도

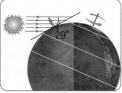

29°

▲ 지구의 자전축이 기울어진 채 공전하는 경우

② 계절이 변하는 까닭: 지구의 자전축이 공전 궤도면에 대해 기울어진 채 태양 주위를 공전하기 때문에 계절이 달라집니다.
└→지구의 자전축이 수직이거나 지구가 태양 주위를 공전하지 않으면 계절이 변하지 않음.

9
다음 (   ) 안에 들어갈 알맞은 말에 ○표 하시오.

지구의 자전축이 공전 궤도면에 대해 (기울어진 , 수직인) 채 태양 주위를 공전하기 때문에 계절의 변화가 생긴다.

핵심 7 **연소**

① 연소: 물질이 산소와 빠르게 반응하여 빛과 열을 내 는 현상입니다.

② 물질이 탈 때 나타나는 현상
- 빛과 열이 발생합니다.
- 물질의 양이 변하기도 합니다.

③ **연소의 조건**: 탈 물질, 산소, 발화점 이상의 온도
└→어떤 물질이 불에 직접 닿지 않아도 타기 시작하는 온도.

10
연소의 조건 중 한 가지를 쓰시오.
(   )

④ 물질이 연소한 후에 생기는 물질: 물, 이산화 탄소

물의 확인	이산화 탄소의 확인
초가 연소한 후 푸른색 염화 코발트 종이가 붉게 변함. ⇨ 초가 연소한 후 물이 생겼음을 알 수 있음.	초가 연소한 집기병에 석회수를 넣고 흔들면 무색투명한 석회수가 뿌옇게 흐려짐. ⇨ 초가 연소한 후 이산화 탄소가 생겼음을 알 수 있음.
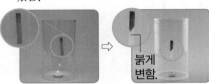 붉게 변함.	  뿌옇게 흐려짐.

11

물질이 연소한 후에 생기는 물질 두 가지를 쓰시오.

(   )

핵심 8 소화

① 소화: 연소의 조건 중에서 한 가지 이상의 조건을 없애 불을 끄는 것입니다.

② 촛불을 끄는 방법과 촛불이 꺼지는 까닭 예

- 촛불을 입으로 불기: 탈 물질이 날아가 촛불이 꺼집니다.
- 촛불을 집기병으로 덮기: 산소가 공급되지 않아 촛불이 꺼집니다.
- 촛불에 분무기로 물 뿌리기: 발화점 미만으로 온도가 낮아져 촛불이 꺼집니다.
- 촛불을 물수건으로 덮기: 산소 공급을 막고, 물 때문에 발화점 미만으로 온도가 낮아져서 촛불이 꺼집니다.
- 초의 심지를 핀셋으로 집기: 심지로 탈 물질이 이동하지 못해 촛불이 꺼집니다.

③ 화재 발생 시 올바른 대처 방법: 큰 소리로 "불이야."라고 외치기, 비상벨을 눌러 불이 난 것을 주변에 알리기, 젖은 수건으로 코와 입을 막고 몸을 낮춰 대피하기, 119에 신고하기 등

12

푸른색 염화 코발트 종이를 붙인 아크릴 통으로 촛불을 덮었습니다. 촛불이 꺼지면 푸른색 염화 코발트 종이는 무슨 색으로 변하는지 쓰시오.

(   )

13

다음 (   ) 안에 들어갈 알맞은 말을 쓰시오.

> 연소의 조건 중에서 한 가지 이상의 조건을 없애 불을 끄는 것을 (   )(이)라고 한다.

(   )

핵심 9 운동 기관, 소화 기관의 생김새와 하는 일

① 운동 기관

- 우리 몸속 기관 중에서 움직임에 관여하는 뼈와 근육을 운동 기관이라고 합니다.
- 뼈는 우리 몸의 형태를 만들어 주고, 몸을 지지하는 역할을 하며, 심장이나 폐, 뇌 등을 보호합니다.
- 근육은 길이가 줄어들거나 늘어나면서 뼈를 움직이게 합니다.

② 소화와 소화 기관

- 소화란 음식물을 잘게 쪼개는 과정입니다.
- 소화 기관에는 입, 식도, 위, 작은창자, 큰창자, 항문 등이 있습니다.
- 음식물이 지나가는 순서는 '입 → 식도 → 위 → 작은창자 → 큰창자 → 항문'입니다.

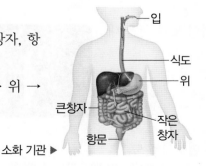

입
식도
위
큰창자
작은창자
항문

소화 기관 ▶

14

다음 (   ) 안에 들어갈 알맞은 말을 쓰시오.

> (   )은/는 길이가 줄어들거나 늘어나면서 뼈를 움직이게 한다.

(   )

15

소화 기관 세 가지를 쓰시오.

(   )

핵심 10 호흡 기관과 순환 기관, 배설 기관의 생김새와 하는 일

① 호흡과 호흡 기관

- 호흡이란 숨을 들이마시고 내쉬는 활동입니다.
- 호흡 기관에는 코, 기관, 기관지, 폐 등이 있습니다.
- 숨을 들이마실 때 공기는 코, 기관, 기관지, 폐로 이동하고, 숨을 내쉴 때 몸 속의 공기는 폐, 기관지, 기관, 코를 거쳐 나갑니다.

② 순환 기관의 생김새와 하는 일 → 혈액의 이동에 관여하는 심장과 혈관을 순환 기관이라고 함.

순환 기관	생김새와 위치	하는 일
심장	주먹 모양으로 크기도 자신의 주먹만 하고 몸통 가운데에서 왼쪽으로 약간 치우쳐 있음.	펌프 작용으로 혈액을 순환시킴.
혈관	가늘고 긴 관처럼 생겼고 온몸에 퍼져 있음.	혈액이 이동하는 통로임.

③ 배설과 배설 기관

- 배설이란 혈액에 있는 노폐물을 몸 밖으로 내보내는 과정입니다.
- 배설 기관에는 배설에 관여하는 콩팥, 방광 등이 있습니다.
- 콩팥은 혈액에 있는 노폐물을 걸러 내는 일을 하고, 방광은 걸러진 노폐물을 모아 두었다가 몸 밖으로 내보내는 일을 합니다.

핵심 11 자극이 전달되고 반응하는 과정, 운동할 때 몸에 나타나는 변화

① 자극이 전달되고 반응하는 과정은 '감각 기관 → 자극을 전달하는 신경계 → 행동을 결정하는 신경계 → 명령을 전달하는 신경계 → 운동 기관' 순서로 이루어집니다.

② 운동을 하면 체온이 올라가고 땀이 나기도 하며, 맥박과 호흡이 빨라집니다.

핵심 12 에너지 형태와 에너지 전환

① 에너지 형태: 열에너지, 전기 에너지, 빛에너지, 화학 에너지, 운동 에너지, 위치 에너지 등이 있습니다.

② 에너지의 형태가 바뀌는 것을 에너지 전환이라고 합니다.

- 폭포는 위치 에너지가 운동 에너지로 전환됩니다.
- 전등에 불이 켜질 때 전기 에너지는 빛에너지와 열에너지로 전환됩니다.
- 자동차가 달릴 때 연료의 화학 에너지는 운동 에너지로 전환됩니다.

핵심 13 에너지의 효율적 이용

① 발광 다이오드[LED]등과 같이 에너지 효율이 높은 전기 기구를 사용합니다.

② 단열을 위해 건물에 이중창을 설치합니다.

③ 식물의 겨울눈과 동물의 겨울잠은 환경에 적응하여 에너지를 효율적으로 이용하는 것입니다. ┌→ 겨울눈의 비늘은 추운 겨울에 어린싹이 열에너지를 빼앗겨 어는 것을 막아 주고, 동물은 먹이를 구하기 어려운 겨울 동안 자신의 화학 에너지를 더 효율적으로 이용하고자 겨울잠을 잠.

16
숨을 들이마시고 내쉬는 활동을 무엇이라고 하는지 쓰시오.
(   )

17
다음 ( ) 안에 들어갈 알맞은 말을 쓰시오.

> 순환 기관 중 펌프 작용으로 혈액을 순환시키는 일을 하는 것은 (   )(이)다.

(   )

18
배설 기관을 두 가지 쓰시오.
(   )

19
달리는 강아지가 가지고 있는 에너지의 형태는 빛에너지와 운동 에너지 중 무엇인지 쓰시오.
(   )

20
백열등과 발광 다이오드[LED]등 중 에너지 효율이 더 높은 전기 기구는 무엇인지 쓰시오.
(   )

1. 과학자처럼 탐구해 볼까요?　　　　출제율 ●●●○○

1 가설 설정에 대한 설명으로 옳은 것은 어느 것입니까? (　　)

① 탐구의 결과를 예상하는 것이다.

② 탐구 문제를 명확하게 나타내는 것이다.

③ 실험 결과로부터 규칙을 찾아내는 것이다.

④ 실험 결과로부터 결론을 이끌어 내는 것이다.

⑤ 실험에서 다르게 해야 할 조건과 같게 해야 할 조건을 정하는 것이다.

2. 지구와 달의 운동　　　　출제율 ●●●●○

2 지구의 자전에 대한 설명으로 옳은 것을 보기 에서 모두 고른 것은 어느 것입니까? (　　)

보기

⊙ 지구는 하루에 한 바퀴씩 자전한다.

ⓒ 지구는 일 년에 한 바퀴씩 자전한다.

ⓒ 지구는 동쪽에서 서쪽으로 자전한다.

ⓔ 지구는 서쪽에서 동쪽으로 자전한다.

① ⊙, ⓒ　　② ⊙, ⓔ　　③ ⓒ, ⓔ

④ ⓒ, ⓔ　　⑤ ⊙, ⓒ, ⓔ

2. 지구와 달의 운동　　　　출제율 ●●●●○

3 오른쪽과 같이 전등과 지구의를 세우고, 지구의의 우리나라 위치에 관측자 모형을 붙인 다음 전등을 켜고 지구의를 서쪽에서 동쪽으로 회전시켰습니다. 이 실험을 통해 알 수 있는 사실로 옳은 것은 어느 것입니까? (　　)

① 지구는 움직이지 않고, 태양이 움직인다.

② 지구와 태양은 서로 반대 방향으로 움직인다.

③ 지구는 태양을 중심으로 하루에 한 바퀴씩 회전한다.

④ 지구가 자전하기 때문에 태양이 움직이는 것처럼 보인다.

⑤ 지구가 공전하기 때문에 태양이 움직이는 것처럼 보인다.

2. 지구와 달의 운동　　　　출제율 ●●●●●

4 지구의 공전에 대한 설명으로 옳지 않은 것은 어느 것입니까? (　　)

① 지구는 태양을 중심으로 공전한다.

② 지구는 일정한 길을 따라 공전한다.

③ 지구는 일 년에 한 바퀴씩 공전한다.

④ 지구는 자전하는 동안에는 공전하지 않는다.

⑤ 지구의 위치에 따라 우리나라가 한밤일 때 향하는 방향이 달라진다.

2. 지구와 달의 운동　　　　출제율 ●●●●○

5 다음 (가)~(라) 중 우리나라가 한밤일 때 우리나라에 붙인 관측자 모형에게 거문고자리가 보이지 않는 지구의 위치의 기호를 쓰시오.

(　　　　　　　　)

잘 나오는 문제

2. 지구와 달의 운동　　　　출제율 ●●●●●

6 우리나라에서 오른쪽 그림과 같은 모양의 달을 볼 수 있는 때는 언제입니까? (　　)

① 음력 2~3일 무렵

② 음력 7~8일 무렵

③ 음력 15일 무렵

④ 음력 22~23일 무렵

⑤ 음력 27~28일 무렵

2. 지구와 달의 운동　　　　　　　출제율 ●●●●○

7 오른쪽은 어느 날 밤에 관측한 달의 모습입니다. 7일 뒤 같은 시각, 같은 장소에서 볼 수 있는 달의 모양과 위치로 옳은 것은 어느 것입니까? (　　　)

①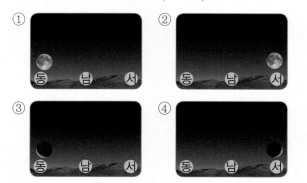

②

③

④

3. 여러 가지 기체　　　　　　　출제율 ●●●●○

8 다음의 기체 발생 장치에서 물질들이 반응할 때 나타나는 현상으로 알맞은 것을 **보기** 에서 골라 기호를 쓰시오.

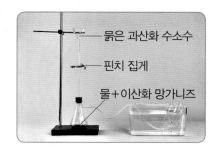

맑은 과산화 수소수

핀치 집게

물+이산화 망가니즈

보기

㉠ 가지 달린 삼각 플라스크가 차가워진다.
㉡ 수조의 집기병 속 물이 붉은색으로 변한다.
㉢ 가지 달린 삼각 플라스크에서 거품이 발생한다.

(　　　　　　)

3. 여러 가지 기체　　　　　　　출제율 ●●●●○

9 이산화탄소를 발생시키는 데 필요한 물질을 두 가지 고르시오. (　　　)

① 석회수　　　　　　② 진한 식초
③ 이산화 망가니즈　　④ 탄산수소 나트륨
⑤ 맑은 과산화 수소수

잘 나오는 문제

3. 여러 가지 기체　　　　　　　출제율 ●●●●●

10 이산화 탄소가 들어 있는 집기병에 어떤 투명한 물질을 넣고 흔들었더니 오른쪽과 같이 뿌옇게 변했습니다. 집기병에 넣은 물질은 무엇인지 쓰시오.

(　　　　　　)

3. 여러 가지 기체　　　　　　　출제율 ●●●●○

11 기체와 액체에 압력을 가했을 때의 부피 변화로 옳은 것은 어느 것입니까? (　　　)

① 기체에 압력을 가하면 부피가 커진다.
② 액체에 압력을 가하면 부피가 커진다.
③ 기체에 압력을 가하면 부피가 작아진다.
④ 액체에 압력을 가하면 부피가 작아진다.
⑤ 기체는 압력을 가해도 부피가 변하지 않는다.

3. 여러 가지 기체　　　　　　　출제율 ●●●●○

12 오른쪽과 같이 얼음물이 든 비커에 물방울이 든 스포이트를 뒤집어 넣었을 때 물방울의 움직임으로 옳은 것의 기호를 고르시오.

물방울이 처음의 위치보다 (㉠ 위로 , ㉡ 아래로) 움직인다.

(　　　　　　)

3. 여러 가지 기체　　　　　　　출제율 ●●●●○

13 기체의 쓰임새에 대한 설명으로 옳은 것은 어느 것입니까? (　　　)

① 산소는 식품 포장에 이용한다.
② 수소는 비행선, 기구에 이용된다.
③ 네온은 홍보용 네온 광고에 이용된다.
④ 이산화 탄소는 청정 연료로 이용된다.
⑤ 질소는 드라이아이스, 탄산음료의 제조에 이용된다.

잘 나오는 문제

4. 식물의 구조와 기능　　　　출제율 ●●●●●

14 식물 세포와 동물 세포를 비교한 것으로 옳은 것을 두 가지 고르시오. (　　　　)

① 식물 세포와 동물 세포 모두 핵과 세포막이 있다.

② 식물 세포는 크기가 작고, 동물 세포는 크기가 크다.

③ 식물 세포는 세포벽이 있고, 동물 세포는 세포벽이 없다.

④ 식물 세포의 핵은 각이 져 있고, 동물 세포의 핵은 둥근 모양이다.

⑤ 식물 세포는 모양이 일정하고, 동물 세포는 크기와 모양이 다양하다.

4. 식물의 구조와 기능　　　　출제율 ●●●●○

15 감자를 자른 단면에 아이오딘-아이오딘화 칼륨 용액을 떨어뜨렸더니 오른쪽과 같이 청람색으로 변했습니다. 감자에 무엇이 들어 있기 때문인지 쓰시오.

감자

(　　　　　　　　)

4. 식물의 구조와 기능　　　　출제율 ●●●●○

16 오른쪽과 같이 ㉠잎이 없는 모종과 ㉡잎이 있는 모종을 물이 담긴 삼각 플라스크에 넣고 비닐봉지를 씌웠을 때, 2일 뒤 나타나는 현상으로 옳은 것을 두 가지 고르시오. (　　　　)

① ㉠은 비닐봉지 안에 물이 생긴다.

② ㉡은 비닐봉지 안에 물이 생긴다.

③ ㉠은 삼각 플라스크의 물이 늘어난다.

④ ㉡은 삼각 플라스크의 물이 줄어든다.

⑤ ㉠, ㉡의 삼각 플라스크에서 줄어드는 물의 양은 같다.

4. 식물의 구조와 기능　　　　출제율 ●●●●○

17 오른쪽은 잎의 표면을 현미경으로 관찰한 것입니다. 잎의 표면에 있는 작은 구멍을 무엇이라고 하는지 쓰시오.

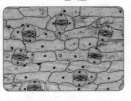

(　　　　　　　　)

잘 틀리는 문제

4. 식물의 구조와 기능　　　　출제율 ●●●●○

18 꽃에 대한 설명으로 옳은 것은 어느 것입니까?

(　　　　)

① 수술 안에서 씨가 만들어진다.

② 암술에서 꽃가루가 만들어진다.

③ 꽃은 씨를 퍼뜨리는 역할을 한다.

④ 식물은 스스로 꽃가루받이를 하여 씨를 만든다.

⑤ 암술, 수술, 꽃잎, 꽃받침 중 일부가 없는 꽃도 있다.

4. 식물의 구조와 기능　　　　출제율 ●●●●○

19 다음 식물이 씨를 퍼뜨리는 방법으로 알맞은 것은 어느 것입니까? (　　　　)

▲ 도깨비바늘　　　　▲ 도꼬마리

① 물에 의하여 퍼진다.

② 바람에 날려 퍼진다.

③ 동물에게 먹혀 퍼진다.

④ 동물의 털에 달라붙어 퍼진다.

⑤ 열매껍질이 터지며 씨가 튀어 나간다.

20 5. 빛과 렌즈　　　　　　　출제율 ●●●○○

다음은 프리즘에 대한 설명입니다. (　　) 안에 들어갈 알맞은 말을 옳게 짝 지은 것은 어느 것입니까?

(　　)

> 유리나 플라스틱 등으로 만든 (㉠) 삼각기둥 모양의 기구로, 햇빛이 프리즘을 통과하면 (㉡) 빛깔로 나타난다.

　　　　㉠　　　　㉡　　　　　　㉠　　　　㉡
① 투명한　한 가지　② 투명한　여러 가지
③ 불투명한　빨간　④ 불투명한　한 가지
⑤ 불투명한　여러 가지

21 5. 빛과 렌즈　　　　　　　출제율 ●●●●○

빛이 물질의 경계에서 나아가는 모습에 대한 설명으로 옳은 것을 **보기** 에서 모두 고른 것은 어느 것입니까? (　　)

보기

> ㉠ 빛은 공기 중에서 물로 비스듬히 나아갈 때 공기와 물의 경계에서 꺾여 나아간다.
> ㉡ 빛은 공기 중에서 유리로 비스듬히 나아갈 때 공기와 유리의 경계에서 꺾여 나아간다.
> ㉢ 빛이 서로 다른 물질의 경계에서 수직으로 나아가면 물질의 경계에서 꺾이지 않고 그대로 나아간다.

① ㉠　　　② ㉡　　　③ ㉢
④ ㉠, ㉡　　⑤ ㉠, ㉡, ㉢

22 5. 빛과 렌즈　　　　　　　출제율 ●●●○○

찬영이는 계곡에 놀러 가서 물에 발을 담갔더니 오른쪽과 같이 다리가 짧아 보였습니다. 그 까닭과 관련 있는 빛의 성질은 어느 것입니까? (　　)

① 빛이 투명한 성질
② 빛이 반사하는 성질
③ 빛이 굴절하는 성질
④ 빛이 여러 가지 빛깔인 성질
⑤ 빛이 구불구불 나아가는 성질

23 5. 빛과 렌즈　　　　　　　출제율 ●●●●●

다음에서 볼록 렌즈의 구실을 할 수 있는 것이 **아닌** 것은 어느 것입니까? (　　)

①
물방울

②
유리 막대

③
물이 담긴 둥근 어항

④
평평한 유리창

24 5. 빛과 렌즈　　　　　　　출제율 ●●●●○

볼록 렌즈를 통과한 햇빛을 관찰한 내용으로 옳은 것을 두 가지 고르시오. (　　)

① 햇빛이 한곳으로 모인다.
② 햇빛이 점점 넓게 퍼진다.
③ 햇빛은 볼록 렌즈를 통과하지 못한다.
④ 햇빛이 만든 원 안의 온도가 점점 높아진다.
⑤ 햇빛이 만든 원 안의 온도가 점점 낮아진다.

잘 나오는 문제

25 5. 빛과 렌즈　　　　　　　출제율 ●●●●●

볼록 렌즈를 이용해 만든 간이 사진기에 대한 설명으로 옳은 것을 **보기** 에서 모두 고른 것은 어느 것입니까? (　　)

보기

> ㉠ 간이 사진기로 물체를 보면 물체가 항상 크게 보인다.
> ㉡ 간이 사진기에서 볼록 렌즈는 빛을 반사시키는 역할을 한다.
> ㉢ 간이 사진기의 속 상자에 붙어 있는 기름종이에 물체의 모습이 나타난다.
> ㉣ 간이 사진기로 물체를 보면 상하좌우가 바뀐 물체의 모습을 볼 수 있다.

① ㉠, ㉡　　② ㉠, ㉢　　③ ㉡, ㉢
④ ㉡, ㉣　　⑤ ㉢, ㉣

점수

확인

1. 전기의 이용　　　　　　　　　　출제율 ●●●●○

1 스위치를 닫았을 때 전구의 밝기가 나머지와 다른 전기 회로는 어느 것입니까? (　　　)

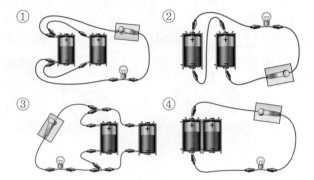

1. 전기의 이용　　　　　　　　　　출제율 ●●●●●

2 다음 전기 회로에 대한 설명으로 옳지 않은 것을 두 가지 고르시오. (　　　)

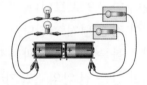

① 전지 두 개가 병렬로 연결되어 있다.

② 전구 두 개가 직렬로 연결되어 있다.

③ 전지 두 개가 서로 다른 극끼리 연결되어 있다.

④ 전구 두 개가 여러 개의 줄에 나누어 한 개씩 연결되어 있다.

⑤ 전구 한 개를 빼내고 나머지 전구와 연결된 스위치를 닫으면 나머지 전구에 불이 켜진다.

1. 전기의 이용　　　　　　　　　　출제율 ●●●○○

3 전류가 흐르는 전선 주위에 자석의 성질이 나타난다는 것을 알 수 있는 현상으로 옳은 것을 골라 기호를 쓰시오.

┌─────────────────────────────┐
⊙ 전선 주위에 있는 나침반 바늘이 휘어진다.

ⓛ 전선 주위에 있는 나침반 바늘이 움직인다.

ⓒ 전선 주위에 있는 나침반이 빙글빙글 돌아간다.

ⓔ 전선 주위에 있는 나침반 바늘이 움직이지 않는다.
└─────────────────────────────┘

(　　　)

1. 전기의 이용　　　　　　　　　　출제율 ●●●●○

4 오른쪽과 같이 전자석을 시침바늘에 가까이 가져 간 뒤 스위치를 닫았을 때 시침바늘이 전자석에

시침바늘

붙었습니다. 이를 통해 알 수 있는 전자석의 성질로 옳은 것을 보기 에서 골라 기호를 쓰시오.

보기
┌─────────────────────────────┐
⊙ 전자석에는 철이 붙지 않는다.

ⓛ 전자석에는 전류가 흐르지 않는다.

ⓒ 전자석은 전류가 흐르는 동안에 자석의 성질이 나타난다.
└─────────────────────────────┘

(　　　)

1. 전기의 이용　　　　　　　　　　출제율 ●●●○○

5 전기를 안전하게 사용하고 절약하는 방법으로 옳은 것은 어느 것입니까? (　　　)

① 사용하지 않는 전등을 끈다.

② 에어컨을 켤 때는 문을 활짝 연다.

③ 물 묻은 손으로 전기 제품을 만진다.

④ 플러그를 뽑을 때는 전선을 잡아당긴다.

⑤ 사용하지 않는 전열 기구의 플러그를 항상 꽂아 둔다.

2. 계절의 변화　　　　　　　　　　출제율 ●●●○○

6 오른쪽에서 측정한 태양 고도는 몇 °(도)입니까?

(　　　)

① 0°

② 30°

③ 60°

④ 90°

⑤ 180°

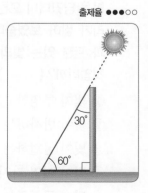

2. 계절의 변화   출제율 ●●●●●

7 다음 그래프는 하루 동안의 태양 고도, 그림자 길이, 기온 변화를 나타낸 것입니다. 이에 대한 설명으로 옳은 것은 어느 것입니까? (   )

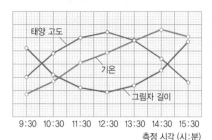

① 태양 고도는 낮 12시 30분 무렵에 가장 낮다.
② 그림자 길이가 가장 짧을 때 기온이 가장 높다.
③ 그림자 길이는 낮 12시 30분까지 점점 길어진다.
④ 태양 고도가 가장 높을 때 그림자 길이는 가장 짧다.
⑤ 기온은 오전에 낮아지기 시작하여 14시 30분 무렵에 가장 낮다.

2. 계절의 변화   출제율 ●●●●○

8 태양의 남중 고도와 낮의 길이의 관계에 대한 설명으로 옳은 것을 두 가지 골라 기호를 쓰시오.

> ㉠ 태양의 남중 고도가 높아질수록 낮의 길이가 짧아진다.
> ㉡ 태양의 남중 고도가 높아질수록 낮의 길이가 길어진다.
> ㉢ 태양의 남중 고도가 낮아질수록 낮의 길이가 짧아진다.

(   )

2. 계절의 변화   출제율 ●●●○○

9 오른쪽과 같이 설치하여 태양의 남중 고도에 따른 기온 변화를 비교해 보려고 합니다. 실험에서 다르게 해야 할 조건은 무엇입니까? (   )

① 전등의 색깔
② 모래의 종류
③ 전등을 켠 시간
④ 전등과 모래 사이의 거리
⑤ 전등과 모래가 이루는 각

2. 계절의 변화   출제율 ●●●○○

10 다음은 지구가 공전하는 모습입니다. 지구가 ㈏ 위치에 있을 때 우리나라에 대한 설명으로 옳은 것을 보기 에서 모두 골라 기호를 쓰시오.

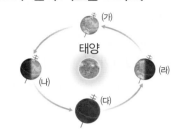

> **보기**
> ㉠ 여름이다.
> ㉡ ㈐ 위치에 있을 때보다 기온이 높다.
> ㉢ ㈐ 위치에 있을 때보다 태양의 남중 고도가 높다.

(   )

3. 연소와 소화   출제율 ●●●○○

11 초나 알코올이 탈 때 나타나는 공통적인 현상은 어느 것입니까? (   )

① 빛과 열이 발생한다.
② 물질의 양이 변하지 않는다.
③ 불꽃 주변이 어둡고 차가워진다.
④ 타고 난 후 물질의 무게가 항상 늘어난다.
⑤ 심지의 윗부분은 흰색이고 아랫부분은 검은색이다.

3. 연소와 소화   출제율 ●●●●○

12 다음과 같이 크기가 다른 아크릴 통으로 크기가 같은 양초의 촛불을 동시에 덮은 뒤 초가 타는 시간을 비교했을 때 초가 더 오래 타는 것의 기호를 쓰시오.

(   )

3. 연소와 소화　　　　　　　　출제율 ●●●○○

13 오른쪽과 같이 성냥의 머리 부분을 철판에 올려놓고 철판을 알코올램프로 가열했더니, 성냥의 머리 부분에 불이 붙었습니다. 그 까닭으로 옳은 것은 어느 것입니까? (　　　)

머리 부분

① 성냥의 머리 부분이 발화점에 도달했기 때문이다.
② 성냥의 나무 부분이 발화점에 도달했기 때문이다.
③ 성냥의 머리 부분의 발화점이 매우 높기 때문이다.
④ 성냥의 머리 부분이 발화점에 도달하지 못했기 때문이다.
⑤ 성냥의 나무 부분이 발화점에 도달하지 못했기 때문이다.

3. 연소와 소화　　　　　　　　출제율 ●●●●○

14 물질이 연소한 후에 생기는 물질을 옳게 짝 지은 것은 어느 것입니까? (　　　)

① 물, 산소
② 산소, 그을음
③ 물, 이산화 탄소
④ 산소, 이산화 탄소
⑤ 석회수, 이산화 탄소

잘 틀리는 문제

3. 연소와 소화　　　　　　　　출제율 ●●●●○

15 탈 물질을 없애 주어 불을 끄는 예를 두 가지 고르시오. (　　　)

① 불이 난 곳에 물을 뿌린다.
② 타고 있는 물질을 통으로 덮는다.
③ 낙엽 등 타기 쉬운 물질을 치운다.
④ 불이 난 곳에 흙이나 모래를 뿌린다.
⑤ 가스레인지의 연료 조절 밸브를 잠근다.

4. 우리 몸의 구조와 기능　　　　출제율 ●●●●○

16 뼈에 대한 설명으로 옳지 <u>않은</u> 것은 어느 것입니까? (　　　)

① 스스로 움직일 수 있다.
② 우리 몸의 형태를 만든다.
③ 종류와 생김새가 다양하다.
④ 우리 몸을 지지하는 역할을 한다.
⑤ 심장이나 폐, 뇌 등 몸의 내부를 보호한다.

4. 우리 몸의 구조와 기능　　　　출제율 ●●●●○

17 다음은 우리 몸에서 음식물이 소화되어 배출될 때 음식물이 지나가는 기관을 순서대로 나열한 것입니다. ㉠~㉢에 들어갈 알맞은 기관의 이름을 각각 쓰시오.

입 → (　㉠　) → (　㉡　) → (　㉢　) → 큰창자 → 항문

㉠ (　　　　　　), ㉡ (　　　　　　), ㉢ (　　　　　　)

4. 우리 몸의 구조와 기능　　　　출제율 ●●●○○

18 오른쪽은 호흡 기관의 모습입니다. 숨을 내쉴 때 공기가 이동하는 순서대로 ㉠과 ㉡에 들어갈 알맞은 기관을 옳게 쓰시오.

폐 → (　㉠　) → (　㉡　) → 코

㉠ (　　　　　　　　), ㉡ (　　　　　　　　)

4. 우리 몸의 구조와 기능　　　　출제율 ●●●○○

19 심장의 펌프 작용으로 온몸에 보내진 혈액이 다시 심장으로 돌아오는 과정을 무엇이라고 합니까? (　　　)

① 소화　　　　② 순환　　　　③ 호흡
④ 배설　　　　⑤ 반응

4. 우리 몸의 구조와 기능   출제율 ●●●●○

20 배설에 대한 설명으로 옳은 것은 어느 것입니까?
(   )

① 숨을 들이마시고 내쉬는 활동이다.

② 배설을 통해 우리 몸에 필요한 영양소를 얻는다.

③ 혈액에 있는 노폐물을 몸 밖으로 내보내는 과정이다.

④ 펌프 작용을 통해 혈액을 온몸으로 보내는 과정이다.

⑤ 몸 안에서 생긴 이산화 탄소를 몸 밖으로 내보내는 과정이다.

4. 우리 몸의 구조와 기능   출제율 ●●●○○

21 다음 (   ) 안에 공통으로 들어갈 알맞은 말은 어느 것입니까? (   )

> 감각 기관이 받아들인 자극은 (   )을/를 통해 전달되고, (   )은/는 자극을 해석하여 행동을 결정하고 운동 기관에 명령을 내린다.

① 반응   ② 신경계

③ 운동 기관   ④ 소화 기관

⑤ 배설 기관

5. 에너지와 생활   출제율 ●●●○○

22 에너지를 얻는 방법이 <u>다른</u> 하나는 어느 것입니까?
(   )

①  달팽이   ② 소

③  토끼   ④  선인장

5. 에너지와 생활   출제율 ●●●○○

23 다음에서 찾을 수 있는 에너지 형태와 거리가 <u>먼</u> 것은 어느 것입니까? (   )

> 나무, 머리 말리개, 달리는 사람

① 빛에너지   ② 열에너지

③ 화학 에너지   ④ 운동 에너지

⑤ 전기 에너지

잘 나오는 문제

5. 에너지와 생활   출제율 ●●●●●

24 롤러코스터가 낮은 곳에서 높은 곳으로 올라갈 때와 에너지 전환 과정이 같은 예인 것은 어느 것입니까?
(   )

① 수력 발전

② 달려가는 강아지

③ 불이 켜진 형광등

④ 태양광 발전 가로등

⑤ 아래에서 위로 올라가는 그네

5. 에너지와 생활   출제율 ●●●●○

25 전기 에너지를 효율적으로 이용하는 방법으로 옳지 <u>않은</u> 것은 어느 것입니까? (   )

① 태양열을 난방에 이용한다.

② 건물의 외벽을 두껍게 만든다.

③ 단열 유리를 사용한 창문을 설치한다.

④ 에너지 절약 표시가 붙은 전기 기구를 사용한다.

⑤ 에너지 소비 효율이 5등급인 전기 기구를 사용한다.

핵심**1** 이름의 철자 묻고 답하기

A: How do you <u>spell</u> your name? 네 이름의 철자가 어떻게 되니?
→ '(어떤 낱말의) 철자를 쓰다[말하다]'는 뜻임.
B: E-M-M-A T-Y-L-O-R. E-M-M-A T-Y-L-O-R이야.

핵심**2** 학년 묻고 답하기

A: What grade are you in? 너는 몇 학년이니?
B: I'm in the <u>sixth</u> grade. 나는 6학년이야.
→ 서수는 보통 숫자 뒤에 -th를 붙임. **예외** first(첫 번째), second(두 번째), third(세 번째)

• 자신이 몇 학년인지 말할 때 「I'm in the+서수+grade.」라고 합니다.

핵심**3** 좋아하는 과목 묻고 답하기

A: What's your <u>favorite</u> subject?
→ '가장 좋아하는'이라는 뜻임.
네가 가장 좋아하는 과목은 뭐니?

B: My favorite subject is <u>math</u>.
→ English(영어), Korean(국어), P.E.(체육), science(과학), art(미술)
내가 가장 좋아하는 과목은 수학이야.

핵심**4** 날짜 묻고 답하기

A: <u>When</u> is the field trip? 체험 학습이 언제니?
→ '언제'라는 뜻임.
B: It's April 17th. 4월 17일이야.

• 날짜를 말할 때 「It's+월+일.」로 표현하며, 이때 '일'은 서수로 나타냅니다.
예 twentieth(20th), twenty-first(21st)

핵심**5** 함께 하자고 제안하고 답하기

A: Can you join us? 우리와 함께 할래?
B: All right. / Sorry, I can't. 좋아. / 미안, 나는 못 해.

핵심**6** 초대하고 답하기

A: Can you come to my birthday party? 내 생일 파티에 올래?
B: Sure(, I can). / All right. / Sorry, I can't.
그래. / 좋아. / 미안하지만 안 돼.

• 상대방을 초대할 때 Can you come to ~?로 말합니다.
• 초대를 거절할 때는 Sorry, but ~ 다음에 거절의 이유를 덧붙여 말할 수도 있습니다.

핵심 개념 **체크**   정답 14쪽

1
빈칸에 알맞은 낱말을 쓰시오.

A: How do you _____ your name?
B: S-A-R-A-H.

(   )

2
우리말에 맞게 빈칸에 알맞은 낱말을 쓰시오.

I'm in the _____ grade.
(나는 5학년이야.)

(   )

3
빈칸에 알맞은 낱말을 쓰시오.

My favorite _____ is science.

(   )

4
괄호 안에서 알맞은 낱말을 골라 쓰시오.

A: (When / What) is the club festival?
B: It's May 15th.

(   )

5
함께 하자고 제안하는 말에 긍정의 대답을 골라 쓰시오.

A: Can you join us?
B: (All right. / Sorry, I can't.)

(   )

6
대화의 빈칸에 알맞은 낱말을 쓰시오.

A: Can you come to our magic show?
B: _____, but I have a guitar lesson.

(   )

정답 14쪽

핵심 **7** 감정이나 상태의 이유 묻고 답하기

A: Why are you excited? 너는 왜 신났니?
→ '왜'라는 뜻으로 이유를 물을 때 씀.
B: (Because) I got a present. (왜냐하면) 나는 선물을 받았거든.

• 이유를 말할 때는 '왜냐하면'이라는 뜻을 가진 접속사 because를 써서 뜻을 더 명확하게 나타내기도 합니다.

핵심 **8** 아픈 곳 묻고 답하기 및 조언하기

A: What's the matter? / What's wrong? 무슨 일 있니?
→ '틀린, 잘못된'이라는 뜻임.
B: I have a headache. 나는 머리가 아파.

A: (You should) Take this medicine and get some rest.
→ '~해야 한다'라는 뜻임.
이 약을 먹고 좀 쉬어.

• 아픈 증상을 말할 때 「I have a(n)+증상을 나타내는 말.」로 표현합니다.

핵심 **9** 길 묻고 안내하기 및 위치 말하기

A: Where is the post office? 우체국이 어디죠?

B: Go straight one block and turn left. 한 블록 곧장 가서 왼쪽으로 도세요.
It's on your right. / It's behind the bank. / It's on the first floor. → '(건물의) 층'이라는 뜻임.
그곳은 오른편에 있어요. / 그곳은 은행 뒤에 있어요. / 그곳은 1층에 있어요.

• 위치를 나타낼 때 behind(~ 뒤에), in front of(~ 앞에), next to(~ 옆에), between A and B(A와 B 사이에) 등의 표현을 사용합니다.

핵심 **10** 외모 묻고 답하기

A: What does she look like? 그녀는 어떻게 생겼어?

B: She has brown eyes and short curly hair.
그녀는 갈색 눈에 짧은 곱슬머리야.

A: Is she wearing a skirt? 그녀는 치마를 입고 있니?

B: No, she's wearing pants. 아니, 그녀는 바지를 입고 있어.
→ wear는 '입다'라는 뜻임.

핵심 **11** 계획 묻고 답하기

A: What are you going to do this weekend? 이번 주말에 무엇을 할 거니?

B: I'm going to stay home. 나는 집에서 쉴 거야.

• 미래에 할 계획을 말할 때는 「be going to+동사원형」으로 표현합니다. be동사는 주어에 따라 am, are, is로 바꿔 쓰면 됩니다.

핵심 개념 체크

7
대화의 빈칸에 알맞은 낱말을 쓰시오.

A: _____ are you tired?
B: I stayed up late last night.

( )

8
우리말에 맞게 빈칸에 알맞은 낱말을 쓰시오.

I have a _____.
(나는 머리가 아파.)

( )

9
우리말에 맞게 괄호 안에서 알맞은 낱말을 골라 쓰시오.

A: Where is the hospital?
B: Go straight two blocks and turn (left / right).
(두 블록을 곧장 가서 왼쪽으로 도세요.)

( )

10
밑줄 친 낱말을 바르게 고쳐 쓰시오.

A: What does he look like?
B: He have big eyes.

( )

11
대화의 빈칸에 알맞은 낱말을 쓰시오

A: What are you _____ _____ do this weekend?
B: I'm going to play the piano.

( )

1. 가격 묻고 답하기 ~ 11. 장래 희망 묻고 답하기

핵심 개념 정리

핵심 1 가격 묻고 답하기

A: May I help you? 도와드릴까요?

B: Yes, please. How much are these shoes? 네. 이 신발 얼마예요?

A: They're forty thousand won. 4만 원입니다.
       → '천(1,000)'이라는 뜻임.

• 두 개 이상의 물건이나 짝을 이루는 물건의 가격은 「How much are+물건의 복수형?」으로 묻고, 그 가격은 「They're+숫자+화폐 단위.」로 말합니다.

핵심 2 음식 주문하기

A: May I take your order? 주문하시겠어요?

B: Yes, please. I'd like noodles. 네. 국수 주세요.

• 먹고 싶은 음식을 말할 때 「I'd like+음식.」으로 말합니다.

핵심 3 목적지에 가는 방법 묻고 답하기

A: How can I get to the beach? 바닷가에 어떻게 가나요?

B: Take bus number 2 and get off at the beach.

    2번 버스를 타고 바닷가에서 내리세요.

핵심 4 빈도수 묻고 답하기

A: How often do you exercise? 너는 얼마나 자주 운동을 하니?
      → '얼마나 자주'라는 뜻임.

B: Four times a week. 일주일에 네 번.
      → '~마다'라는 뜻임.

• 빈도수를 말할 때 「횟수+a+기간을 나타내는 낱말.」로 표현합니다.

• 횟수는 once(한 번)와 twice(두 번)를 제외하고 「숫자+times」로 표현합니다.

핵심 5 의견 묻고 답하기

A: What can we do for the earth? 우리가 지구를 위해 무엇을 할 수 있을까?
      → '~을 위해'라는 뜻임.

B: We can turn off the lights. 우리는 전등을 끌 수 있어.
      → (전기·수도 등을) 끄다

• '우리가 ~을 위해 무엇을 할 수 있을까?'라고 의견을 물을 때 「What can we do for ~?」라고 합니다.

핵심 6 의무 표현 및 잊지 말라고 조언하기

• You should wear your seatbelt. 너는 안전벨트를 매야 해.
      → '~해야 한다'를 뜻하는 should를 이용하여 어떤 일을 해야 한다는 의무를 나타냄.

• Don't forget to use the crosswalk. 횡단보도를 이용해야 하는 것을 잊지 마.

• '~할 것을 잊지 마.'라고 할 때 「Don't forget to+동사원형 ~.」으로 말합니다.

1
우리말에 맞게 빈칸에 알맞은 말을 쓰시오.

> A: How much are they?
> B: They're _____ _____ won.
>   (5만 원입니다.)

(   )

2
대화의 빈칸에 알맞은 낱말을 쓰시오.

> A: May I take your _____?
> B: Yes, please.
>   I'd like a spaghetti.

(   )

3
빈칸에 알맞은 낱말을 쓰시오.

> T_____ bus number 11 and
> g_____ off at the hospital.

(   )

4
우리말에 맞게 빈칸에 알맞은 낱말을 쓰시오.

> A: How often do you brush your teeth?
> B: _____ a day. (하루에 두 번.)

(   )

5
공통으로 알맞은 낱말을 괄호 안에서 골라 쓰시오.

> A: What (can / are) we do for the earth?
> B: We (can / are) recycle cans.

(   )

6
빈칸에 알맞은 낱말을 써넣어 의무를 표현하는 말을 완성하시오.

> You _____ save water.

(   )

핵심 7 동의 여부 묻고 답하기

A: I think it's easy. What do you think?
→ '생각하다'라는 뜻임.
나는 그것이 쉽다고 생각해. 너는 어떻게 생각해?

B: I think so(, too). / I don't think so.
나도 그렇게 생각해. / 나는 그렇게 생각하지 않아.

핵심 8 과거 사실 묻고 답하기

A: Who invented Hangeul? 누가 한글을 발명했니?

B: King Sejong did. 세종대왕이 발명했어.
→ 앞에 나온 invented Hangeul을 대신하는 말임.

• 과거에 어떤 일을 누가 했는지 물을 때 「Who+동사의 과거형 ~?」으로 말하고, 누가 했는지 답할 때는 「사람 이름+did.」라고 합니다.

핵심 9 두 대상 비교하기

A: Who(Which) is faster? 누가(어떤 것이) 더 빨라?
→ 비교 대상이 사람이면 who, 사물이면 which를 씀.

B: Mina(The kangaroo) is faster than Hana(the lion).
→ '~보다'라는 뜻임.
미나(캥거루)가 하나(사자)보다 더 빨라.

• 비교하여 물을 때 「Who(Which) is+비교급?」으로 말합니다.
• 'A가 B보다 더 ~하다.'는 뜻으로 비교해서 말할 때 「A is+비교급+than B.」로 표현하며, 비교급은 대부분 형용사나 부사에 -er을 붙여 만듭니다.

핵심 10 어떤 것에 관해 알고 있는지 묻고 답하기

→ '알다'라는 뜻임.
A: Do you know anything about *hanbok*? 너는 한복에 대해 아니?
→ '~에 대해'라는 뜻임.

B: I have no idea. / Yes, I do. It's traditional Korean clothes.
→ I don't know.로 바꿔 쓸 수 있음.
나는 전혀 몰라. / 응. 나는 그것에 대해 알아. 그것은 한국의 전통 의복이야.

• 무언가에 대해 알고 있는지 물을 때 「Do you know anything about+대상?」이라고 합니다.

핵심 11 장래 희망 묻고 답하기

A: What do you want to be? 너는 무엇이 되고 싶어?

B: I want to be a painter. I like to draw pictures.
나는 화가가 되고 싶어. 나는 그림 그리는 것을 좋아하거든.

• 장래 희망을 말할 때 「I want to be a(n)+직업을 나타내는 말.」이라고 합니다.

7

괄호 안에서 알맞은 낱말을 골라 쓰시오.

> I think the movie is boring.
> (How / What) do you think?

(   )

8

대화의 빈칸에 알맞은 낱말을 쓰시오.

> **A:** _____ painted this picture?
> **B:** Picasso did.

(   )

9

밑줄 친 낱말을 비교급으로 고쳐 쓰시오.

> Mike is <u>tall</u> than Nara.

(   )

10

우리말에 맞게 빈칸에 알맞은 낱말을 쓰시오.

> **A:** Do you know anything about *jegi*?
> **B:** I have no _____.

(   )

11

대화의 빈칸에 공통으로 알맞은 낱말을 쓰시오.

> **A:** What do you want to _____?
> **B:** I want to _____ a doctor.

(   )

학년 묻고 답하기   출제율 ●●●●●

1 짝 지어진 낱말의 관계가 **보기** 와 같도록 빈칸에 알맞은 낱말을 쓰시오.

> **보기**
>
> two - second

(1) five − _____

(2) nine − _____

좋아하는 과목 묻고 답하기   출제율 ●●●●○

2 다음 중 나머지를 모두 포함하는 낱말은 어느 것입니까? (   )

① science   ② English   ③ math

④ subject   ⑤ social studies

아픈 곳 묻고 답하기   출제율 ●●●●●

3 다음 그림에 가장 잘 어울리는 문장은 어느 것입니까? (   )

① I have a cold.

② I have a headache.

③ I have a toothache.

④ I have a runny nose.

⑤ I have a stomachache.

날짜 묻고 답하기   출제율 ●●●○○

4 다음 중 낱말의 뜻이 바르게 짝 지어지지 <u>않은</u> 것은 어느 것입니까? (   )

① February − 2월   ② April − 4월

③ July − 7월   ④ October − 10월

⑤ December − 11월

길 묻고 안내하기   출제율 ●●●●○

5 다음 표지판이 의미하는 말로 알맞은 것은 어느 것입니까? (   )

① Go straight.

② Turn left.

③ Turn right.

④ Go straight two blocks.

⑤ It's next to the post office.

[6~7] 다음 대화의 빈칸에 알맞은 낱말을 고르시오.

> 잘 **틀리는** 문제

감정이나 상태의 이유 묻고 답하기   출제율 ●●●●●

6 .... (   )

> **A**: Why are you _____?
> **B**: Because my dog is sick.

① sad   ② happy   ③ scared

④ angry   ⑤ excited

이름의 철자 묻고 답하기   출제율 ●●●●○

7 .... (   )

> **A**: _____ do you spell your name?
> **B**: M-I-N-J-I.

① Who   ② When   ③ How

④ Why   ⑤ What

좋아하는 과목 묻고 답하기   출제율 ●●●●○

8 대화의 빈칸에 공통으로 알맞은 낱말을 쓰시오.

> **A**: What's your favorite _____?
> **B**: My favorite _____ is math.

날짜 묻고 답하기　　　　　　　　출제율 ●●●●○

9 그림을 보고, 대화의 빈칸에 알맞은 응답을 쓰시오.

> 5월
> | | | |
> |---|---|---|
> | 4 | 일 | |
> | 5 | 월 | 어린이날 |
> | 6 | 화 | |
> | 7 | 수 | |
> | 8 | 목 | 어버이날 |
> | 9 | 금 | |
> | 10 | 토 | |
>
> A: When is Children's Day?
> B: It's _____
> _____.

잘 나오는 문제
초대하고 답하기　　　　　　　　출제율 ●●●●●

10 대화의 빈칸에 알맞은 말은 어느 것입니까? (　　)

> A: Can you come to my pizza party?
> B: _____ I have to visit my uncle.

① All right.　　　　② Sure.
③ Of course.　　　④ Sorry, I can't.
⑤ Yes, I can.

함께 하자고 제안하고 답하기　　　　출제율 ●●●○○

11 우리말에 맞게 빈칸에 알맞은 낱말은 어느 것입니까? (　　)

> Can you _____ us?
> (우리와 함께 할래?)

① like　　②　go　　③ jump
④ join　　⑤　dance

감정이나 상태의 이유 묻고 답하기　　출제율 ●●●●●

12 다음 질문에 알맞은 응답은 어느 것입니까? (　　)

> Why are you upset?

① Don't worry.
② Sorry, I can't.
③ I got a present.
④ I'm in the sixth grade.
⑤ My sister broke my toy.

계획 묻고 답하기　　　　　　　　출제율 ●●●●○○

13 자연스러운 대화가 되도록 주어진 문장을 바르게 배열한 것은 어느 것입니까? (　　)

> (A) That's a good plan.
> (B) I'm going to do *taegwondo*.
> (C) What are you going to do this summer, Suah?

① (A) − (C) − (B)　　② (B) − (C) − (A)
③ (B) − (A) − (C)　　④ (C) − (A) − (B)
⑤ (C) − (B) − (A)

잘 틀리는 문제
계획 묻고 답하기　　　　　　　　출제율 ●●●●○

14 대화의 빈칸에 알맞은 낱말이 순서대로 짝 지어진 것은 어느 것입니까? (　　)

> A: _____ are you going to do tomorrow?
> B: I'm going to stay home. _____ about you?
> A: I'm going to visit my uncle's farm. I can't wait.
> B: Have a good time.

① When − What　　② What − How
③ How − What　　④ What − Who
⑤ When − How

외모 묻고 답하기　　　　　　　　출제율 ●●●○○

15 다음 질문에 대한 응답으로 알맞은 것은 어느 것입니까? (　　)

> What does she look like?

① She likes spring.
② She is from Brazil.
③ She has long curly hair.
④ She is in the sixth grade.
⑤ She is looking for a skirt.

위치 말하기   출제율 ●●●●○

16 그림을 보고, 위치를 나타내는 말을 완성하시오.

The restaurant is _____ the school _____ the post office.

외모 묻고 답하기   출제율 ●●●●●

17 대화에서 두 사람이 이야기하고 있는 사람은 누구입니까? (   )

A: What does your brother look like?
B: He has big blue eyes.
A: Is he wearing a red cap?
B: Yes, he is.

①   ②   ③

④   ⑤

아픈 곳 묻고 답하기   출제율 ●●●●○

18 대화의 빈칸에 알맞은 말을 <u>두 가지</u> 고르시오.
                                                   (   )

A: _____
B: I have a cold. I have a fever, too.

① What's wrong?
② What do you have?
③ What's the matter?
④ Who's calling, please?
⑤ Where are you from?

길 묻고 안내하기   출제율 ●●●●●

19 약도를 보고, 길을 안내하는 말을 완성하시오.

A: Where is the hospital?
B: Go straight two blocks and turn _____.
It's on your _____.

학년 묻고 답하기   출제율 ●●●●○

20 다음 빈칸에 알맞은 질문은 어느 것입니까? (   )

A: _____
B: I'm in the sixth grade.

① What club are you in?
② What grade are you in?
③ Where is your classroom?
④ What is your favorite subject?
⑤ What are you going to do this vacation?

잘 틀리는 문제

아픈 곳 묻고 답하기 및 조언하기   출제율 ●●●●●

21 대화의 내용과 일치하지 <u>않는</u> 것은 어느 것입니까?
                                                   (   )

A: What's wrong, Mina?
B: I have a headache.
A: Take some medicine and get some rest.
B: Okay, Mom.

① 미나는 두통이 있다.
② 엄마와 미나의 대화이다.
③ 미나는 약을 먹을 것이다.
④ 미나는 휴식을 취할 것이다.
⑤ 미나는 병원을 갈 것이다.

길 묻고 안내하기 및 위치 말하기   출제율 ●●●●●

22 대화에 따르면, 애완동물 가게는 어디입니까?
( )

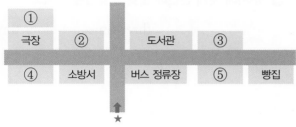

A: Excuse me. Where is the pet shop?
B: Go straight one block and turn right at the bus stop. It's next to the library.

아픈 곳 묻고 답하기 및 조언하기   출제율 ●●●●○

23 의사가 민지에게 <u>하지 말라고</u> 한 행동은 무엇입니까? ( )

My sister Minji had a toothache. She went to see a dentist this afternoon. The dentist said, "You have bad teeth. Don't eat too many sweets."

① 의사에게 자주 오기
② 하루에 양치 3번 하기
③ 단 것 많이 먹기
④ 늦게 일어나기
⑤ 밤에 많이 먹기

[24~25] 다음 대화를 읽고, 물음에 답하시오.

A: Wow, great! Jenny, you are good at playing the piano. (①)
B: Thank you. Can you come to my piano concert? (②)
A: Sure. (③)
B: It's September twentieth. Come to the school at five. (④)
A: Okay. See you then. (⑤)

초대하고 답하기   출제율 ●●●●○

24 위 대화의 ①~⑤ 중 다음 문장이 들어갈 곳은 어디입니까? ( )

When is the concert?

① ② ③ ④ ⑤

잘 **틀리는** 문제

날짜 묻고 답하기   출제율 ●●●○○

25 위 대화의 내용과 일치하도록 다음 메모를 완성하시오.

Jenny의 피아노 연주회에 초대합니다!
(1) 날짜: _____
(2) 시간: _____
(3) 장소: _____

장래 희망 묻고 답하기 출제율 ●●●●○

1 그림에 알맞은 직업은 어느 것입니까? (   )

① reporter
② animal doctor
③ firefighter
④ photographer
⑤ police officer

두 대상 비교하기 출제율 ●●●●○

2 다음 중 낱말의 비교급이 바르게 짝 지어지지 <u>않은</u> 것은 어느 것입니까? (   )

① slow − slower   ② old − older
③ big − bigger   ④ fast − faster
⑤ heavy − heavyer

음식 주문하기 출제율 ●●●○○

3 다음 중 나머지와 성격이 <u>다른</u> 낱말은 어느 것입니까? (   )

① sweet   ② sour   ③ hot
④ salty   ⑤ slow

과거 사실 묻고 답하기 출제율 ●●●○○

4 다음 중 동사의 과거형이 <u>잘못된</u> 것은 어느 것입니까? (   )

① watched   ② went   ③ lend
④ chose   ⑤ drew

빈도수 묻고 답하기 출제율 ●●●●○

5 순서에 맞게 빈칸에 알맞은 낱말을 쓰시오.

[   ] – three times – four times

[6~7] 대화의 빈칸에 알맞은 낱말을 고르시오.

과거 사실 묻고 답하기 출제율 ●●●●○

6 .... (   )

A: _____ made this robot?
B: Jason did.

① Who   ② Why   ③ What
④ Where   ⑤ Which

어떤 것에 관해 알고 있는지 묻고 답하기 출제율 ●●●●○

7 .... (   )

A: Do you know about *hangwa*?
B: Yes. It's a traditional Korean _____.

① sport   ② house   ③ music
④ game   ⑤ cookie

잘 틀리는 문제

빈도수 묻고 답하기 출제율 ●●●●●

8 우리말과 같도록 대화의 빈칸에 알맞은 말을 쓰시오.

A: How often do you clean your room?
B: _____ _____ a week.
　 (일주일에 세 번.)

목적지에 가는 방법 묻고 답하기　　　　　출제율 ●●●●●

9 다음 빈칸에 들어갈 수 <u>없는</u> 말은 어느 것입니까?
( )

A: How can I get to the ice cream shop?

B: You can get there _____.

① by bus　　　　　② on foot

③ by train　　　　④ by subway

⑤ on subway

목적지에 가는 방법 묻고 답하기　　　　　출제율 ●●●●○

10 메모를 보고, 대화의 빈칸에 알맞은 말끼리 짝 지어
진 것은 어느 것입니까? ( )

- 목적지: 병원
- 내리는 곳: 시장
- 주위 건물: 도서관

A: How can I get to the ____(A)____ ?

B: Take bus number 15 and ____(B)____ at
the market. It's near the ____(C)____ .

	(A)		(B)		(C)
①	hospital	……	get off	……	library
②	library	……	get off	……	hospital
③	hospital	……	take off	……	library
④	library	……	take off	……	hospital
⑤	hospital	……	get on	……	library

과거 사실 묻고 답하기　　　　　출제율 ●●●●○

11 괄호 안의 말을 이용하여 빈칸에 알맞은 말을 쓰시오.

A: Who _____ this book? (write)

B: Aesop did. He's a great writer.

두 대상 비교하기　　　　　출제율 ●●●●●

12 다음 그림을 보고, 대화의 빈칸에 알맞은 말을 쓰시오.

A: Who is stronger?

B: Minji is _____

_____ Sally.

가격 묻고 답하기　　　　　출제율 ●●●●●

13 다음 대화의 빈칸에 알맞은 대답은 어느 것입니까?
( )

A: How much are these
pants?

B: _____

_____

① It's fifty-five thousand won.

② It's fifteen thousand won.

③ They're fifty-five thousand won.

④ They're fifteen thousand won.

⑤ They're fifty thousand won.

의무 표현하기　　　　　출제율 ●●●○○

14 다음 중 의무를 나타내는 표현은 어느 것입니까?
( )

① You can sit here.

② You can't miss it.

③ Your hair is longer than mine.

④ You should save energy.

⑤ You're going to study math.

잘 **틀리는** 문제

두 대상 비교하기　　　　　출제율 ●●●●○

15 대화의 빈칸에 알맞은 낱말을 쓰시오.

A: Tom is taller than Kate.

B: That's not right. Tom is _____
than Kate.

16 다음 글의 글쓴이가 제시한 의견을 두 가지 고르시오. ( )

의견 묻고 답하기　　　　　출제율 ●●●●○

> The earth is very sick now. What can we do for the earth? We can save water. We can walk to school, too.

① 물 아껴 쓰기　　　② 전등 끄기
③ 재활용하기　　　　④ 나무 심기
⑤ 걸어서 등교하기

[17~18] 다음 대화의 빈칸에 알맞은 말을 고르시오.

17

장래 희망 묻고 답하기　　　　　출제율 ●●●●○

……………………………………… ( )

> A: What do you want to be?
> B: I want to be a cook. I like to _____.

① make food　　　② write stories
③ sing and dance　　　④ draw pictures
⑤ help animals

잘 나오는 문제

18

동의 여부 묻고 답하기　　　　　출제율 ●●●●●

……………………………………… ( )

> A: Did you read this book?
> B: Yes, I did. I think it's fun.
> A: _____ I think the story is great.

① I have no idea.
② I think so, too.
③ I don't think so.
④ What do you think?
⑤ I want to watch the movie.

19 자연스러운 대화가 되도록 주어진 문장을 바르게 배열한 것은 어느 것입니까? ( )

가격 묻고 답하기　　　　　출제율 ●●●○○

> (A) May I help you?
> (B) Good. I'll take it.
> (C) It's thirty thousand won.
> (D) Yes, please. How much is this dress?

① (A)-(B)−(D)-(C)　　② (A)-(D)−(C)-(B)
③ (A)-(C)−(D)-(B)　　④ (C)-(B)−(A)-(D)
⑤ (C)-(D)−(B)-(A)

잘 틀리는 문제

20 다음 대화의 내용과 일치하지 않은 것은 어느 것입니까? ( )

음식 주문하기　　　　　출제율 ●●●●○

> A: May I take your order?
> B: I'd like a lemonade.
> A: Okay. Here you go.
> B: Mmm. It's sour, but I like it.

① 음식점에서 손님과 점원 간의 대화이다.
② 손님은 레모네이드를 주문했다.
③ 레모네이드는 신맛이 났다.
④ 손님은 레모네이드를 좋아했다.
⑤ 손님은 레모네이드가 너무 신맛이 나서 먹을 수 없었다.

21 다음 대화의 빈칸에 알맞은 질문은 어느 것입니까? ( )

동의 여부 묻고 답하기　　　　　출제율 ●●●●●

> A: Let's buy this doll for Amy. It's only three dollars. _____
> B: That's a good idea. I think it's cheap and pretty.

① What can we do?
② What do you think?
③ What's the matter?
④ What are you going to buy?
⑤ What do you want to be?

빈도수 묻고 답하기　　　　　　　　　출제율 ●●●●○

22 다음은 Cindy의 습관을 나타낸 표입니다. 표의 내용과 일치하지 <u>않는</u> 것은 어느 것입니까? (　　　)

손 씻기	하루에 네 번
양치하기	하루에 두 번
아침 먹기	일주일에 다섯 번
방 청소하기	일주일에 한 번
운동하기	일주일에 세 번

① Cindy washes her hands four times a day.

② Cindy brushes her teeth twice a day.

③ Cindy eats breakfast every day.

④ Cindy cleans her room once a week.

⑤ Cindy exercises three times a week.

어떤 것에 관해 알고 있는지 묻고 답하기　　　출제율 ●●●●○

23 다음 중 자연스럽지 <u>않은</u> 대화는 어느 것입니까?
(　　　)

① A: Are you going to go hiking?

　　B: Yes, I am.

② A: Do you know anything about a smart mirror?

　　B: I have no idea. It's a mirror like a computer.

③ A: I think this bag is cheap.

　　B: I think so, too.

④ A: I clean my room once a week.

　　B: You should clean your room more often.

⑤ A: Who is older?

　　B: Amy is older than Sujin.

[24~25] 다음 그림을 보고, 물음에 답하시오.

목적지 가는 방법 묻고 답하기　　　　　출제율 ●●●●○

24 대화의 빈칸에 알맞은 낱말은 어느 것입니까?
(　　　)

> A: How can I get to the _____?
> B: Take subway line 3 and get off at the school. It's next to the school.

① bank　　　　　　　② bakery

③ library　　　　　　④ post office

⑤ police station

목적지 가는 방법 묻고 답하기　　　　　출제율 ●●●●○

25 우체국 가는 방법을 설명하는 글에서 내용상 <u>어색한</u> 부분은 어느 것입니까? (　　　)

> ① Take bus number 3 and ② get on ③ at the police station. It's ④ next to ⑤ the police station.

① Take bus　　　　　② get on

③ at　　　　　　　　④ next to

⑤ the police station

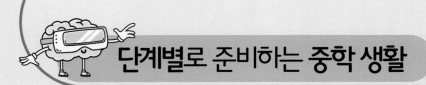

단계별로 준비하는 중학 생활

이제 곧 초등학생 시절도 끝나고 졸업을 맞이하게 되었어요. 중학교에 입학하기 전에 준비해야 할 일들을 단계별로 차근차근 알아볼까요?

1단계 　반편성 배치고사　와　기초학력 진단평가　준비하기

반편성 배치고사　반편성 배치고사는 중학교 입학 전 2월에 치르는 시험이에요. 출제 범위는 초등 6학년 교과 내용으로, 과목은 학교마다 다르며, 반배치를 목적으로 하는 시험이기 때문에 변별력 있는 문제들이 출제돼요.

기초학력 진단평가　기초학력 진단평가는 중학교 입학 후 3월에 치르는 시험이에요. 출제 범위는 초등 6학년 교과 내용으로 과목은 학교마다 다르며, 기초학력을 진단하는 검사이기 때문에 기본적인 문제들이 출제돼요.

위 시험들은 중학생이 되자마자 학생의 첫인상에 영향을 주는 것은 물론, 중학 생활의 첫 단추이기 때문에 첫 단추를 잘 끼우는 것이 중요해요.

2단계 자신의 학습 성향에 맞는 문제집 준비하기

초등학교 때와는 달리, 중학교는 교과서 출판사가 다양합니다. 출판사가 같더라도 저자가 다를 수 있기 때문에 자습서나 평가문제집을 구입하기 전에 반드시 출판사와 저자 이름을 확인해야 해요. 또한 문제집의 종류가 다양하기 때문에 서점이나 인터넷을 통해 스스로 확인해보고 자신의 학습 성향에 맞추어 구입하는 것이 현명한 선택이에요.

3단계 학용품 준비하기

중학생이 되면 중학 생활에 필요한 여러 가지 학용품이 생겨요. 또한 교복을 입고 새 책가방을 구입하지요. 중학 생활에 필요한 것들을 스스로 생각해보고 꼼꼼히 준비해 보세요.

4단계 학교 홈페이지 게시판 확인하기

학교 홈페이지에 반 배정 결과, 입학식 관련 공지사항 등이 있는지 꼭 확인하세요. 입학하기 전에 학사 일정, 교칙, 수행평가 항목 등을 확인하는 것도 중학 생활을 파악하는 데 도움이 됩니다. 중학교에서는 학생 스스로 가정통신문을 챙기지 않으면 놓치는 학교 행사나 공지사항이 많기 때문에 게시판을 확인하는 습관을 들이는 것이 좋아요.

5단계 입학식—중학교 생활 시작!

드디어 중학생이 되는 날이에요! 학교에 따라서는 입학식날에 반 배정 결과를 학교 게시판에 붙이거나 예비 소집 때 모인 임시 반에서 알려 주기도 하므로, 중학 생활 첫날부터 당황하지 않으려면 조금 일찍 학교에 가서 교실 위치를 미리 확인해 두는 것이 바람직해요.

모의고사

반편성 배치고사

1~2

봄비

해님만큼이나
큰 은혜로
내리는 ㉠교향악

이 세상
모든 것이 다
악기가 된다.

달빛 내리던 ㉡지붕은
두둑 두드둑
큰북이 되고

아기 손 씻던
세숫대야 바닥은

도당도당 도당당
작은북이 된다.

㉢앞마을 냇가에선
퐁퐁 포옹 퐁

뒷마을 연못에선
풍풍 푸웅 풍

외양간 ㉣엄마 소도 함께
댕그랑댕그랑

엄마 치마 주름처럼
산들 나부끼며
왈츠
봄의 왈츠
하루 종일 연주한다.

1학기 1. 비유하는 표현

1 ㉠~㉣ 중 '봄비 내리는 소리'를 비유하는 표현을 찾아 기호를 쓰시오.

( )

1학기 1. 비유하는 표현

2 이 시에서 다음 대상과 비유하는 표현의 공통점은 무엇입니까? ( )

대상	비유하는 표현
세숫대야 바닥	작은북

① 크기가 크다.
② 큰 소리가 난다.
③ 작은 소리가 난다.
④ 천천히 무겁게 움직인다.
⑤ 여러 가지 소리가 섞여 있다.

3~4

㉺ "어찌해 제 곳간에는 볏짚 한 단밖에 없습니까?"
"너는 이승에 있을 때 남에게 덕을 베푼 일이 없지 않느냐?"
원님은 순간, 쥐구멍에라도 숨고 싶을 만큼 부끄러웠다. 생각해 보니 자신은 남에게 좋은 일 한 번 변변히 한 적이 없었다.

㉻ "네 고을에 사는 주막집 딸은 곳간을 그득하게 채웠는데, 고을 원님이라는 사람이 이게 무슨 꼴이냐?"
"아니, 그게 무슨 얘깁니까?"
"덕진이라는 아가씨의 곳간에는 쌀이 수백 석이나 있으니, 일단 거기서 쌀을 꾸어 계산하고 이승에 나가서 갚도록 해라."
저승사자가 원님에게 제안했다. 결국 원님은 덕진의 곳간에서 쌀 삼백 석을 꾸어 셈을 치를 수 있었다.

1학기 2. 이야기를 간추려요

3 원님의 저승 곳간에 볏짚이 한 단밖에 없었던 까닭은 무엇입니까? ( )

① 이승에 있던 시간이 짧아서
② 저승사자가 원님의 곳간을 치워서
③ 원님이 저승에 온 지 얼마 되지 않아서
④ 원님이 다른 사람에게 볏짚을 빌려주어서
⑤ 원님이 이승에 있을 때 남에게 덕을 베푼 일이 없어서

1학기 2. 이야기를 간추려요

4 이 글에서 일어난 사건의 중심 내용을 간추려 빈칸에 알맞은 말을 쓰시오.

저승사자는 원님에게 (1) ( )의 곳간에서 (2) ( )을/를 꾸어 계산하고 이승에 나가서 갚으라고 했다.

1학기 3. 짜임새 있게 구성해요

5 발표할 때 대상이 움직이는 모습을 생생하게 전달하기 위해 사용할 자료로 알맞은 것은 무엇입니까?

( )

① 표   ② 사진   ③ 그림
④ 도표   ⑤ 동영상

1학기 4. 주장과 근거를 판단해요

6 다음 글에 나타난 글쓴이의 주장은 무엇입니까?
( )

> 자연은 우리의 영원한 안식처이다. 더 이상 무분별한 개발로 금수강산을 훼손해서는 안 된다. 자연 개발로 사라져 가는 동식물을 다시 이 땅으로 돌아오게 하여 더불어 살아야 한다. 지나친 개발 때문에 나타나는 지구 온난화와 이상 기후 현상이 더 이상 심해지지 않도록 노력하는 일도 우리 모두에게 남겨진 과제이다. 이제 우리 모두 자연 보호를 실천해야 한다.

① 자연 보호를 실천해야 한다.
② 다양한 동식물을 찾아야 한다.
③ 우리 전통문화를 사랑해야 한다.
④ 자연을 개발하여 우리 삶을 윤택하게 해야 한다.
⑤ 우리나라에서 하는 자연 개발을 모두 막아야 한다.

1학기 5. 속담을 활용해요

7 다음 대화의 ㉠에 들어갈 말로 알맞은 것은 무엇입니까? ( )

어제 뉴스 봤니? 퓨마가 탈출했던 동물원에서 안전 관리 실태를 점검하고 있대.

미리 점검하지 않고, ㉠ 격이구나.

① 티끌 모아 태산인
② 하나를 알면 열을 아는
③ 소 잃고 외양간 고치는
④ 우물을 파도 한 우물만 파는
⑤ 하룻강아지 범 무서운 줄 모른다는

1학기 5. 속담을 활용해요

8 다음은 어떤 대상과 관련 있는 속담을 찾은 것인지 빈칸에 들어갈 알맞은 말을 쓰시오.

> • ( )도 제말 하면 온다.
> • ( )에게 물려 가도 정신만 차리면 산다.

( )

9~10

> '큰 복을 누리며 번성하라'는 뜻을 지닌 경복궁은 조선 시대 최초의 궁궐이면서 여러 궁궐 가운데 가장 대표적인 것이다. 경복궁은 태조 이성계가 조선을 세운 뒤에 한양, 즉 지금의 서울에 세운 조선의 법궁이다.
> 경복궁의 건물은 7600여 칸으로 규모가 어마어마하다. 경복궁에서 가장 웅장한 건물은 '부지런히 나라를 다스리라'는 뜻을 지닌 근정전이다. 근정전은 왕의 즉위식, 왕실의 혼례식, 외국 사신과의 만남과 같은 나라의 중요한 행사를 치르던 곳이다.
> 경복궁에서 안쪽에 자리 잡은 교태전은 왕비가 생활하던 곳이다. 교태전은 중앙에 대청마루를 두고 왼쪽과 오른쪽에 온돌방을 놓은 구조로 되어 있다. 교태전 뒤쪽으로는 아미산이라는 작고 아름다운 후원이 있다.
> '경사스러운 연회'라는 뜻의 경회루는 커다란 연못 중앙에 섬을 만들고 그 위에 지은, 우리나라에서 가장 큰 누각이다. 이곳은 왕이 외국 사신을 접대하거나 신하들에게 연회를 베풀던 장소이다.

1학기 6. 내용을 추론해요

9 경복궁에 대한 설명으로 알맞지 <u>않은</u> 것은 무엇입니까? ( )

① 조선 시대 최초의 궁궐이다.
② 근정전은 가장 웅장한 건물이다.
③ 교태전은 왕비가 생활하던 곳이다.
④ 세종이 지금의 서울에 세운 법궁이다.
⑤ 경회루는 우리나라에서 가장 큰 누각이다.

1학기 6. 내용을 추론해요

10 이 글에서 뜻을 알지 못하는 낱말이나 문장의 뜻을 바르게 추론한 것의 기호를 쓰시오.

> ㉮ '연회'는 앞에 '경사스러운'이라는 낱말과 그 뒤의 '경회루'라는 말에서 '연못의 아름다운 모습'을 뜻한다고 추론할 수 있다.
> ㉯ '즉위식'은 앞에 '왕의'라는 낱말과 그 뒷부분에 '나라의 중요한 행사를 치르던 곳이다'라는 문장에서 '왕위에 오르는 식'을 뜻한다고 추론할 수 있다.

( )

11 다음 사례에서 알 수 있는 우리말 사용 실태의 문제점은 무엇입니까? (   )

1학기 7. 우리말을 가꾸어요

> 며칠 전 우리 반 교실에서 일어난 일입니다. 준형이와 수진이가 교실 뒤쪽을 걷다가 뜻하지 않게 서로 부딪혔습니다. 준형이와 수진이는 서로 노려보면서 눈살을 찌푸렸습니다.

야, 넌 눈도 없냐? 똑바로 보고 다녀야지!

뭐라고? 재수 없어. 네가 날 쳤잖아.

① 외국어를 사용하는 것
② 줄임 말을 사용하는 것
③ 신조어를 많이 사용하는 것
④ 뜻을 모르는 낱말을 사용하는 것
⑤ 배려하는 말을 하지 않고 비속어를 사용하는 것

12 다음 고려 말 상황에서 「하여가」에 나타난 이방원의 생각은 무엇입니까? (   )

1학기 8. 인물의 삶을 찾아서

> 고려 말 상황 고려 말에 새로 등장한 정치 세력과 무인들은 고려 사회를 개혁하려고 했다. 그러나 그들 가운데에서 정몽주와 이성계가 생각하는 개혁 방법은 서로 달랐다. 정몽주는 고려를 유지하면서 개혁해야 한다고 생각했고, 이성계는 고려를 무너뜨리고 새로운 왕조를 세우고자 했다. 이러한 상황에서 이성계의 아들 이방원은 정몽주에게 「하여가」를 썼고, 정몽주는 「단심가」를 썼다.

> **하여가**
>
> 이방원
>
> 이런들 어떠하며 저런들 어떠하리
> 만수산 드렁칡이 얽혀진들 어떠하리
> 우리도 이같이 얽혀져 백 년까지 누리리

① 정치를 그만두겠다.
② 고려를 개혁해서는 안 된다.
③ 뜻을 함께 모아 새 나라를 세우자.
④ 변함없이 고려에 충성을 다하겠다.
⑤ 누구든 자신이 원하는 삶을 살아야 한다.

13 다음 경험들은 어떤 마음을 나누는 글을 쓰기에 알맞습니까? (   )

1학기 9. 마음을 나누는 글을 써요

> • 친구에게 선물을 받았을 때 감사 편지를 쓴 일
> • 시험에 합격한 오빠에게 축하 편지를 쓴 일

① 기쁜 마음
② 슬픈 마음
③ 속상한 마음
④ 미안한 마음
⑤ 안타까운 마음

14 다음 글에서 짐작할 수 있는 시대적 배경은 어떠합니까? (   )

2학기 1. 작품 속 인물과 나

> "우리도 사내들처럼 다 함께 의병 운동에 나서야 할 것입니다."
> 그때 누군가가 말꼬리를 걸고 나섰다.
> "아니, 조정 대신이란 놈들이 나라를 팔아먹으려 드는데 우리 같은 여자들이 나선다고 뭐가 달라지겠소? 자칫 괜한 목숨만 버릴 뿐이오."

① 나라가 부강하였다.
② 남녀 차별이 있었다.
③ 의병 운동이 활기를 잃었다.
④ 주변 나라와 사이가 좋았다.
⑤ 먹을 것이 풍족하여 걱정이 없었다.

15 다음 대화에서 ㉠의 뜻은 무엇입니까? (   )

2학기 1. 작품 속 인물과 나

> 동생: 오빠, 나도 이제 휴대 전화를 사 달라고 할 거야. ㉠쇠뿔도 단김에 빼라고 당장 구경해 보자.
> 오빠: 안 돼. 아직 부모님과 의논도 안 했잖아. 다음에 보자.
> 동생: 에이, 당장 어떤 걸로 할지 결정하고 싶었는데, 오빠 때문에 김이 식어 버렸잖아.

① 매우 놀라다.
② 정신이 갑자기 들다.
③ 재미나 의욕이 없어지다.
④ 서로의 사이가 벌어지거나 틀어지다.
⑤ 어떤 일이든지 하려고 생각했으면 한창 열이 올랐을 때 곧 행동으로 옮겨야 한다.

16~17

2학기 4. 효과적으로 발표해요

(개) 공정 무역이란 생산자의 노동에 정당한 대가를 지불해 생산자가 경제적 자립과 발전을 하도록 돕는 무역입니다. ○○광역시는 공정 무역 상품을 사용하고 공정 무역을 확산시키려는 활동을 지원해 실질적인 변화를 만들어 내는 도시가 되었습니다. 우리도 공정 무역 제품을 사용해 이러한 변화에 동참해야 합니다.

(나) 공정 무역 제품을 사용해야 하는 까닭은 다음과 같습니다. 첫째, 생산자에게 돌아갈 정당한 이익을 지켜 줍니다. 흔히 볼 수 있는 과일 가운데 하나인 바나나의 경우, 우리가 3천 원짜리 바나나 한 송이를 산다면 약 45원만이 생산자인 농민에게 이익으로 돌아갑니다. 그 까닭은 바나나 생산국에서 우리 손에 오기까지 바나나 농장 주인, 수출하는 회사, 수입하는 회사, 슈퍼마켓 등이 총수익의 98.5퍼센트를 가져가기 때문입니다. 공정 무역에서는 생산자 조합과 공정 무역 회사를 만들어 이러한 중간 유통 단계를 줄이고 실제로 바나나를 재배하는 생산자의 이익을 보장해 주었습니다.

(다) 가난한 나라에 일시적인 원조를 제공하는 데 그치지 않고 자립하도록 도와주는 방법이자 우리 환경을 보호할 수 있는 공정 무역 제품, 이제는 우리가 관심을 기울이고 사용할 때입니다.

18 다른 나라의 문화를 소개하려고 합니다. 소개할 내용과 활용할 매체 자료를 바르게 연결한 것은 무엇입니까? ( )

① 이누이트의 이글루 – 사진
② 베트남의 전통 의상 – 도표
③ 폴란드의 민속춤 – 그림지도
④ 프랑스의 달팽이 요리 – 음악
⑤ 아프리카 원주민의 의식주 문화 – 그래프

19~20

(개) 나는 우리나라가 세계에서 가장 아름다운 나라가 되기를 원한다. 가장 부강한 나라가 되기를 원하는 것은 아니다. 내가 남의 침략에 가슴이 아팠으니, 내 나라가 남을 침략하는 것을 원치 아니한다. 우리의 부는 우리 생활을 풍족히 할 만하고, 우리의 힘은 남의 침략을 막을 만하면 족하다. 오직 한없이 가지고 싶은 것은 높은 문화의 힘이다. 문화의 힘은 우리 자신을 행복하게 하고, 나아가서 남에게도 행복을 주기 때문이다.

(나) 나는 우리의 힘으로, 특히 교육의 힘으로 반드시 이 일이 이루어질 것이라고 믿는다. 우리나라의 젊은 남녀가 다 이 마음을 가진다면 아니 이루어지고 어찌하랴!

2학기 3. 타당한 근거로 글을 써요

16 글 (개)~(다)를 논설문의 짜임에 맞게 구별하여 각각 기호를 쓰시오.

서론	본론	결론
(1)	(2)	(3)

2학기 5. 글에 담긴 생각과 비교해요

19 글쓴이가 원하는 우리나라의 모습으로 알맞은 것은 무엇입니까? ( )

① 가장 부강한 나라
② 자연 과학이 발달한 나라
③ 다른 나라를 침략하는 나라
④ 세계에서 가장 아름다운 나라
⑤ 세계에서 인구가 가장 많은 나라

2학기 3. 타당한 근거로 글을 써요

17 이 글에 나타난 공정 무역 제품을 사용해야 하는 까닭은 무엇입니까? ( )

① 중간 유통 단계를 늘리려고
② 어린이들을 고용하여 생산 비용을 낮추려고
③ 자연을 개발하고 소비자의 이익을 지키려고
④ 생산자에게 돌아갈 정당한 이익을 지켜 주려고
⑤ 소비자에게 저렴한 가격에 더 많은 제품을 공급하려고

2학기 5. 글에 담긴 생각과 비교해요

20 이와 같은 글을 읽을 때 글쓴이의 생각을 파악해야 하는 까닭을 두 가지 고르시오. ( )

① 글 내용을 빠짐없이 외울 수 있다.
② 글쓴이의 성격과 생김새를 알 수 있다.
③ 글 내용을 좀 더 깊이 있게 이해할 수 있다.
④ 글쓴이의 생각과 똑같은 생각을 할 수 있다.
⑤ 글쓴이가 글을 쓴 의도와 목적을 알 수 있다.

2학기 6. 정보와 표현 판단하기

21 다음 뉴스를 본 사람의 반응에서 알 수 있는, 뉴스가 우리 생활에 미친 영향은 무엇입니까? (   )

> 지구 온난화를 막기 위해 전 세계가 참가한 보편적 기후 변화 협정이 프랑스 파리에서 체결됐습니다. / 31쪽 분량의 '파리 협정' 최종 합의문 핵심은 지구의 기온 상승 폭을 산업화 이전 대비 섭씨 2도 아래로 억제하고, 가능하면 섭씨 1.5도까지 낮추는 것입니다. / 또 온실가스 감축을 위해 선진국들이 2020년까지 매년 천억 달러, 우리 돈 118조 원의 기금을 개발 도상국에 지원하도록 하는 내용도 담겼습니다.

기후 협약이 뭐예요?

기후 협약은 지구 온난화를 막으려고 여러 나라가 체결한 협약이란다.

① 뉴스의 내용을 새롭게 만들게 한다.
② 사람들에게 새로운 정보를 알려 준다.
③ 어떤 일을 긍정적인 시각으로 보게 한다.
④ 어떤 일을 비판적인 시각으로 보게 한다.
⑤ 여러 사람의 생각에 영향을 주어 여론을 형성한다.

2학기 6. 정보와 표현 판단하기

22 다음 광고 표현에 대해 바르게 말한 친구의 이름을 쓰시오.

무료하고 따분하고 재미있는 일이 없을 때, 당신의 일상에 신바람이 일어납니다.

건강해지려고 아령도 들고 줄넘기도 해 보지만 체력이 여전히 바닥일 때, 당신의 건강에 신바람이 일어납니다.

당신의 즐거운 일상과 건강한 체력을 책임져 줄 단 한 가지! 신바람 자전거!

선웅: 글씨의 색깔을 바꾸어 사실을 감추고 있어.
민아: 자전거를 탄다고 누구나 신바람이 나는 것이 아니기 때문에 과장되었어.

(   )

2학기 7. 글 고쳐 쓰기

23 이 글의 제목을 글의 주제에 맞게 바르게 고쳐 쓴 것은 어느 것입니까? (   )

> **쓰레기가 되는 불량 식품**
> 여러분, 불량 식품을 먹지 맙시다. 불량 식품에는 무엇이 들어갔는지, 그리고 유통 기한은 언제까지인지 정확히 적혀 있지 않습니다. 불량 식품을 먹으면 해로운 물질이 몸에 들어가 병에 걸리기 쉽습니다. 그리고 유통 기한을 알 수 없어 신선하지 않은 식품을 먹게 될 수도 있습니다. 불량 식품은 아무리 맛있어도 먹지 말아야 합니다.

① 음식의 유통 기한
② 불량 식품의 종류
③ 우리 몸에 이로운 물질
④ 불량 식품이란 무엇인가
⑤ 건강을 해치는 불량 식품

2학기 7. 글 고쳐 쓰기

24 다음 중 교정 부호와 그 쓰임이 잘못 짝 지어진 것은 무엇입니까? (   )

① ∨ : 띄어 쓸 때
② ⌒ : 붙여 쓸 때
③ ♂ : 한 글자를 고칠 때
④ ⌴ : 여러 글자를 고칠 때
⑤ ✓ : 글의 내용을 추가할 때

2학기 8. 작품으로 경험하기

25 다음은 영화 감상문의 내용 중 무엇에 해당합니까? (   )

> 영화를 보는 내내 나는 입양된 사람들이 우리 역사에서 겪은 아픔을 생각했다. 본인의 의지와 상관없이 다른 나라에서 살아야 하는 사람들, 그리고 우리나라에 온 사람들까지. 나는 우리가 지금 서로를 따뜻하게 감싸안아야 할 때라고 생각한다.

① 영화의 줄거리
② 영화를 보게 된 까닭
③ 영화에서 영상의 특성
④ 영화를 본 뒤의 자신의 느낌
⑤ 예전에 보았던 책이나 영화와 비교한 내용

점수

확인

1 다음 그림과 관계있는 식은 어느 것인가요? (   )

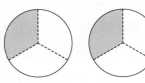

① $1 \div 2$ ② $2 \div 3$ ③ $3 \div 2$
④ $2 \div 6$ ⑤ $6 \div 2$

2 나눗셈의 몫을 기약분수로 나타낸 것입니다. ㉠과 ㉡의 차는 얼마인가요? (   )

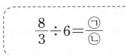

$$\frac{8}{3} \div 6 = \frac{㉠}{㉡}$$

① 1 ② 5 ③ 10
④ 12 ⑤ 15

3 사각기둥의 전개도를 접었을 때 면 ㅍㅎㅋㅌ과 만나는 면이 <u>아닌</u> 것은 어느 것인가요? (   )

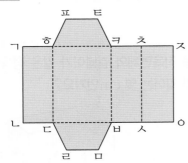

① 면 ㄱㄴㄷㅎ   ② 면 ㅎㄷㅂㅋ
③ 면 ㄷㄹㅁㅂ   ④ 면 ㅋㅂㅅㅊ
⑤ 면 ㅊㅅㅇㅈ

4 밑면이 다각형이면서 7개의 이등변삼각형이 옆으로 둘러싼 입체도형의 모서리는 모두 몇 개인가요?

(   )

① 7개   ② 8개   ③ 9개
④ 14개   ⑤ 21개

5 둘레가 2.4 m인 정오각형의 한 변의 길이는 몇 m인가요? (   )

① 0.4 m   ② 0.48 m   ③ 0.5 m
④ 0.56 m   ⑤ 0.6 m

6 어떤 수를 9로 나누어야 할 것을 잘못하여 곱했더니 45.36이 되었습니다. 바르게 계산했을 때의 몫은 얼마인가요? (   )

① 0.06   ② 0.56   ③ 0.6
④ 5.04   ⑤ 5.4

7 기준량이 비교하는 양보다 작은 것을 모두 고르세요.

(   )

① 0.9   ② 38 %   ③ $\frac{7}{4}$
④ 1.6   ⑤ $\frac{21}{25}$

8 지도에서 축척은 실제 거리에 대한 지도에서 거리의 비입니다. 실제 거리 350 m를 지도에서 거리 1 cm 로 그린 지도의 축척은 얼마인가요?

( )

11 부피가 가장 큰 것은 어느 것인가요? ( )

① 4.2 m^3

② 7300000 cm^3

③ 한 모서리의 길이가 2 m인 정육면체의 부피

④ 한 모서리의 길이가 100 cm인 정육면체의 부피

⑤ 가로가 4 m, 세로가 80 cm, 높이가 1.5 m인 직육면체의 부피

[9~10] 재준이네 학교 학생들이 좋아하는 과목별 학생 수 를 조사하여 나타낸 표와 띠그래프입니다. 물음에 답하세요.

좋아하는 과목별 학생 수

과목	과학	수학	체육	미술	기타	합계
학생 수(명)	72	60	48	36	24	240
백분율(%)	30		20	15	10	100

좋아하는 과목별 학생 수

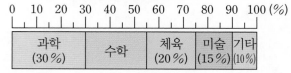

9 수학의 비율은 전체의 몇 %인가요? ( )

① 10 % ② 15 % ③ 20 %

④ 25 % ⑤ 30 %

12 한 모서리의 길이가 3 m인 정육면체 모양의 건물이 있습니다. 이 건물의 각 모서리의 길이를 2배로 늘인 크기의 건물을 짓는다면 새로 지은 건물의 부피는 처음 건물의 부피의 몇 배가 되나요? ( )

① 2배 ② 4배 ③ 6배

④ 8배 ⑤ 10배

13 다음 직육면체와 겉넓이가 같은 정육면체의 한 모서 리의 길이는 몇 cm인가요?

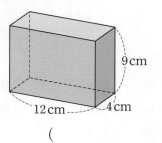

( )

10 과학을 좋아하는 학생 수는 미술을 좋아하는 학생 수 의 몇 배인가요? ( )

① 1.25배 ② 1.5배 ③ 2배

④ 2.5배 ⑤ 3배

14 ⓒ에 알맞은 수는 얼마인가요? (　　　)

$$2\frac{2}{5} \times ㉠ = \frac{4}{9}$$
$$㉡ \times 2\frac{2}{9} = ㉠$$

① $\frac{1}{12}$　　　② $\frac{5}{27}$　　　③ $\frac{1}{4}$

④ $1\frac{2}{5}$　　　⑤ $5\frac{2}{5}$

15 수 카드 중에서 2장을 뽑아 한 번씩 사용하여 만들 수 있는 진분수 중에서 가장 큰 진분수를 가장 작은 진분수로 나눈 몫은 얼마인가요?

4	8	11	12	15

(　　　　　　　　)

16 계산 결과가 가장 큰 것의 기호를 쓰세요.

㉠ $12.8 \div 1.6$　　　㉡ $6.88 \div 0.8$
㉢ $19.6 \div 2.8$　　　㉣ $19.98 \div 3.7$

(　　　　　　　　)

17 1초에 0.26 m를 움직이는 빠르기로 도는 대형 관람차가 있습니다. 이 관람차가 8.32 m를 도는 데 걸리는 시간은 몇 초인가요? (　　　)

① 16초　　　② 24초　　　③ 32초

④ 48초　　　⑤ 64초

18 쌓기나무로 쌓은 모양을 보고 위에서 본 모양에 오른쪽과 같이 수를 썼습니다. 다음은 쌓은 모양을 위, 앞, 옆 중에서 어느 쪽에서 본 모양인가요?

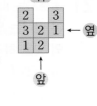

(　　　　　　　　)

19 쌓기나무로 오른쪽 모양과 같이 쌓을 때 필요한 쌓기나무가 가장 적은 때와 가장 많은 때 쌓기나무 수의 차는 몇 개인가요? (　　　)

① 1개　　　② 2개　　　③ 3개

④ 4개　　　⑤ 5개

20 2학기 4. 비례식과 비례배분

⊙과 ⓒ의 곱이 200보다 작은 7의 배수일 때 비례식에서 □ 안에 들어갈 수 있는 가장 큰 수는 얼마인가요? ( )

9 : ⊙ = ⓒ : □

① 14   ② 21   ③ 28
④ 35   ⑤ 42

21 2학기 4. 비례식과 비례배분

초보자는 8시간 일해야 끝나고, 숙련자는 6시간 일해야 끝나는 일이 있습니다. 초보자가 3시간 일한 만큼의 일을 하려면 숙련자는 몇 시간 몇 분 동안 일해야 하나요? ( )

① 1시간 15분   ② 1시간 25분
③ 2시간 15분   ④ 2시간 25분
⑤ 2시간 45분

22 2학기 5. 원의 넓이

지름이 54 cm인 원 모양의 굴렁쇠를 앞으로 몇 바퀴 굴렸더니 8 m 37 cm만큼 나아갔습니다. 굴렁쇠를 몇 바퀴 굴렸나요? (원주율: 3.1) ( )

① 3바퀴   ② 4바퀴   ③ 5바퀴
④ 6바퀴   ⑤ 7바퀴

23 2학기 5. 원의 넓이

색칠한 부분의 넓이는 몇 cm²인가요? (원주율: 3.1)
( )

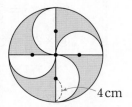

4 cm

① 49.6 cm²   ② 99.2 cm²   ③ 198.4 cm²
④ 248 cm²   ⑤ 396.8 cm²

24 2학기 6. 원기둥, 원뿔, 구

오른쪽과 같은 직사각형을 한 변을 기준으로 돌려 만든 입체도형의 높이는 몇 cm인가요?
( )

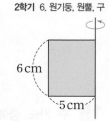

6 cm
5 cm

① 5 cm   ② 6 cm
③ 7 cm   ④ 8 cm   ⑤ 9 cm

25 2학기 6. 원기둥, 원뿔, 구

원뿔의 높이와 모선의 길이를 재는 방법에 대한 설명으로 잘못된 것을 찾아 기호를 쓰세요.

가   나

⊙ 가는 원뿔의 높이, 나는 원뿔의 모선의 길이를 재는 방법이다.
ⓒ 높이는 모선의 길이보다 길다.
ⓒ 모선은 셀 수 없이 많다.

( )

점수
확인

[1~2] 다음을 보고, 물음에 답하시오.

> ㉠ 박정희 　　　 ㉡ 전두환 　　　 ㉢ 이승만

1학기 1. 우리나라의 정치 발전

1 위 ㉠~㉢ 중 4·19 혁명으로 대통령 자리에서 물러났던 사람을 골라 기호로 쓰시오.

(　　　　　　)

1학기 1. 우리나라의 정치 발전

2 위 ㉠~㉢에 대한 설명으로 <u>잘못된</u> 것을 두 가지 고르시오. (　　　)

① ㉠ – 군인들을 동원해 정권을 잡았다.
② ㉠ – 자신이 계속 대통령을 하려고 헌법을 바꿨다.
③ ㉡ – 6월 민주 항쟁을 진압한 후 간선제로 대통령이 되었다.
④ ㉡ – 전라남도 광주에서 대규모 민주화 시위가 일어나자 시위를 진압할 계엄군을 광주에 보냈다.
⑤ ㉢ – 유신 헌법을 공포했다.

1학기 1. 우리나라의 정치 발전

3 다음 기사와 관련 있는 제도는 무엇인지 쓰시오.

> △△신문　　　　　　　 20○○년 ○○월 ○○일
>
> ### ○○시, 주민 소환 투표 실시하다
>
> 20△△년 △△월 △△일, ○○시에서 주민 소환 투표가 시행되었다. ○○시가 지역 주민들이 반대하던 광역 화장장을 설치하려 하자 이에 반발한 주민들이 ○○시장과 시 의원을 대상으로 주민 소환 운동을 벌였고, 이날 이들의 소환에 찬반을 묻는 투표가 실시되었다.

(　　　　　　)

1학기 1. 우리나라의 정치 발전

4 다음 보기 에서 정치에 대한 설명으로 알맞은 것을 모두 골라 기호를 쓰시오.

> **보기**
>
> ㉠ 문제를 원만하게 해결해 가는 과정이다.
> ㉡ 지역과 국가에서만 정치적 상황이 일어난다.
> ㉢ 사람들 사이에 문제가 생겼을 때 필요한 것이다.
> ㉣ 학교에서 '우리가 함께 지켜야 할 규칙은 무엇인가?'와 같은 문제를 해결하는 것을 말한다.

(　　　　　　)

1학기 1. 우리나라의 정치 발전

5 다음에서 나타나는 민주 선거의 기본 원칙은 무엇입니까? (　　　)

선거일 기준으로 만 18세 이상의 국민이면 누구나 투표할 수 있어요.

① 공개 선거　　② 보통 선거　　③ 비밀 선거
④ 직접 선거　　⑤ 평등 선거

1학기 1. 우리나라의 정치 발전

6 국가 기관에서 하는 일이 바르게 짝 지어진 것을 모두 고른 것은 어느 것입니까? (　　　)

> ㉠ 국회 – 법을 만드는 일
> ㉡ 정부 – 국정 감사를 하는 일
> ㉢ 법원 – 법에 따라 재판을 하는 일

① ㉠　　　　　② ㉡　　　　　③ ㉡, ㉢
④ ㉠, ㉢　　　⑤ ㉠, ㉡, ㉢

7 다음 사례에서 나타나는 민주 정치의 원리는 무엇입니까? (   )

△△ 법원은 성과 본이 같은 사람의 결혼을 금지하는 '동성동본 금혼법'에 대한 위헌 제청 신청을 받아들여 헌법 재판소에 위헌 심판을 제청했다.

① 독재
② 삼권 분립
③ 지방 자치제
④ 주민 소환제
⑤ 주민 참여 예산제

8 다음 (   ) 안에 공통으로 들어갈 알맞은 말을 쓰시오.

(   )은/는 물건을 사고파는 곳으로, 가계와 기업은 다양한 형태의 (   )에서 만난다.

(   )

9 자유롭게 경쟁하는 경제 활동이 생활에 주는 도움으로 알맞지 않은 것은 무엇입니까? (   )

①
나라에서 직업을 정해 줘요.
▲ 직업을 선택할 필요가 없음.

②
고객님께서 찾으시는 텔레비전입니다.
▲ 원하는 조건의 물건을 살 수 있음.

③
무료로 배달해 드리겠습니다.
파격 할인
▲ 좋은 서비스를 받을 수 있음.

④
기술을 개발해야지.
▲ 기술을 개발해 우수한 물건을 사용할 수 있음.

10 다음에서 나타나는 산업은 무엇입니까? (   )

▲ 철강 산업   ▲ 석유 화학 산업

① 경공업
② 첨단 산업
③ 중화학 공업
④ 서비스 산업
⑤ 반도체 산업

11 각 시대별 우리나라에서 발전한 산업이 바르게 짝 지어진 것은 무엇입니까? (   )

① 1950년대 – 생명 공학 산업
② 1960년대 – 우주 항공 산업
③ 1970년대 – 금융 산업
④ 1980년대 – 의료 서비스 산업
⑤ 1990년대 – 반도체 산업

12 다음 (   ) 안에 들어갈 알맞은 말에 ○표 하시오.

무역을 할 때 다른 나라에 물건을 파는 것을 (수입 , 수출), 다른 나라에서 물건을 사 오는 것을 (수입 , 수출)이라고 한다.

13 나라와 나라 사이에 물건과 서비스를 사고파는 것과 관련된 문제가 일어났을 때 공정하게 심판하려고 1995년에 만들어진 국제기구는 무엇입니까? (   )

① 유니세프
② 세계 보건 기구
③ 세계 무역 기구
④ 유엔 난민 기구
⑤ 세계 원자력 기구

2학기 1. 세계 여러 나라의 자연과 문화

14 **세계 지도, 지구본, 디지털 영상 지도의 특징이 바르게 짝 지어진 것은 어느 것입니까? (　　　)**

① 지구본: 지구의 실제 모습과 비슷하다.
② 지구본: 전 세계의 모습을 한눈에 볼 수 있다.
③ 세계 지도: 세계 여러 나라의 위치를 한눈에 보기 어렵다.
④ 세계 지도: 인터넷을 연결해야 다양한 기능을 사용할 수 있다.
⑤ 디지털 영상 지도: 인터넷 사용이 불가능한 곳에서도 사용하기 편리하다.

2학기 1. 세계 여러 나라의 자연과 문화

15 **다음과 같은 대륙에 속한 나라가 아닌 곳은 어디입니까? (　　　)**

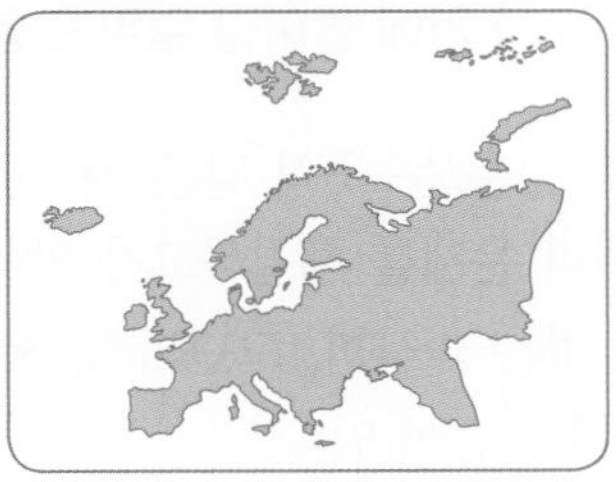

▲ 유럽

① 영국　　② 스위스
③ 프랑스　　④ 캐나다
⑤ 크로아티아

2학기 1. 세계 여러 나라의 자연과 문화

16 **세계에서 면적이 가장 넓은 나라와 가장 좁은 나라를 바르게 짝지은 것은 어느 것입니까? (　　　)**

	가장 넓은 나라	가장 좁은 나라
①	캐나다	러시아
②	러시아	미국
③	러시아	바티칸 시국
④	바티칸 시국	러시아
⑤	바티칸 시국	대한민국

2학기 1. 세계 여러 나라의 자연과 문화

17 **세계의 기후와 특징을 바르게 선으로 이으시오.**

(1) 열대 기후 •	• ㉠ 일 년 내내 평균 기온이 매우 낮음.
(2) 온대 기후 •	• ㉡ 일 년 내내 기온이 높고 강수량이 많음.
(3) 한대 기후 •	• ㉢ 사계절이 뚜렷함.

2학기 1. 세계 여러 나라의 자연과 문화

18 **다음에서 설명하는 나라는 어디인지 쓰시오.**

- 위도가 높아 냉대 기후가 널리 나타난다.
- 아시아와 유럽을 구분하는 우랄산맥이 있다.
- 대부분의 인구가 서남부 지역에 집중해 있다.

(　　　　　　　　)

2학기 1. 세계 여러 나라의 자연과 문화

19 **우리나라와 세계 여러 나라가 교류하는 사례로 알맞지 않은 것은 어느 것입니까? (　　　)**

① 우리나라 기업이 건설한 두바이 세계 최고층 건물
② 우리나라에서 큰 인기를 얻은 미국 할리우드 영화
③ 서울에 있는 백화점에서 판매되는 부산에서 생산된 물건
④ 우리나라와 세계 여러 나라 사람들의 안전을 위한 국제 수사 협력
⑤ 우리나라와 세계 여러 나라의 공동 발전을 위한 아시아태평양경제협력체(APEC) 회의

2학기 2. 통일 한국의 미래와 지구촌의 평화

20 다음 두 지도를 보고 알 수 있는 사실은 어느 것입니까? (   )

▲ 「팔도총도」

▲ 「대일본전도」

① 우리 조상들은 독도를 일본 땅이라고 생각했다.
② 옛날부터 독도가 일본 땅임을 국제적으로 인정받았다.
③ 옛날 일본 사람들은 독도를 자신들의 영토라고 여겼다.
④ 우리 조상들과 일본 사람들은 지도에 독도를 중국 땅으로 표기했다.
⑤ 예부터 우리 조상들, 일본 사람들 모두 독도가 우리나라 땅이라고 생각했다.

2학기 2. 통일 한국의 미래와 지구촌의 평화

21 다음에서 설명하는 단체는 무엇인지 쓰시오.

> 1999년 설립된 사이버 외교 사절단으로, 독도에 관한 사실을 전 세계 사람들에게 알리고 일본의 억지 주장을 바로 잡는 데 힘쓰고 있다.

(   )

2학기 2. 통일 한국의 미래와 지구촌의 평화

22 남북통일이 필요한 까닭으로 알맞지 <u>않은</u> 것은 어느 것입니까? (   )

① 남과 북이 분단되어 여러 어려움이 발생하고 있기 때문에
② 북한의 자원과 시설을 우리가 빼앗아서 개발해야 하기 때문에
③ 철도를 이용해서 외국과 더욱 활발하게 교류할 수 있기 때문에
④ 북한의 자원과 남한의 기술력으로 경쟁력 있는 제품을 만들 수 있기 때문에
⑤ 국방비가 줄어 남은 비용을 국민들의 삶의 질을 높이는 곳에 사용할 수 있기 때문에

2학기 2. 통일 한국의 미래와 지구촌의 평화

23 다음과 같은 지구촌 갈등으로 어린이들이 겪게 되는 어려움이 <u>아닌</u> 것은 어느 것입니까? (   )

▲ 시리아 내전

① 부모를 잃고 고아가 되기도 한다.
② 어린이들이 목숨을 잃을 수도 있다.
③ 집을 잃어 헤매는 어린이들이 생긴다.
④ 학교에서 친구들과 공부를 할 수 있다.
⑤ 먹을 것과 깨끗한 물이 부족해 질병에 쉽게 걸린다.

2학기 2. 통일 한국의 미래와 지구촌의 평화

24 다음 (   ) 안에 들어갈 알맞은 말을 쓰시오.

> (   )은/는 뜻이 같은 개인들이 모여 지구촌의 여러 문제를 해결하고자 활동하는 조직으로, 국경 없는 의사회, 그린피스, 세이브 더 칠드런, 해비타트 등이 있다.

(   )

2학기 2. 통일 한국의 미래와 지구촌의 평화

25 다음과 같은 물품이 늘어나면 생기는 일은 어느 것입니까? (   )

▲ 친환경 숟가락

▲ 해조류 물병

① 환경 오염을 일으킨다.
② 쓰레기가 많이 발생한다.
③ 자원의 소비량이 늘어난다.
④ 환경 문제를 줄일 수 있게 된다.
⑤ 발생하는 폐기물의 양이 많아진다.

1학기 1. 과학자처럼 탐구해 볼까요?

1 다음은 무엇에 대한 설명입니까? (   )

> 실험에서 다르게 해야 할 조건과 같게 해야 할 조건을 지켜 실험하는 것을 말한다.

① 탐구 문제   ② 조건 실행
③ 변인 통제   ④ 문제 인식
⑤ 문제 해결

1학기 2. 지구와 달의 운동

2 하루 동안 태양과 달의 위치 변화에 대한 설명으로 옳지 <u>않은</u> 것은 어느 것입니까? (   )

① 태양은 오전 7시에 동쪽 하늘에서 볼 수 있다.
② 보름달은 밤 12시 무렵에 남쪽 하늘에서 볼 수 있다.
③ 하루 동안 달은 서쪽에서 동쪽으로 움직이는 것처럼 보인다.
④ 하루 동안 태양은 동쪽에서 서쪽으로 움직이는 것처럼 보인다.
⑤ 하루 동안 태양과 달의 위치가 달라지는 까닭은 지구가 자전하기 때문이다.

1학기 2. 지구와 달의 운동

3 계절에 따라 보이는 별자리가 달라지는 까닭으로 옳은 것은 어느 것입니까? (   )

① 지구가 태양 주위를 공전하기 때문이다.
② 별자리가 지구 주위를 공전하기 때문이다.
③ 별자리가 태양 주위를 공전하기 때문이다.
④ 지구가 하루에 한 바퀴씩 자전하기 때문이다.
⑤ 지구의 자전 방향과 공전 방향이 같기 때문이다.

1학기 2. 지구와 달의 운동

4 음력 2~3일 무렵에 볼 수 있는 달의 모양은 어느 것입니까? (   )

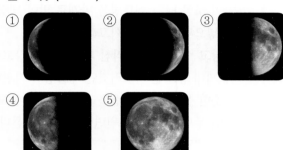

1학기 3. 여러 가지 기체

5 다음은 산소를 발생시키는 장치입니다. 이 장치에서 깔때기에 넣는 물질 ㉠과 삼각 플라스크에 넣는 물질 ㉡은 각각 무엇인지 쓰시오.

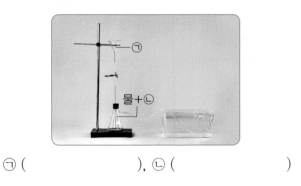

㉠ (   ), ㉡ (   )

1학기 3. 여러 가지 기체

6 우리 생활에서 이산화 탄소의 다음과 같은 성질을 이용한 것은 어느 것입니까? (   )

> 이산화 탄소가 든 집기병에 향불을 넣으면 향불이 꺼진다.

① 소화기   ② 탄산음료
③ 호흡 장치   ④ 드라이아이스
⑤ 잠수부의 압축 공기통

7 온도에 따른 기체의 부피 변화에 대한 설명으로 옳은 것을 보기 에서 모두 골라 기호를 쓰시오.

보기

> ㉠ 물이 조금 담긴 페트병을 마개로 막아 냉장고에 넣으면 페트병이 찌그러진다.
> ㉡ 냉장고 속에서 찌그러진 페트병을 냉장고 밖에 꺼내 놓으면 찌그러졌던 페트병이 펴진다.
> ㉢ 따뜻한 음식에 비닐 랩을 씌워 냉장고에 오랫동안 두면 비닐 랩의 윗면이 부풀어 오른다.

( )

8 다음 ( ) 안에 들어갈 알맞은 말을 쓰시오.

> 식물이 빛과 이산화 탄소, 뿌리에서 흡수한 물을 이용해 스스로 양분을 만드는 것을 (㉠)(이)라고 한다. (㉠)은/는 주로 식물의 (㉡)에서 일어난다.

㉠ ( ), ㉡ ( )

9 가벼운 솜털이 있어 바람에 날려서 씨가 퍼지는 식물은 어느 것입니까? ( )

①
▲ 봉선화

②
▲ 민들레

③
▲ 단풍나무

④
▲ 겨우살이

10 빛이 한 물질에서 다른 물질을 지나갈 때에 서로 다른 물질의 경계에서 꺾여 나아가는 현상은 무엇입니까? ( )

① 빛의 직진
② 빛의 반사
③ 빛의 굴절
④ 빛의 합성
⑤ 빛의 흡수

11 맑은 날 운동장에서 볼록 렌즈로 종이를 태워 그림을 그릴 수 있는 까닭은 무엇입니까? ( )

① 볼록 렌즈의 표면에서 햇빛이 반사되기 때문이다.
② 볼록 렌즈를 통과한 햇빛은 퍼져 나아가기 때문이다.
③ 볼록 렌즈를 통과한 햇빛은 곧게 나아가기 때문이다.
④ 볼록 렌즈로 햇빛을 모은 곳의 온도가 높기 때문이다.
⑤ 볼록 렌즈와 종이 사이의 거리에 관계없이 햇빛이 모아진 부분의 크기가 일정하기 때문이다.

12 다음에서 설명하는 기구는 무엇입니까? ( )

> 물체에서 반사된 빛을 겉 상자에 있는 볼록 렌즈로 모아 물체의 모습이 속 상자의 기름종이에 나타나게 하는 간단한 사진기이다.

① 프리즘
② 확대경
③ 망원경
④ 현미경
⑤ 간이 사진기

13 다음 ㉠~㉢에 들어갈 알맞은 말을 옳게 짝 지은 것은 어느 것입니까? (   )

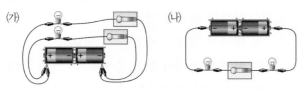

⑺는 전구가 (㉠)연결되어 있고, ⒩는 전구가 (㉡)연결되어 있다. 스위치를 닫았을 때 (㉢)의 전구가 더 밝다.

	㉠	㉡	㉢
①	직렬	병렬	⑺
②	직렬	병렬	⒩
③	병렬	직렬	⑺
④	병렬	직렬	⒩
⑤	병렬	병렬	⑺

14 전자석과 영구 자석을 비교한 내용으로 옳은 것은 어느 것입니까? (   )

	전자석	영구 자석
①	자석의 극이 있음.	자석의 극이 없음.
②	자석의 극이 일정함.	자석의 극이 일정하지 않음.
③	자석의 세기가 일정함.	자석의 세기가 일정하지 않음.
④	손전등에 사용됨.	전자석 기중기에 사용됨.
⑤	전류가 흐를 때만 자석의 성질이 나타남.	전류가 흐르지 않아도 자석의 성질이 나타남.

15 다음에서 설명하는 것은 어느 것입니까? (   )

감전 사고를 예방할 수 있는 제품이다.

① 감지 등
② 콘센트 덮개
③ 시간 조절 콘센트
④ 가스 조절 밸브
⑤ 발광 다이오드 전등

16 태양 고도가 더 높은 때의 모습은 어느 것인지 기호를 쓰시오.

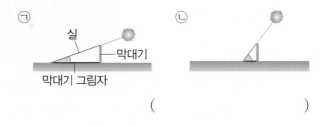

(   )

17 다음은 월별 낮의 길이 그래프입니다. 이를 통해 알 수 있는 것은 어느 것입니까? (   )

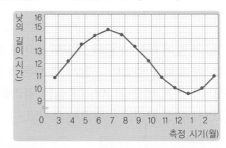

① 낮의 길이가 가장 긴 계절은 봄이다.
② 낮의 길이가 가장 짧은 계절은 겨울이다.
③ 3월이 지나면서부터 낮의 길이는 계속 길어진다.
④ 태양의 남중 고도가 높은 여름에 낮의 길이가 가장 짧다.
⑤ 계절에 관계없이 낮의 길이는 항상 일정하다.

18 오른쪽과 같이 지구의의 자전축을 기울인 채 공전시키는 실험에 대한 설명으로 옳은 것은 어느 것입니까? (   )

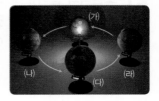

① 낮과 밤이 생기는 까닭을 알아보는 실험이다.
② 지구의의 위치가 변해도 태양의 남중 고도는 변하지 않는다.
③ 지구의가 ⑺ 위치에 있을 때보다 ⒩ 위치에 있을 때 우리나라에서 태양의 남중 고도가 더 낮다.
④ 지구의가 ⒭ 위치에 있을 때보다 ⒩ 위치에 있을 때 우리나라에서 태양의 남중 고도가 더 높다.
⑤ 지구의의 자전축을 수직으로 한 채 지구의를 공전시키면 지구의의 위치에 따라 태양의 남중 고도가 달라진다.

19 오른쪽 초의 불꽃에 대한 설명으로 옳지 <u>않은</u> 것을 골라 기호를 쓰시오.

2학기 3. 연소와 소화

> 불꽃은 ㉠ 위아래로 길쭉한 모양이고, 위치에 따라 ㉡ 밝기가 다르며, 불꽃의 윗부분이 아랫부분보다 ㉢ 어둡다.

( )

20 다음과 같이 푸른색 염화 코발트 종이를 붙인 아크릴통으로 촛불을 엎었더니 잠시 후 푸른색 염화 코발트 종이가 붉게 변했습니다. 이 실험 결과로 보아 초가타면서 생긴 물질은 무엇인지 쓰시오.

2학기 3. 연소와 소화

붉게 변함.

( )

21 오른쪽과 같이 연료 조절 밸브를 잠가 불을 끄는 것과 관계 있는 소화의 조건은 어느 것입니까? ( )

2학기 3. 연소와 소화

① 산소 공급하기 ② 산소 공급 막기
③ 탈 물질 없애기 ④ 탈 물질 공급하기
⑤ 발화점 미만으로 온도 낮추기

22 근육이 하는 일로 옳은 것은 어느 것입니까? ( )

2학기 4. 우리 몸의 구조와 기능

① 숨을 쉴 수 있게 한다.
② 음식물을 잘게 쪼갠다.
③ 몸속의 노폐물을 걸러 낸다.
④ 몸속의 이산화 탄소를 내보낸다.
⑤ 뼈에 연결되어 있어 몸을 움직일 수 있게 한다.

23 콩팥이 하는 일을 옳게 설명한 것은 어느 것입니까?

2학기 4. 우리 몸의 구조와 기능

( )

① 이산화 탄소를 만든다.
② 혈액에 있는 노폐물을 걸러 낸다.
③ 뼈에 연결되어 몸을 움직일 수 있게 한다.
④ 음식물이 잘 흡수될 수 있도록 잘게 쪼갠다.
⑤ 펌프 작용을 통해 혈액을 온몸으로 순환시킨다.

24 날아오는 공을 보고 공을 피할 때에 대한 설명으로 옳지 <u>않은</u> 것은 어느 것입니까? ( )

2학기 4. 우리 몸의 구조와 기능

① 날아오는 공을 보는 것은 자극이다.
② 이때 자극을 받아들이는 감각 기관은 눈이다.
③ 명령을 전달하는 신경계는 명령을 운동 기관에 전달한다.
④ 신경계가 내린 명령을 실행하여 공을 피하는 것은 운동 기관이다.
⑤ 감각 기관에 주어진 자극이 같으면 모든 사람에게서 같은 반응이 일어난다.

25 전기 에너지가 운동 에너지로 전환되는 예를 에서 모두 고른 것은 무엇입니까? ( )

2학기 5. 에너지와 생활

> **보기**
>
> ㉠ 백열등   ㉡ 선풍기
> ㉢ 미끄럼틀   ㉣ 전기난로

① ㉠   ② ㉡   ③ ㉢
④ ㉠, ㉣   ⑤ ㉡, ㉢

점수 _____
확인 _____

1학기 길 묻고 안내하기

1 그림에 알맞은 낱말은 어느 것입니까? (   )

① museum
② theater
③ post office
④ toy store
⑤ subway station

[2~3] 다음 중 나머지와 성격이 <u>다른</u> 낱말을 고르시오.

2학기 장래 희망 묻고 답하기

2 .... (   )

① painter   ② locker   ③ farmer
④ engineer   ⑤ firefighter

1학기 감정이나 상태의 이유 묻고 답하기

3 .... (   )

① sad   ② happy   ③ scared
④ curly   ⑤ angry

2학기 동의 여부 묻고 답하기

4 짝 지어진 낱말의 관계가 와 같도록 빈칸에 알맞은 낱말을 쓰시오.

보기
> boring - interesting

cheap − _____

2학기 두 대상 비교하기

5 그림을 보고 빈칸에 알맞은 낱말을 쓰시오.

My watermelon is _____ than yours.

1학기 함께 하자고 제안하고 답하기

6 다음 대화의 빈칸에 알맞은 말은 어느 것입니까?
(   )

> **A:** Jane and I are going to a concert tomorrow. Can you join us?
> **B:** _____ Maybe next time.
> **A:** That's all right.

① Of course.   ② Sure, I can.
③ All right.   ④ Okay, I love to.
⑤ Sorry, I can't.

1학기 길 묻고 안내하기

7 다음 안내에 따라 찾아갈 수 있는 곳은 어디입니까?
(   )

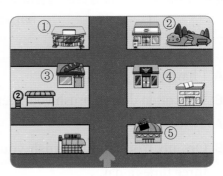

> Go straight two blocks and turn right. It's on your left.

1학기 위치 말하기

8 박물관의 위치를 나타내기 위해 알맞은 말은 어느 것입니까? (　　　)

> The museum is _____ the library.

① in front of　② next to　③ inside
④ between　⑤ behind

1학기 날짜 묻고 답하기

9 괄호 안에서 알맞은 말을 골라 동그라미 하시오.

> A: (When / What date / How often) is our talent show?
> B: This Friday.

[10~11] 다음 대화의 빈칸에 알맞은 낱말을 고르시오.

1학기 아픈 곳 묻고 답하기

10 ·································· (　　　)

> A: I have a _____.
> B: How often do you brush your teeth?
> A: Twice a day.
> B: Oh, no. You should brush your teeth three times a day.

① cold　② fever　③ headache
④ toothache　⑤ stomachache

2학기 목적지 가는 방법 묻고 답하기

11 ·································· (　　　)

> A: How can I get to the beach?
> B: _____ subway line 2 and get off at the beach.

① Get　② Go　③ Take
④ Come　⑤ Send

1학기 계획 묻고 답하기

12 다음 중 계획을 말하는 표현은 어느 것입니까? (　　　)

① I think it's delicious.
② I know about breadfruit.
③ I'm reading a book.
④ I wash my hands five times a day.
⑤ I'm going to watch a baseball game this afternoon.

1학기 초대하고 답하기

13 밑줄 친 질문의 의도는 무엇입니까? (　　　)

> A: Can you come to my pajama party?
> B: Sure, I can. I like pajama party.

① 동의하기　② 초대하기　③ 날짜 묻기
④ 이유 묻기　⑤ 계획 묻기

2학기 가격 묻고 답하기, 빈도수 묻고 답하기

14 대화의 빈칸에 알맞은 말이 바르게 짝 지어진 것은 어느 것입니까? (　　　)

> • A: _____ are those shoes?
>   B: They're thirty thousand won.
> • A: _____ do you eat breakfast?
>   B: Twice a week.

① How − How much
② How − How often
③ How much − How
④ How much − How often
⑤ How often − How much

15 그림을 보고, 대화를 완성하시오.

A: Why are you so _____ ?

B: _____ I got a present.

16 빈칸에 알맞은 낱말은 어느 것입니까? (   )

I want to be a _____ . I like to watch sports games. I'm good at writing, too.

① photographer   ② musician

③ zookeeper   ④ sports player

⑤ sports reporter

17 대화에 어울리는 그림은 어느 것입니까? (   )

A: What can we do for the earth?

B: We can turn off the lights.

①    ②

③    ④

⑤

18 그림을 보고, 빈칸에 알맞은 말을 써넣어 대화를 완성하시오. (2낱말)

A: What are you going to do this Saturday?

B: I'm going to _____ _____ .

19 자연스러운 대화가 되도록 주어진 문장을 바르게 배열한 것은 어느 것입니까? (   )

(A) Yes, I did. He's a great painter.

(B) Gogh did.

(C) Who drew this picture?

(D) Did you say Gogh?

① (C) − (B) − (A) − (D)

② (C) − (B) − (D) − (A)

③ (C) − (A) − (D) − (B)

④ (D) − (A) − (B) − (C)

⑤ (D) − (A) − (C) − (B)

20 대화의 빈칸에 알맞은 응답은 어느 것입니까?

(   )

A: When is New Year's Day?

B: _____

① It's Sunday.

② It's January 1st.

③ It's July 4th today.

④ I like January 1st.

⑤ My favorite holiday is New Year's Day.

1학기 이름의 철자 묻고 답하기

21 다음 중 자연스럽지 <u>않은</u> 대화는 어느 것입니까? ( )

① A: How do you spell your name?
  B: I'm Jimin. Nice to meet you.
② A: What are you going to do tomorrow?
  B: I'm going to study math.
③ A: I have a cold.
  B: That's too bad. Go see a doctor.
④ A: Why are you worried?
  B: I have a math test.
⑤ A: Where is the bank?
  B: Go straight one block and turn right.

2학기 의무 표현 및 잊지 말라고 조언하기

22 대화의 빈칸에 알맞은 말이 바르게 짝 지어진 것은 어느 것입니까? ( )

> A: Watch out! You _____ stop at the red light.
> B: Okay.
> A: It's green. Let's go. _____ look left and right.

① should - Forget to
② should - Don't forget to
③ should not - Forget to
④ should not - Don't forget to
⑤ must - Forget to

1학기 학년 묻고 답하기

23 대화의 빈칸에 공통으로 알맞은 낱말은 어느 것입니까? ( )

> A: What grade are you _____?
> B: I'm _____ the fourth grade.

① at   ② in   ③ on
④ by   ⑤ from

[24~25] 다음 대화를 읽고, 물음에 답하시오.

> A: Who made this music?
> B: Mozart ⓐ <u>does</u>. He's a great musician.
> A: He's my favorite musician.
> B: Do you want to be a musician?
> A: No. I want to be a _____ⓑ.
>   I like to write stories for children.
> B: Wow, great!

2학기 과거 사실 묻고 답하기

24 위 대화의 밑줄 친 ⓐ를 바르게 고쳐 쓰시오.

ⓐ ➡ _____

2학기 장래 희망 묻고 답하기

25 위 대화의 빈칸 ⓑ에 알맞은 직업은 어느 것입니까? ( )

① painter   ② teacher   ③ singer
④ writer   ⑤ scientist

1~2

나는 풀잎이 좋아, 풀잎 같은 친구 좋아
바람하고 엉켰다가 풀 줄 아는 풀잎처럼
㉠헤질 때 또 만나자고 손 흔드는 친구 좋아.

나는 바람이 좋아, ㉡바람 같은 친구 좋아
풀잎하고 헤졌다가 되찾아 온 바람처럼
만나면 얼싸안는 바람, 바람 같은 친구 좋아.

1학기 1. 비유하는 표현

1 ㉠은 풀잎의 어떤 모습과 닮았습니까? (   )

① 자주 만날 수 없는 것
② 혼자 여행을 떠나는 것
③ 친구와 사이좋게 지내는 것
④ 바람하고 엉켰다가 풀 줄 아는 것
⑤ 바람하고 헤어졌다가 되찾아 오는 것

1학기 1. 비유하는 표현

2 ㉡과 같은 비유적 표현을 사용한 문장이 <u>아닌</u> 것은 무엇입니까? (   )

① 구름에 달 가듯이   ② 쟁반같이 둥근 달
③ 내 마음은 호수요   ④ 햇볕같이 밝은 엄마
⑤ 꽃처럼 예쁜 내 동생

1학기 2. 이야기를 간추려요

3 다음 글 속에서 일어난 사건을 요약한 문장의 빈칸에 들어갈 말을 쓰시오.

> 다들 황금 사과를 갖겠다고 아우성이었지.
> 할 수 없이 사람들은 모여서 의논을 했어.
> "이 나무는 우리 두 동네의 한가운데에 있습니다. 그러니 잘 나누기 위해 땅바닥에 금을 그읍시다. 금 오른쪽에 열리는 사과는 윗동네, 금 왼쪽에 열리는 사과는 아랫동네에서 갖도록 말입니다."
> 그렇게 해서 땅바닥에 금이 생겼지.

> 두 동네 사람들이 (   )을/를 서로 가지겠다고 다투다가 땅바닥에 금을 그었다.

4~5

㉮ 나성실: 안녕하세요? 저는 전교 학생회 회장단 선거에 입후보한 나성실입니다. 저는 가고 싶은 학교, 즐거운 학교를 만들고 싶어서 이 자리에 섰습니다. 우리 학교에서는 지난해에 학생들이 학교에 바라는 점을 설문 조사했습니다. 학생들이 학교에 바라는 점 가운데에서 가장 많이 나온 의견은 바로 "깨끗한 화장실을 만들어 주세요."라는 의견으로 47퍼센트가 나왔습니다.

㉯ 나성실: 여러분, 깨끗한 환경과 꿈이 있는 학교를 만들려고 최선을 다하겠습니다. 기호 2번 나성실, 꼭 뽑아 주십시오. 감사합니다.

1학기 3. 짜임새 있게 구성해요

4 나성실 학생이 연설을 하는 까닭은 무엇입니까?
(   )

① 꿈을 계속해서 키워 가길 응원하려고
② 화장실을 깨끗이 써 달라고 부탁하려고
③ 설문 조사에 참여해 달라고 부탁하려고
④ 깨끗한 교실 환경을 만들어 달라고 당부하려고
⑤ 전교 학생회 회장으로 자신을 뽑아 달라고 하려고

1학기 3. 짜임새 있게 구성해요

5 이 말하기 상황에서 나성실 학생이 활용한 매체 자료는 무엇입니까? (   )

① 실물   ② 사진
③ 음악   ④ 동영상
⑤ 설문 조사 결과표

6~7

(가) 요즘에 우리 전통 음식보다 외국에서 유래한 햄버거나 피자와 같은 음식을 더 좋아하는 어린이를 쉽게 볼 수 있습니다. 이러한 음식은 지나치게 많이 먹으면 건강이 나빠지기도 합니다. 그에 비해 우리 전통 음식은 오랜 세월에 걸쳐 전해 오면서 우리 입맛과 체질에 맞게 발전해 왔기 때문에 여러 가지 면에서 우수합니다. 우리 전통 음식을 사랑합시다. 왜 우리 전통 음식을 사랑해야 할까요?

(나) 우리 전통 음식은 건강에 이롭습니다. 우리가 날마다 먹는 밥은 담백해 쉽게 싫증이 나지 않으며 어떤 반찬과도 잘 어우러져 균형 잡힌 영양분을 섭취하기 좋습니다. 또 된장, 간장, 고추장과 같은 발효 식품에는 무기질과 비타민이 풍부하게 들어 있어 몸을 건강하게 해 줍니다. 특히 청국장은 항암 효과는 물론 해독 작용까지 뛰어나다고 합니다. 된장도 건강에 이로운 식품으로 알려져 있습니다.

1학기 4. 주장과 근거를 판단해요

6 이 글에서 제시한 문제 상황은 무엇입니까? (   )

① 우리 전통 음식을 세계에 알릴 수 없는 것
② 외국에서 유래한 음식이 사라지고 있는 것
③ 우리 전통 음식이 우리 입맛과 체질에 맞지 않는 것
④ 우리 전통 음식과 외국에서 유래한 음식을 함께 먹는 것
⑤ 우리 전통 음식보다 외국에서 유래한 음식을 더 좋아하는 어린이를 쉽게 볼 수 있는 것

1학기 4. 주장과 근거를 판단해요

7 글 (나)에 대한 설명으로 알맞은 것은 무엇입니까?
(   )

① 글 내용을 요약한다.
② 글을 쓴 문제 상황을 밝힌다.
③ 글쓴이의 주장을 다시 한번 강조한다.
④ 글쓴이가 글 전체에서 내세우는 주장을 분명하게 나타낸다.
⑤ 글쓴이가 제시한 주장의 근거와 그 근거를 뒷받침하는 내용으로 구성한다.

8~9

"이렇게 계산해 보니 며칠 안 가 독이 천만 개나 되겠는걸. 그럼 그 돈으로 논과 밭을 사는 거야. 그러고 남는 돈으로는 고래 등 같은 기와집을 짓는 거야."
독장수는 너무 기쁜 나머지 팔을 번쩍 들었습니다. 그러다가 팔로, 지게를 받치던 지겟작대기를 밀어 버렸습니다. 지게는 기우뚱하더니 옆으로 팍 쓰러졌습니다. 지게에 있던 독들도 와장창 깨지고 말았습니다.
"아이고, 망했다. 이걸 어쩐다?" / 독장수는 눈물을 뚝뚝 흘리며 박살 난 독 조각들을 쓰다듬었습니다.
이와 같이 허황된 것을 궁리하고 미리 셈하는 것을 '독장수구구'라고 하고, 실현성이 없는 허황된 계산은 도리어 손해만 가져온다는 뜻으로 "독장수구구는 독만 깨뜨린다."라는 속담이 쓰입니다.

1학기 5. 속담을 활용해요

8 이 글에서 독장수의 마음은 어떻게 바뀌었습니까?
(   )

① 힘듦 → 기쁨   ② 답답함 → 설렘
③ 기쁨 → 속상함   ④ 걱정됨 → 뿌듯함
⑤ 실망스러움 → 재미있음

1학기 5. 속담을 활용해요

9 이 글의 주제를 바르게 말한 친구의 이름을 쓰시오.

> 은우: 독장수가 독을 팔아 할 일을 상상하는 것을 보고 '꿈은 크게 가져야 한다'라고 생각했어.
> 하윤: 독장수가 허황된 생각을 하다 독을 다 깨뜨리는 모습을 보고 '헛된 욕심은 손해를 가져온다'라는 생각을 했어.

(   )

1학기 6. 내용을 추론해요

10 다음 그림을 보고 추론한 내용으로 빈칸에 들어갈 알맞은 말은 무엇입니까? (   )

고양이가 병아리를 물고 달아나자 어미 닭이 기를 쓰고 쫓아가는 것에서 어미의 (   )이/가 느껴져.

① 미움   ② 사랑   ③ 질투
④ 즐거움   ⑤ 부끄러움

11 다음 글에 붙일 제목으로 알맞은 것은 무엇입니까?
( )

> 긍정하는 말을 하면 말하는 사람은 물론 듣는 사람도 마음이 편안해집니다. 예를 들면 "안 돼."보다는 "할 수 있어.", "짜증 나."보다는 "괜찮아.", "이상해 보여."보다는 "멋있어 보여.", "힘들어."보다는 "힘내자."와 같이 부정하는 말을 긍정하는 말로 고쳐 사용하면, 말하는 사람과 듣는 사람 모두 기분도 좋아지고 자신감도 생긴다는 것입니다.
>
> 또 비속어나 욕설 같은 거친 말보다는 고운 우리말 사용이 자신과 상대의 마음을 아름답게 해 준다는 결과도 있습니다. 상대의 실수에는 너그러운 말을 하고, 내 잘못에는 미안하다는 말을 하며, 상대의 배려에는 고마운 말을 하는 것입니다.

① 우리말과 외국 말
② 긍정하는 말과 고운 우리말
③ 우리 반 친구들의 교우 관계
④ 우리 반 친구들이 좋아하는 일
⑤ 친구의 기분을 상하게 하는 행동

12 다음 글에서 글쓴이가 말하고자 하는 생각으로 알맞은 것의 기호를 쓰시오.

> 책 속에는 많은 이야기가 숨어 있어. 그리고 이야기 속 인물들은 우리를 다양한 경험 세계로 데려다주지. 꿈과 희망, 소외된 사람들에 대한 관심, 용기와 도전같이 작가가 말하고자 하는 생각도 들는단다. 그 많은 이야기에 공감하며 이야기 속 인물의 삶에서 내 삶을 되돌아보는 기회가 된 것도 책이 주는 선물이야. 그래서 책을 읽는 사람은 지혜롭게 세상을 살 수 있다고 해. 나는 책에서 꿈을 찾았고 꿈을 이루는 방법까지 배웠으니 책이 주는 더 특별한 선물을 받은 거지.

> ㉮ 책을 읽자.
> ㉯ 책을 선물하자.
> ㉰ 이야기 속 인물의 삶과 자신의 삶을 비교하자.

( )

13 다음 글에 담긴 글쓴이의 마음으로 알맞은 것을 두 가지 고르시오. ( )

> 나는 미역국을 엎지르고 너에게 미안하다는 말도 못 하고 멍하니 서 있었어. 너무 당황스러워서 어떻게 해야 할지 생각이 나지 않았어. 그런데 네가 오히려 나를 걱정해 주고 같이 치워 주어서 감동했단다.
>
> 지효야, 아까는 당황스러워서 너에게 고맙다는 말을 제대로 못 했어. 정말 고마워!

① 화난 마음   ② 신나는 마음
③ 고마운 마음   ④ 미안한 마음
⑤ 설레는 마음

14~15

> 어기는 고개를 가로저으며 씩씩하게 되물었다.
> "하나도 안 힘들어. 꿈꾸는 게 왜 힘드니?"
> "그래도 날마다 그렇게 열심히 연습했는데, 못 날면 속상하잖아."
> "아니, 속상하지 않아. 난 늘 즐거워. 만약 꿈꾸는 동안 즐겁지 않다면 그게 무슨 꿈이니?"
> 어기는 물을 다 마시고 날개를 푸드덕푸드덕 힘차게 털어 냈다.
> "자, 쉬었으니 또 신나게 날아오르러 가 볼까?"

14 이 글에서 어기가 처한 상황은 무엇인지 빈칸에 알맞은 말을 쓰시오.

> ( )이/가 꿈이라서 날마다 나는 연습을 하지만 날지 못한다.

15 어기가 추구하는 삶은 무엇입니까? ( )
① 남을 속이지 않는 정직한 삶
② 생명을 존중하고 봉사하는 삶
③ 남을 위해 희생하고 배려하는 삶
④ 성실하고 정직한 사람에게 도움을 주는 삶
⑤ 지금 당장 이루지 못하더라도 희망을 가지고 즐겁게 도전하는 삶

2학기 2. 관용 표현을 활용해요

16 다음 광고에서 활용된 '물 쓰듯 쓰다'라는 말의 뜻은 무엇일지 빈칸에 알맞은 말을 쓰시오.

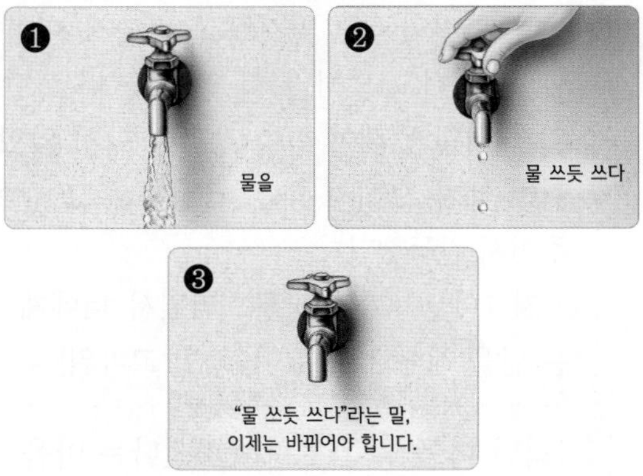

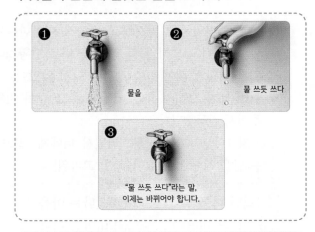

물건을 헤프게 쓰거나, 돈 따위를 흥청망청 (　　　　)한다는 뜻이다.

(　　　　　　　　)

17~18

○○신문　　20○○년 ○○월 ○○일

이산화 탄소 먹는 하마는 상수리나무

국립산림과학원의 연구 결과 우리나라의 가정이나 기업에서 1인당 평생 배출하는 이산화 탄소는 약 12.7톤이다. 개인이 배출한 이산화 탄소를 흡수하려면 평생 나무를 심어야 할지도 모른다. 이산화 탄소를 특히 잘 흡수하는 것은 상수리나무이다.

많은 양의 이산화 탄소를 흡수하고 지구 온난화 예방에도 큰 역할을 하는 나무 심기에 관심을 가지자.

(◇◇◇ 기자)

2학기 3. 타당한 근거로 글을 써요

17 이 기사문이 알려 주는 내용은 무엇입니까? (　　)

① 숲은 미세 먼지를 잡아 준다.
② 벌목한 나무로 필요한 물건을 만들 수 있다.
③ 나무가 많은 숲에서는 일상에서 벗어나 휴식을 취할 수 있다.
④ 나무를 심으면 나무가 이산화 탄소를 흡수해 지구 온난화 예방에 도움이 된다.
⑤ 땅속으로 깊이 자란 나무뿌리는 주변 토양을 지탱해서 홍수와 산사태를 막아 준다.

2학기 3. 타당한 근거로 글을 써요

18 이 기사문은 어떤 근거를 뒷받침할 때에 사용할 수 있습니까? (　　)

① 숲은 홍수를 막아 준다.
② 숲은 산사태를 막아 준다.
③ 숲은 지구 온난화를 막아 준다.
④ 숲은 소중한 자원을 제공해 준다.
⑤ 숲은 미세 먼지를 잡아 주어 공기를 깨끗하게 해 준다.

19~20

〈휴대 전화 관련 교통사고 발생〉

(단위: 건)

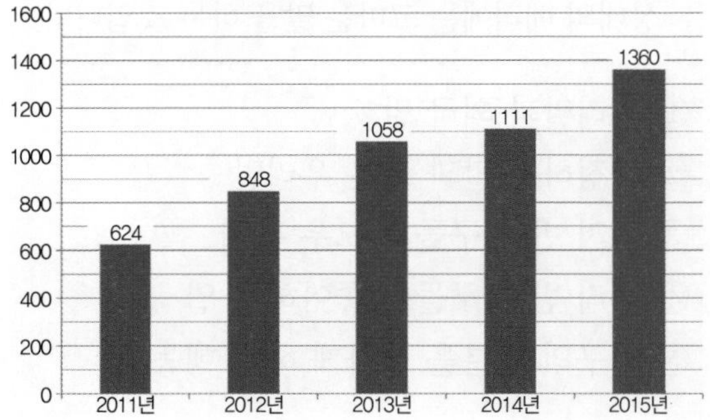

■ 출처: 국민안전처, 2016.

2학기 4. 효과적으로 발표해요

19 이 매체 자료의 종류는 무엇입니까? (　　)

① 사진　　② 음악
③ 도표　　④ 지도
⑤ 동영상

2학기 4. 효과적으로 발표해요

20 이 매체 자료를 통해 전하려는 주제는 무엇입니까? (　　)

① 휴대 전화가 빠르게 발전하고 있다.
② 휴대 전화를 사용하는 사람이 점점 줄어든다.
③ 휴대 전화를 이용하여 많은 정보를 얻을 수 있다.
④ 걸을 때나 운전할 때 휴대 전화를 사용하면 위험하다.
⑤ 휴대 전화를 너무 많이 사용하여 건강을 잃지 않도록 조심해야 한다.

21~22

로봇 산업이 본격적으로 발전하면 로봇은 인간을 대신하여 일을 하게 된다. 이럴 경우에 인간은 위험하거나 단순한 일, 반복적인 일에서 해방될 수 있다. 그런데 인간을 대신하여 일을 할 로봇에게 성급하게 세금을 부과한다면 로봇 산업 발전을 더디게 할 것이다. 특히 로봇 개발자는 개발 비용에 세금까지 더하여 마음의 부담을 느낄 수 있다. 로봇 개발자가 느끼는 마음의 부담은 로봇을 개발하는 과정에서 혁신적인 생각을 발전시키거나 과감한 투자를 하는 데에 걸림돌이 될 수 있다. 로봇세는 이제 발전하려는 로봇 산업에 방해가 된다.

2학기 5. 글에 담긴 생각과 비교해요

21 글쓴이의 생각이 담긴 표현으로 알맞은 것을 두 가지 고르시오. (   )

① 산업　　　　　　② 부담

③ 걸림돌　　　　　④ 기술 개발

⑤ 위험하거나 단순한 일

2학기 5. 글에 담긴 생각과 비교해요

22 이 글에 붙일 제목으로 알맞은 것은 어느 것입니까?
(   )

① 로봇세를 도입해야 한다

② 로봇세 도입을 늦추어야 한다

③ 로봇을 이용해 경제를 발전시켜야 한다

④ 외국의 발전된 로봇 기술을 배워야 한다

⑤ 로봇을 만들어 인간의 일을 대신하게 해야 한다

2학기 6. 정보와 표현 판단하기

23 다음은 어떤 광고에 대한 설명입니까? (   )

> 있지도 않은 상품 기능을 있는 것처럼 설명하는 광고

① 공익 광고　　　　② 상품 광고

③ 과장 광고　　　　④ 허위 광고

⑤ 텔레비전 광고

24~25

최근 미국 ○○대학교 연구진은 전 세계적으로 680여 명이 희생된 중동호흡기증후군[메르스]의 백신을 개발했다. 연구진이 동물 실험으로 그 효과를 확인하려고 백신을 원숭이에게 투여했다. 그리고 이 백신이 중동호흡기증후군[메르스]을 예방할 수 있다는 확신을 가졌다. 이렇게 동물 실험은 새로운 약 개발에 중요한 역할을 한다.

동물 실험도 하지 않고 개발한 약을 사람들에게 사용하면 부작용이 발생할 수 있다. 1937년에 한 제약 회사에서 술파닐아미드라는 약을 새롭게 개발했다. 그런데 동물 실험을 거치지 않고 사람들에게 이 약을 판매했다. 그 결과, 이 약을 복용한 많은 사람이 부작용으로 사망하는 불행한 일이 일어났다.

일부 사람들은 동물 실험을 당장 다른 방법으로 대체해야 한다고 주장한다. 그러나 대체 방법을 개발하는 데 6년 이상의 시간과 약 400억 원 이상의 비용이 필요하다. 이처럼 오랜 개발 기간과 막대한 비용 때문에 빠른 시일 안에 동물 실험을 대체하기는 어렵다.

2학기 7. 글 고쳐 쓰기

24 이 자료에서 알 수 있는 사실이 <u>아닌</u> 것을 두 가지 고르시오. (   )

① 동물 실험은 동물들에게 안전하게 진행된다.

② 동물 실험을 통과한 많은 신약이 효과가 없다.

③ 동물 실험은 새로운 약 개발에 중요한 역할을 한다.

④ 동물 실험의 대체 방법을 개발하는 데 오랜 시간과 많은 비용이 필요하다.

⑤ 동물 실험도 하지 않고 개발한 약을 사람들에게 사용하면 부작용이 발생할 수 있다.

2학기 7. 글 고쳐 쓰기

25 이 자료에서 짐작할 수 있는 글쓴이의 주장은 무엇입니까? (   )

① 동물 실험을 해야 한다.

② 동물 실험을 줄여야 한다.

③ 동물 실험을 해서는 안 된다.

④ 동물과 인간이 함께 살아가야 한다.

⑤ 신약 개발을 위해 희생되는 동물들을 위한 제도를 마련해야 한다.

1학기 1. 분수의 나눗셈

1 나눗셈의 몫이 나머지와 다른 하나는 어느 것인가요? (　　　)

① $\dfrac{1}{2} \div 9$　　② $\dfrac{1}{3} \div 6$　　③ $\dfrac{5}{6} \div 15$

④ $\dfrac{3}{8} \div 6$　　⑤ $\dfrac{7}{18} \div 7$

1학기 1. 분수의 나눗셈

2 □ 안에 들어갈 수 있는 자연수는 모두 몇 개인가요?

(　　　)

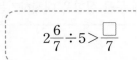

$$2\dfrac{6}{7} \div 5 > \dfrac{\square}{7}$$

① 1개　　② 2개　　③ 3개

④ 4개　　⑤ 5개

1학기 2. 각기둥과 각뿔

3 각기둥에서 밑면에 수직인 면은 모두 몇 개인가요?

(　　　)

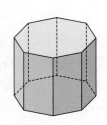

① 2개　　② 4개　　③ 6개

④ 8개　　⑤ 10개

1학기 2. 각기둥과 각뿔

4 사각뿔에 대한 설명으로 잘못된 것을 모두 고르세요.

(　　　)

① 면은 6개이다.

② 밑면은 사각형이다.

③ 모서리는 12개이다.

④ 옆면은 이등변삼각형이다.

⑤ 각뿔의 꼭짓점은 1개이다.

1학기 3. 소수의 나눗셈

5 어림셈하여 몫의 소수점 위치가 올바른 식은 어느 것인가요? (　　　)

① $15.57 \div 9 = 1730$

② $15.57 \div 9 = 173$

③ $15.57 \div 9 = 17.3$

④ $15.57 \div 9 = 1.73$

⑤ $15.57 \div 9 = 0.173$

1학기 3. 소수의 나눗셈

6 일정한 빠르기로 달리는 두 기차의 달린 거리와 달린 시간을 나타낸 것입니다. 가 기차와 나 기차 중 어느 기차가 1분 동안 몇 km를 더 달렸나요?

기차	달린 거리	달린 시간
가	36.15 km	15분
나	33.72 km	12분

(　　　　　), (　　　　　)

1학기 4. 비와 비율

7 A 팀과 B 팀의 경기가 있는 야구장에 1500명의 관람객이 입장하였습니다. 입장한 관람객 중 A 팀을 응원하는 사람은 전체의 $\frac{3}{5}$이고, 그중의 0.24가 모자를 썼습니다. A 팀을 응원하는 사람 중 모자를 쓴 사람은 몇 명인가요? (　　　)

① 144명　　② 216명　　③ 360명

④ 600명　　⑤ 900명

1학기 6. 직육면체의 부피와 겉넓이

10 한 모서리의 길이가 5m인 정육면체 14개를 쌓아 올린 모양의 건축물이 있습니다. 이 건축물의 부피는 몇 m³인가요? (　　　)

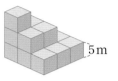

① 70 m³　　② 210 m³　　③ 350 m³

④ 1050 m³　　⑤ 1750 m³

[8~9] 지난해 어느 지역의 식량 작물 생산량과 잡곡류별 생산량을 나타낸 원그래프입니다. 물음에 답하세요.

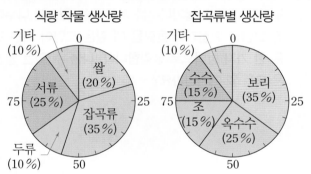

식량 작물 생산량　　잡곡류별 생산량

1학기 5. 여러 가지 그래프

8 지난해 이 지역의 쌀 생산량은 두류 생산량의 몇 배인가요? (　　　)

① 1배　　② 2배　　③ 3배

④ 4배　　⑤ 5배

1학기 6. 직육면체의 부피와 겉넓이

11 정사각형 6개로 정육면체의 전개도를 그렸습니다. 이 전개도로 만든 정육면체의 겉넓이는 몇 cm²인가요?

(　　　)

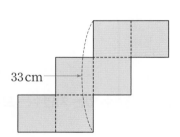

33 cm

① 121 cm²　　② 420 cm²　　③ 726 cm²

④ 1025 cm²　　⑤ 1331 cm²

1학기 5. 여러 가지 그래프

9 지난해 이 지역에서 생산한 식량 작물이 모두 400 t일 때 옥수수는 몇 t인가요? (　　　)

① 10t　　② 20t　　③ 35t

④ 50t　　⑤ 100t

1학기 6. 직육면체의 부피와 겉넓이

12 직육면체의 겉넓이가 148 cm²일 때 부피는 몇 cm³인가요?

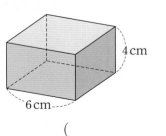

4 cm

6 cm

(　　　　　　)

13 빈 곳에 알맞은 수를 써넣으세요.

2학기 1. 분수의 나눗셈

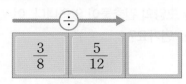

14 □ 안에 들어갈 수 있는 자연수로 알맞지 <u>않은</u> 것을 모두 고르세요. (   )

2학기 1. 분수의 나눗셈

$$6 \div \frac{1}{\square} < 24$$

① 1   ② 2   ③ 3
④ 4   ⑤ 5

15 □ 안에 들어갈 수 있는 자연수는 모두 몇 개인가요?
(   )

2학기 2. 소수의 나눗셈

$$90 \div 3.75 < \square < 78 \div 2.6$$

① 4개   ② 5개   ③ 6개
④ 7개   ⑤ 8개

16 백두산의 높이는 청태산의 높이의 몇 배인지 반올림 하여 소수 첫째 자리까지 나타낸 것은 어느 것인가 요? (   )

2학기 2. 소수의 나눗셈

산	백두산	청태산
높이(km)	2.75	1.2

① 2.1배   ② 2.2배   ③ 2.3배
④ 2.4배   ⑤ 2.5배

17 모양에 쌓기나무 1개를 더 붙여서 만든 모양이 아닌 것을 찾아 기호를 쓰세요.

2학기 3. 공간과 입체

가   나   다

(   )

18 다음 쌓기나무로 쌓은 모양을 똑같은 모양 2개로 나누려고 합니다. 쌓기나무를 자를 수는 없으며 나누어진 모양을 뒤집거나 돌렸을 때 같은 모양이 되는 것은 한 가지 방법으로 생각합니다. 나눌 수 있는 방법은 모두 몇 가지인가요?

2학기 3. 공간과 입체

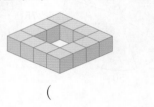

(   )

19 한 시간에 4분씩 느려지는 시계가 있습니다. 오늘 오전 8시에 이 시계를 정확히 맞추었다면 내일 오전 10시에 이 시계가 가리키는 시각은 오전 몇 시 몇 분인가요? (   )

2학기 4. 비례식과 비례배분

① 8시 16분   ② 9시 16분
③ 10시 16분   ④ 10시 44분
⑤ 11시 44분

20 방울토마토가 96개 있습니다. 이 방울토마토의 $\frac{3}{8}$을 냉장고에 넣어 두고 남은 방울토마토를 정우와 은지에게 7 : 5로 나누어 주었습니다. 정우에게 준 방울토마토는 몇 개인가요? (   )

① 20개   ② 25개   ③ 30개

④ 35개   ⑤ 40개

23 넓이가 넓은 원부터 차례로 기호를 쓰세요.

(원주율: 3.1)

> ㉠ 반지름이 9 cm인 원
> ㉡ 지름이 14 cm인 원
> ㉢ 원주가 37.2 cm인 원
> ㉣ 넓이가 198.4 cm인 원

(   )

21 오른쪽 그림에서 삼각형 ㄱㅇㄷ의 넓이가 40 cm²이고, 삼각형 ㄹㅇㅂ의 넓이가 30 cm²일 때 원의 넓이를 어림한 값으로 알맞은 것은 어느 것인가요?

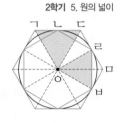

(   )

① 90 cm²   ② 180 cm²   ③ 220 cm²

④ 240 cm²   ⑤ 300 cm²

24 원기둥과 원뿔의 공통점을 모두 고르세요.

(   )

① 밑면이 원이다.

② 밑면이 2개이다.

③ 꼭짓점이 있다.

④ 한 변을 기준으로 평면도형을 한 바퀴 돌려 만들었다.

⑤ 서로 평행한 두 면이 있다.

22 색칠한 부분의 둘레는 몇 cm인가요? (원주율: 3)

(   )

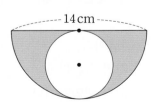

① 48 cm   ② 50 cm   ③ 52 cm

④ 54 cm   ⑤ 56 cm

25 다음 구를 앞에서 본 모양의 넓이는 몇 cm²인가요?

(원주율: 3.14) (   )

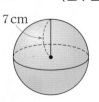

7 cm

① 43.96 cm²   ② 49 cm²

③ 76.93 cm²   ④ 153.86 cm²

⑤ 307.72 cm²

1 4 · 19 혁명의 전개 과정으로 알맞지 <u>않은</u> 것은 어느 것입니까? (　　　)

① 각계각층의 시민이 참여하였다.

② 부정 선거에 대한 항의로 시작되었다.

③ 정부의 통제 아래 평화적으로 진행되었다.

④ 마산 시위에서 실종된 고등학생 김주열이 죽은 채 발견되었다.

⑤ 1960년 4월 19일에 사람들은 민주주의를 바로 세우고자 거리로 나섰다.

2 다음 (　　　) 안에 공통으로 들어갈 사람은 누구입니까? (　　　)

> • 박정희가 죽은 후 (　　　)이/가 중심이 된 군인들이 정변을 일으켰다.
> • (　　　)은/는 전라남도 광주에서 대규모 민주화 시위가 일어나자 시위를 진압할 계엄군을 광주에 보냈다.

① 장면　　　② 이승만　　　③ 이기붕

④ 전두환　　　⑤ 최규하

3 6월 민주 항쟁 이후 발전된 민주주의의 모습은 무엇입니까? (　　　)

①
▲ 3 · 15 부정 선거 발생

②
▲ 대통령 직선제 실시

③
▲ 유신 헌법 공포

④
▲ 5 · 16 군사 정변 발생

⑤
▲ 5 · 18 민주화 운동 발생

4 다음 ○× 문제 중 나머지 넷과 답이 <u>다른</u> 한 가지는 무엇입니까? (　　　)

① 모든 사람은 인간으로서 존엄과 가치를 존중받아야 함.

② 모든 국민은 나라의 주인으로서 권리를 가짐.

③ 관용은 나와 다른 의견을 인정하고 포용하는 태도임.

④ 다수결의 원칙을 사용할 때는 소수의 의견은 무시해도 됨.

⑤ 국민들이 직접 뽑는 선거는 민주주의의 기본임.

5 정부에 대해 <u>잘못</u> 말한 사람은 누구입니까? (　　　)

① 민경: 대통령은 정부의 최고 책임자야.

② 은우: 국무총리는 대통령을 도와 각 부를 관리해.

③ 명주: 법에 따라 나라의 살림을 맡아 하는 곳이야.

④ 재혁: 국민의 교육에 관한 일, 우리나라를 지키는 일 등을 해.

⑤ 현정: 정부에서 하는 일 중 가장 중요한 일은 법을 만드는 일이야.

6 대통령에 대한 설명으로 알맞지 <u>않은</u> 것은 어느 것입니까? (　　　)

① 임기는 4년이다.

② 국민이 직접 뽑는다.

③ 정부의 최고 책임자이다.

④ 나라의 중요한 일을 결정한다.

⑤ 외국에 대해 우리나라를 대표한다.

7 다음과 같은 일을 하는 경제 활동의 주체를 [보기]에서 골라 기호로 쓰시오.

> **보기**
> ㉠ 가계　　　㉡ 기업　　　㉢ 정부

- 사람들에게 일자리를 제공한다.
- 사람들이 생활하는데 필요한 물건을 만들어 판매하거나 서비스를 제공해 이윤을 얻는다.

(　　　　　　　)

[8~9] 다음 자료를 보고, 물음에 답하시오.

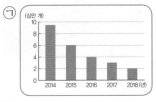
▲ 연도별 필통 판매량

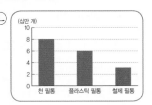
▲ 필통의 종류별 판매 순위

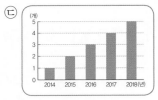
▲ 연도별 필통 제조 회사 수

구분	가 회사	나 회사	다 회사
가격	2,200	2,300	2,400
생산 비용		1,500	

[단위: 원]
▲ 회사별 필통의 가격과 생산 비용

8 학용품 회사에서 가장 잘 팔리는 필통에 대해서 알아볼 때 필요한 것을 골라 기호를 쓰시오.

(　　　　　　　)

9 위 자료에 대한 설명으로 알맞은 것을 두 가지 고르시오. (　　　　　)

① 철제 필통이 가장 인기가 있다.
② 필통의 판매량이 점점 감소하고 있다.
③ 필통의 제조 회사의 수는 점점 늘어나고 있다.
④ 회사는 2018년에 필통을 백 만 개 가까이 판매했다.
⑤ 필통을 만드는 회사들은 필통 가격을 모두 똑같이 정했다.

[10~11] 다음은 우리나라 국내 총생산의 변화를 나타낸 그래프입니다. 물음에 답하시오.

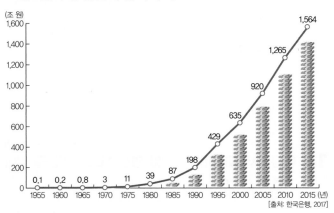

[출처: 한국은행, 2017]

10 위 그래프에서 가로축(㉠)과 세로축(㉡)은 각각 무엇을 나타내고 있는지 쓰시오.

㉠ (　　　　　　　), ㉡ (　　　　　　　)

11 위 그래프에서 1960년대 이후 우리나라의 국내 총생산 금액은 어떻게 변화했습니까? (　　　　)

① 아무 변화가 없다.
② 큰 폭으로 증가했다.
③ 큰 폭으로 감소했다.
④ 증가하다가 큰 폭으로 감소했다.
⑤ 큰 폭으로 감소하다가 증가했다.

12 다음에서 설명하는 것은 무엇입니까? (　　　　)

> 나라 간 물건이나 서비스 등의 자유로운 이동을 위해 세금, 법과 제도 등의 문제를 줄이거나 없애기로 한 약속이다.

① 군사 협정　　　　② 기후 변화 협약
③ 자유 무역 협정　　④ 우루과이 라운드
⑤ 국제 식물 보호 협정

13 위도를 북위와 남위로 나누는 기준이 되는 선은 무엇입니까? (   )

① 적도   ② 경선   ③ 위선

④ 자전축   ⑤ 본초 자오선

14 다음에서 설명하는 디지털 영상 지도의 기능을 찾아 기호를 쓰시오.

> 자동차, 대중교통, 도보, 자전거의 경로를 찾을 수 있다.

(   )

15 다음 아르헨티나의 영토 모양에 대한 설명으로 알맞은 것은 어느 것입니까? (   )

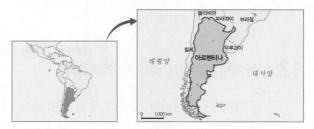

① 둥근 모양이다.

② 장화 모양처럼 생겼다.

③ 동서로 길게 늘어진 모양이다.

④ 남북으로 길게 뻗은 모양이다.

⑤ 국경선이 매우 단조로운 편이다.

16 다음 (   ) 안의 알맞은 말에 ◯표 하시오.

> 태양의 열을 많이 받는 적도 부근은 (1) (한대 기후 , 열대 기후)가 나타나고, 태양열을 적게 받는 극지방 부근은 (2) (한대 기후, 열대 기후)가 나타난다.

17 오른쪽 집에 대한 설명으로 알맞지 <u>않은</u> 것은 어느 것입니까? (   )

① 내부에는 난로가 있다.

② 몽골 유목민들이 사는 '게르'이다.

③ 열대 기후가 나타나는 지역에서 볼 수 있는 집 형태이다.

④ 뼈대를 이루는 나무와 뼈대를 덮는 천막으로 이루어졌다.

⑤ 쉽고 빠르게 조립 또는 분해할 수 있어 유목 생활에 유리하다.

18 다음과 같은 까닭으로 오늘날 영국에서 볼 수 있는 모습은 무엇입니까? (   )

> 옛날 영국 사람들은 마차를 타고 다녔는데 마부가 쓰는 채찍에 다치지 않도록 마부가 오른쪽에 앉았다고 한다.

① 자동차 운전석이 오른쪽에 있다.

② 다양한 모양의 마차가 만들어진다.

③ 자동차가 도로의 오른쪽으로 다닌다.

④ 더 이상 도로에서 마차를 볼 수 없다.

⑤ 마부가 채찍을 사용할 수 없게 되었다.

19 우리나라와 이웃 나라의 식생활이 바르게 짝 지어지지 않은 것은 어느 것입니까? (   )

① 일본: 나무로 된 젓가락으로 식사를 한다.

② 러시아: 포크, 나이프, 숟가락으로 식사를 한다.

③ 중국: 둥글고 큰 식탁에 빙 둘러앉아 식사를 한다.

④ 중국: 기름진 음식이 미끄러지지 않도록 젓가락 끝이 뭉툭하다.

⑤ 우리나라: 생선 요리가 많아 가시를 편하게 바를 수 있도록 젓가락의 끝이 뾰족하다.

20 다음과 같은 바위를 볼 수 있는 곳은 어디입니까?

(   )

▲ 코끼리 바위   ▲ 삼형제굴 바위

① 독도   ② 완도   ③ 울릉도

④ 대마도   ⑤ 마라도

21 통일 한국의 미래 모습을 바르게 이야기하지 못한 어린이는 누구입니까? (   )

①

 북한 지역의 풍부한 지하자원을 사용할 수 있어요.

② 중국, 러시아를 지나 유럽의 여러 나라까지도 육로로 갈 수 있어요.

③

 전쟁에 대한 두려움이 예전보다 더 커질 거예요.

④ 전통문화를 체계적으로 관리하고 계승할 수 있을 거예요.

22 다음 지구촌 갈등의 원인은 무엇입니까? (   )

중국, 미얀마, 라오스, 타이, 캄보디아, 베트남을 흐르는 메콩강 유역에서 중국이 메콩강 상류에 거대한 댐을 건설해 흐르는 물의 양을 조절하였는데 이에 다른 나라들이 크게 반발하며 갈등이 나타났다.

① 자원   ② 역사   ③ 인종

④ 종교   ⑤ 영토

23 다음 중 비정부 기구가 <u>아닌</u> 것은 어느 것입니까?

(   )

① 그린피스

② 세이브 더 칠드런

③ 국경 없는 의사회

④ 국제 원자력 기구

⑤ 지뢰 금지 국제 운동

24 지구촌 갈등 해결을 위해 다음과 같은 활동을 했던 사람은 누구입니까? (   )

• 남수단에서 의료 봉사와 교육에 헌신해 '한국의 슈바이처'로 불렸다.

• 국적과 종교를 넘은 희생과 봉사로 지구촌 평화를 위해 노력했다.

① 간디   ② 이태석 신부

③ 테레사 수녀   ④ 조디 윌리엄스

⑤ 말랄라 유사프자이

25 다음 (   ) 안에 들어갈 알맞은 말을 쓰시오.

(   )은/는 지구촌의 사람들이 오늘날의 발전뿐만 아니라 미래 세대의 환경과 발전을 위해 책임감 있게 행동해 지구촌의 지속 가능성을 높여가는 것이다.

(   )

1 탐구 문제를 정하고 탐구의 결과를 예상하는 것을 무엇이라고 합니까? (   )

① 문제 인식   ② 가설 설정

③ 변인 통제   ④ 자료 해석

⑤ 결론 도출

2 하루 동안 태양과 달의 위치가 달라지는 까닭으로 옳은 것은 어느 것입니까? (   )

① 달이 자전하기 때문이다.

② 태양이 자전하기 때문이다.

③ 지구가 자전하기 때문이다.

④ 달이 지구 주위를 공전하기 때문이다.

⑤ 태양이 지구 주위를 공전하기 때문이다.

3 지구의 낮과 밤에 대한 설명으로 옳지 <u>않은</u> 것은 어느 것입니까? (   )

① 지구가 자전하기 때문에 생기는 현상이다.

② 지구가 자전하면서 태양 빛을 받는 쪽이 바뀐다.

③ 지구가 자전하면서 태양 빛을 받는 쪽은 낮이다.

④ 지구가 자전하면서 태양 빛을 받지 못하는 쪽은 밤이다.

⑤ 지구에서 낮인 지역은 계속 낮이고, 밤인 지역은 계속 밤이다.

4 다음은 각 계절의 대표적인 별자리 그림을 전등 쪽으로 들고, 지구의의 각 위치에서 한밤에 우리나라에 붙인 관측자 모형에게 가장 잘 보이는 별자리를 관찰하는 모습입니다. 지구의가 (가) 위치에 있을 때 한밤에 가장 잘 보이는 별자리는 무엇인지 쓰시오.

(   )

5 다음 기체 발생 장치의 핀치 집게를 조절하여 묽은 과산화 수소수를 아래로 조금씩 흘려 보낼 때 수조 속 집기병에 모이는 기체는 무엇인지 쓰시오.

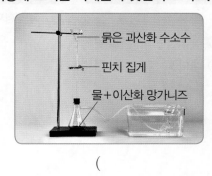

(   )

6 진한 식초와 탄산수소 나트륨을 이용하여 이산화 탄소를 발생시킬 때 진한 식초 대신 사용할 수 있는 물질은 어느 것입니까? (   )

① 석회수   ② 설탕물

③ 소금물   ④ 레몬즙

⑤ 묽은 과산화 수소수

7 오른쪽과 같이 주사기에 물을 넣고 주사기 입구를 손가락으로 막은 다음, 피스톤을 누를 때 나타나는 변화로 옳은 것은 어느 것입니까?

( )

— 물

① 물의 부피가 커진다.

② 물의 부피가 작아진다.

③ 물의 부피가 변하지 않는다.

④ 피스톤을 세게 누르면 물의 부피가 많이 작아진다.

⑤ 피스톤을 약하게 누르면 물의 부피가 조금 커진다.

8 다음은 뿌리를 자르지 않은 양파와 뿌리를 자른 양파를 같은 양의 물이 든 비커에 각각 올려놓고, 2~3일 뒤 두 비커에 든 물의 양을 비교하는 실험입니다. 이 실험은 뿌리의 기능 중 무엇을 알아보는 실험입니까? ( )

양파

뿌리

물

① 지지 기능   ② 보호 기능

③ 흡수 기능   ④ 저장 기능

⑤ 이동 기능

9 증산 작용에 대한 설명으로 옳은 것은 어느 것입니까? ( )

① 뿌리에서 물을 흡수하는 것이다.

② 잎에서 산소를 내보내는 것이다.

③ 잎에서 빛을 받아 양분을 만드는 것이다.

④ 줄기에서 물을 식물 전체로 보내는 것이다.

⑤ 잎에서 물을 식물 밖으로 내보내는 것이다.

10 꽃을 이루고 있는 각 부분이 하는 일로 옳은 것을 보기 에서 모두 고른 것은 어느 것입니까? ( )

보기

㉠ 암술은 꽃가루를 만든다.

㉡ 꽃잎은 암술과 수술을 보호한다.

㉢ 수술에서 꽃가루받이가 일어난다.

㉣ 꽃받침은 꽃잎을 받치고 보호한다.

① ㉠, ㉡   ② ㉡, ㉢

③ ㉡, ㉣   ④ ㉢, ㉣

⑤ ㉡, ㉢, ㉣

11 검은색 도화지의 긴 구멍을 통과한 햇빛이 프리즘을 통과하였을 때 하얀색 도화지에 나타나는 모습으로 옳은 것은 어느 것입니까? ( )

① 한 가지 빛깔로 나타난다.

② 여러 가지 빛깔로 나타난다.

③ 검은색의 긴 줄무늬가 나타난다.

④ 햇빛이 닿은 부분이 검게 보인다.

⑤ 햇빛이 닿은 부분이 파랗게 보인다.

12 빛의 굴절에 대한 설명으로 옳은 것은 어느 것입니까? ( )

① 빛이 물속에서 곧게 나아가는 현상이다.

② 빛이 공기 중에서 곧게 나아가는 현상이다.

③ 빛이 서로 다른 물질의 경계에서 꺾여 나아가는 현상이다.

④ 빛이 나아가다가 다른 물질의 경계에서 반사되어 나오는 현상이다.

⑤ 빛의 굴절은 공기와 물의 경계에서만 일어나고, 공기와 유리의 경계에서는 일어나지 않는다.

2학기 1. 전기의 이용

13 전지의 연결 방법이 나머지와 <u>다른</u> 전기 회로를 골라 기호를 쓰시오.

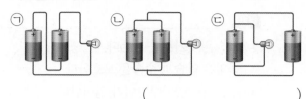

( )

2학기 1. 전기의 이용

14 전지 두 개와 전구 두 개를 연결하여 전구에 불을 켤 때 불이 가장 밝은 경우는 어느 것입니까? ( )

① 전지 두 개는 직렬, 전구 두 개는 직렬로 연결한다.

② 전지 두 개는 직렬, 전구 두 개는 병렬로 연결한다.

③ 전지 두 개는 병렬, 전구 두 개는 직렬로 연결한다.

④ 전지 두 개는 병렬, 전구 두 개는 병렬로 연결한다.

⑤ 전지 두 개는 병렬로 연결하고, 전구의 연결 방법은 전구의 밝기에 영향을 주지 않는다.

2학기 1. 전기의 이용

15 오른쪽은 전류가 흐를 때와 전류가 흐르지 않을 때 전자석을 시침바늘에 가까이 가져간 결과입니다. ㉠, ㉡에 대한 설명으로 옳은 것을 두 가지 고르시오. ( )

① ㉡ 전자석에는 극이 나타나지 않는다.

② ㉠은 전기 회로에 전류가 흐르지 않는다.

③ ㉠과 ㉡에 흐르는 전류의 방향은 반대이다.

④ ㉠ 전자석에 종이를 가까이 하면 종이가 달라 붙는다.

⑤ ㉡ 전자석에 클립을 가까이 하면 클립이 달라 붙는다.

2학기 2. 계절의 변화

16 하루 동안 태양 고도와 그림자 길이, 기온에 대한 설명으로 옳은 것은 어느 것입니까? ( )

① 기온은 낮 12시 30분 무렵에 가장 높다.

② 태양 고도는 14시 30분 무렵에 가장 높다.

③ 태양 고도가 높아질수록 기온은 높아진다.

④ 태양 고도가 가장 높은 때 기온이 가장 높다.

⑤ 태양 고도가 가장 높은 때 그림자 길이가 가장 길다.

2학기 2. 계절의 변화

17 다음은 전등과 모래가 이루는 각을 달리하여 전등을 모래에 비추며 모래의 온도 변화를 측정하는 실험입니다. 이 실험을 통해 알아보려는 것은 무엇입니까? ( )

▲ 전등과 모래가 이루는 각이 큼. ▲ 전등과 모래가 이루는 각이 작음.

① 하루 동안의 낮의 길이 변화

② 하루 동안의 태양 고도 변화

③ 계절에 따른 낮의 길이 변화

④ 하루 동안의 그림자 길이 변화

⑤ 태양의 남중 고도에 따른 기온 변화

2학기 2. 계절의 변화

18 계절이 변하는 까닭은 무엇입니까? ( )

① 지구가 하루에 한 번씩 자전하기 때문이다.

② 지구가 태양 주위를 공전하지 않기 때문이다.

③ 지구의 위치에 따라 태양의 남중 고도가 변하지 않기 때문이다.

④ 지구의 자전축이 공전 궤도면에 대해 수직인 채 태양 주위를 공전하기 때문이다.

⑤ 지구의 자전축이 공전 궤도면에 대해 기울어진 채 태양 주위를 공전하기 때문이다.

19 우리 주변에 물질이 타면서 발생하는 빛과 열을 이용하는 예로 옳지 <u>않은</u> 것을 골라 기호를 쓰시오.

2학기 3. 연소와 소화

> ㉠ 석유등으로 어두운 곳을 밝힌다.
> ㉡ 가스레인지의 가스를 태워 요리한다.
> ㉢ 전자레인지로 음식을 따뜻하게 데운다.

( )

20 오른쪽과 같이 성냥의 머리 부분과 나무 부분을 철판의 가운데로부터 같은 거리에 놓고 알코올램프로 가열했을 때 먼저 불이 붙는 것은 어느 것인지 쓰시오.

2학기 3. 연소와 소화

성냥의 ( ) 부분

21 다음에서 설명하는 것은 무엇입니까? ( )

2학기 3. 연소와 소화

> 어떤 물질이 불에 직접 닿지 않아도 타기 시작하는 온도를 말한다.

① 연소 ② 마찰 ③ 끓는점
④ 발화점 ⑤ 탈 물질

22 다음 ( ) 안에 들어갈 알맞은 말은 어느 것입니까? ( )

2학기 4. 우리 몸의 구조와 기능

> 우리 몸에 필요한 영양소가 들어 있는 음식물을 잘게 쪼개 몸에 흡수될 수 있는 형태로 분해하는 과정을 ( )(이)라고 한다.

① 기관 ② 반응 ③ 배설
④ 소화 ⑤ 순환

23 다음의 폐가 하는 일로 옳은 것은 어느 것입니까? ( )

2학기 4. 우리 몸의 구조와 기능

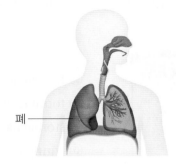

폐

① 혈액을 순환시킨다.
② 음식물을 분해한다.
③ 기관과 코를 이어 주는 관 역할을 한다.
④ 소화되지 않은 음식물 찌꺼기를 배출한다.
⑤ 몸 밖에서 들어온 산소를 받아들이고, 몸 안에서 생긴 이산화 탄소를 몸 밖으로 내보낸다.

24 다음은 우리 몸속에서 노폐물을 걸러 내어 몸 밖으로 내보내는 과정입니다. 순서대로 옳게 나열한 것은 어느 것입니까? ( )

2학기 4. 우리 몸의 구조와 기능

> ㉠ 콩팥이 혈액에 있는 노폐물을 걸러 낸다.
> ㉡ 온몸을 돌아 노폐물이 많아진 혈액이 콩팥으로 운반된다.
> ㉢ 방광이 콩팥에서 걸러 낸 노폐물을 모아 두었다가 몸 밖으로 내보낸다.

① ㉠ → ㉡ → ㉢   ② ㉠ → ㉢ → ㉡
③ ㉡ → ㉠ → ㉢   ④ ㉡ → ㉢ → ㉠
⑤ ㉢ → ㉠ → ㉡

25 운동장을 굴러가는 축구공과 같은 형태의 에너지를 가지고 있는 것은 무엇입니까? ( )

2학기 5. 에너지와 생활

① 달리는 자동차
② 불이 켜진 전구
③ 가스레인지의 불꽃
④ 책상 위에 놓인 야구공
⑤ 텔레비전 리모컨 속의 건전지

점수 _____

확인 _____

1
그림 속 아이의 증상으로 알맞은 것은 어느 것입니까? (   )

① fever
② headache
③ toothache
④ stomachache
⑤ runny nose

2
다음 중 숫자의 서수가 <u>잘못된</u> 것은 어느 것입니까?
(   )

① one – first
② five – fifth
③ nine – ninth
④ ten – tenth
⑤ twenty – twentyth

3
다음 중 나머지와 성격이 <u>다른</u> 낱말은 어느 것입니까? (   )

① writer
② higher
③ teacher
④ singer
⑤ reporter

4
다음 가격표를 알맞게 읽은 것은 어느 것입니까?
(   )

① It's five thousand won.
② It's fifty thousand won.
③ It's fifteen thousand won.
④ It's forty thousand won.
⑤ It's fourteen thousand won.

5
다음 중 동사의 과거형이 <u>잘못된</u> 것은 어느 것입니까? (   )

① draw - drew
② invent - invented
③ go - went
④ write - wrote
⑤ teach - teached

6
다음 대화의 빈칸에 알맞은 낱말은 어느 것입니까?
(   )

A: _____ are you angry?
B: Because my brother broke my cup.

① How
② When
③ Where
④ What
⑤ Why

7
달력을 보고 질문에 알맞은 응답은 어느 것입니까?
(   )

3월 14

A: When is your birthday?
B: _____

① It's March fortieth.
② It's March fourteenth.
③ It's May fortieth.
④ It's May fourteenth.
⑤ It's February fourteenth.

8
대화를 읽고, <u>틀린</u> 부분을 찾아 바르게 고쳐 쓰시오.

A: How much is these glasses?
B: They're thirty dollars.
A: Good. I'll take them.

_____ ➡ _____

2학기 두 대상 비교하기

9 다음 글을 읽고, 키 큰 사람 순서대로 이름을 쓰시오.

> Jake is shorter than Eric. Mike is taller than Eric.

_____ ＞ _____ ＞ _____

2학기 의무 표현하기

10 다음 충고의 말과 어울리는 그림을 골라 ○ 표 하시오.

> You should turn off the water.

ⓐ  ⓑ   ⓒ

(   )   (   )   (   )

2학기 음식 주문하기

11 주문한 음식으로 알맞은 것은 어느 것입니까? (   )

> **A**: May I take your order?
> **B**: Yes, please. I'd like a spaghetti and an orange juice.

①  ②

③  ④

⑤

1학기 외모 묻고 답하기

12 다음 그림과 일치하는 것은 어느 것입니까? (   )

① She has blonde hair.
② She's wearing a green hat.
③ She has long straight hair.
④ She has big blue eyes.
⑤ She's wearing a brown skirt.

2학기 목적지에 가는 방법 묻고 답하기

13 목적지와 가는 방법이 알맞게 짝 지어진 것은 어느 것입니까? (   )

> **A**: How can I get to the museum?
> **B**: Take bus number 2 and get off at the museum. It's next to the park.
> **A**: Thank you.

① museum - bus   ② museum - subway
③ park - bus   ④ park - subway
⑤ theater - bus

2학기 빈도수 묻고 답하기

14 표를 보고, 대화를 완성하시오.

패스트푸드 먹기	일주일에 한 번
아침 먹기	일주일에 두 번
양치하기	하루에 세 번

> **A**: How often do you _____ your teeth?
> **B**: Three times a day.
> **A**: How often do you eat fast food?
> **B**: _____ a week.

15 대화의 빈칸에 알맞은 말이 순서대로 짝 지어진 것은 어느 것입니까? (   )

> ⓐ Yes, I do.
>
> ⓑ No, I have no idea.
>
> ⓒ Shakespeare wrote it.
>
> ⓓ I don't like the writer.

> A: Do you know anything about *Romeo and Juliet*?
>
> B: _____ It's a sad love story.
>
> A: Do you know anything about the writer?
>
> B: I have no idea.
>
> A: _____. He was a great writer.

① ⓐ, ⓒ   ② ⓐ, ⓓ   ③ ⓑ, ⓐ

④ ⓑ, ⓒ   ⑤ ⓑ, ⓓ

16 자연스러운 대화가 되도록 주어진 문장을 바르게 배열한 것은 어느 것입니까? (   )

> (A) Take some medicine and get some rest.
>
> (B) I have a stomachache.
>
> (C) Okay. Thank you.
>
> (D) What's wrong?

① (B) − (A) − (C) − (D)

② (B) − (A) − (D) − (C)

③ (D) − (A) − (B) − (C)

④ (D) − (B) − (A) − (C)

⑤ (D) − (B) − (C) − (A)

17 대화를 읽고, 다음과 같이 생각한 사람이 누구입니까? (   )

> Jisu: The green line is longer than the blue line.
>
> Minji: I don't think so. They are the same.
>
> Juho: I think so, too.

> The blue line is longer than the green line.

① 지수   ② 민지   ③ 주호

④ 민지, 주호   ⑤ 아무도 없음.

18 약도를 보고, 길을 안내하는 말을 완성하시오.

> A: Where is the bank?
>
> B: Go straight _____ _____ and turn _____. It's on your _____.

19 그림 속 아이에게 한 질문으로 알맞은 것은 어느 것 입니까? (   )

I want to be a painter.

① What do you want to be?

② What's your favorite subject?

③ How do you spell your name?

④ What can we do for the earth?

⑤ Do you know anything about the painter?

20 1학기 계획 묻고 답하기

대화 속 민준이의 방학 계획을 <u>두 가지</u> 고르시오.
( )

A: I'm going to help my mom this vacation. What are you going to do, Minjun?

B: I'm going to go to a ski camp. I'm going to learn English, too.

① 여행 가기 　　② 동물원 가기
③ 영어 배우기 　　④ 엄마 돕기
⑤ 스키 캠프 가기

21 2학기 가격 묻고 답하기

다음 중 자연스럽지 <u>않은</u> 대화는 어느 것입니까?
( )

① A: How often do you exercise?
　 B: Twice a week.
② A: Are you going to go camping?
　 B: Yes, I am.
③ A: May I help you?
　 B: No, thank you. How much are those pants?
④ A: Who is taller?
　 B: I'm taller than Minsu.
⑤ A: Who wrote the music?
　 B: Judy did.

22 1학기 좋아하는 과목 묻고 답하기

대화를 읽고, 두 사람이 좋아하는 과목을 각각 우리말로 쓰시오.

A: What's your favorite subject, Junsu?

B: Math is my favorite subject. Do you like math, Ally?

A: No, I don't like math. It's difficult. My favorite subject is art. I like to draw pictures.

(1) 준수: _____

(2) Ally: _____

23 2학기 의견 묻고 답하기

대화의 ①~⑤ 중 다음 문장이 들어갈 곳은 어디입니까? ( )

What can we do for the earth?

A: The earth is very sick now. (①)

B: Yes, you're right. (②)

A: We can save water. (③)

B: We can recycle paper. (④) We can plant trees, too. (⑤)

[24~25] 다음 대화를 읽고, 물음에 답하시오.

A: What's the date today, Nara?

B: It's April twenty-ninth.

A: Oh, tomorrow is your birthday!

B: Yes. I have a birthday party tomorrow. Can you come to the party, Jack?

A: _____. See you tomorrow.

24 1학기 날짜 묻고 답하기

위 대화의 내용과 일치하도록 질문에 알맞은 답을 쓰시오.

A: When is Nara's birthday?

B: It's _____ _____.

25 1학기 초대하고 답하기

위 대화의 빈칸에 들어갈 대답으로 알맞지 <u>않은</u> 것은 어느 것입니까? ( )

① Sure, I can. 　　② All right.
③ Sorry, I can't. 　　④ Yes, I can.
⑤ Of course.

과목별로 짚어주는 중학교 공부 비법

국어

❶ 기본적인 어휘를 길러요!
주어진 글을 빠르고 정확하게 읽고 글의 내용을 올바르게 이해하려면 풍부한 어휘력이 기본이지요.

❷ 개념을 정리하고 교과서 내용을 이해해요!
각 단원에서 꼭 알아야 할 학습 개념을 익히고, 교과서에 제시된 글을 통해 적용해 보면 쉽게 이해할 수 있어요.

수학

❶ 교과서를 충실히 공부해요!
무엇보다 교과서를 통해 기초를 튼튼히 하고 개념과 원리를 파악하는 것이 중요해요.

❷ 어려운 문제만 풀지 말아요!
기본적인 문제를 통해 개념이 확실히 자리를 잡았는지 확인하는 것이 중요해요.

❸ 오답 노트를 활용해요!
틀린 문제는 오답 노트를 만들어 다시 확인하는 습관을 들이는 것이 중요해요.

사회

❶ 핵심 용어의 뜻을 익혀요!
핵심 용어의 뜻을 정확히 익혀서 각 단원에서 강조되고 있는 기본 개념을 확실히 이해해요.

❷ 다양한 자료를 읽는 힘을 길러요!
교과서에 실린 지도, 그래프, 도표 등 여러 가지 자료에서 정보를 읽어 내는 능력을 반드시 길러야 해요.

과학

❶ 실험을 통해 원리를 파악해요!
실험을 통해 얻어진 자료들을 통해 기본적인 원리를 자연스럽게 파악하는 것이 좋아요.

❷ 과학 용어의 정확한 개념을 익혀요!
과학 용어에 대한 정확한 개념을 익히는 것이 무엇보다 중요해요.

❸ 다양한 자료를 잘 살펴요!
교과서에 실린 그래프, 도표, 그림, 사진 등 여러 가지 자료를 잘 살펴보면서 학습 내용을 정리해요.

영어

❶ 핵심 표현을 확인해요!
단원별 핵심 표현을 익히고, 그 표현과 관련한 대표 유형 문제를 여러 번 풀어 보아요.

❷ 교과서 문장을 반복하여 읽어요!
교과서에 실린 문장이나 글을 반복하여 읽으면 어휘력을 기르는 동시에 기초 문법을 확실히 다질 수 있어요.

실전 모의고사

중학교 1학년
기초학력 진단평가

1~2

> 나는 바람이 좋아, 바람 같은 친구 좋아
> 풀잎하고 헤졌다가 되찾아 온 바람처럼
> 만나면 얼싸안는 바람, 바람 같은 친구 좋아.

1 이 시에서 말한 친구와 바람의 공통점은 무엇입니까? (　　)

① 힘이 세다.　　② 말이 통한다.
③ 상처를 준다.　　④ 다시 찾아온다.
⑤ 쌀쌀맞고 냉정하다.

2 이 시와 같이 비유하는 표현을 사용하면 좋은 점이 아닌 것은 무엇입니까? (　　)

① 장면이 쉽게 떠오른다.
② 시의 내용이 쉽게 이해된다.
③ 상황이 실감 나게 느껴진다.
④ 말하는 이의 의도를 쉽게 파악할 수 있다.
⑤ 시의 내용을 쉽게 바꾸어 표현할 수 있다.

3~4

> ㈎ 그 곳간에는 특별한 재물이랄 게 없었다. 고작 볏짚 한 단만이 있을 뿐이었다.
> "이 사람, 남에게 덕을 베푼 일이라곤 없는 모양이네!"
> 옆에 서 있던 저승사자가 코웃음을 치며 말했다.
> "어찌해 제 곳간에는 볏짚 한 단밖에 없습니까?"
> "너는 이승에 있을 때 남에게 덕을 베푼 일이 없지 않느냐?"
> ㈏ "덕진이라는 아가씨의 곳간에는 쌀이 수백 석이나 있으니, 일단 거기서 쌀을 꾸어 계산하고 이승에 나가서 갚도록 해라."
> 저승사자가 원님에게 제안했다. 결국 원님은 덕진의 곳간에서 쌀 삼백 석을 꾸어 셈을 치를 수 있었다.

3 글 ㈎에 나타난 중요한 사건은 무엇입니까? (　　)

① 저승사자가 원님에게 제안을 했다.
② 저승사자가 코웃음을 치며 말했다.
③ 원님의 곳간에는 고작 볏짚 한 단만이 있었다.
④ 저승사자가 원님에게 수고비를 내놓으라고 했다.
⑤ 원님은 덕진의 곳간에서 쌀을 꾸어 셈을 치뤘다.

4 이 글을 통해 짐작할 수 있는 덕진의 성격은 어떠합니까? (　　)

① 게으르다.
② 욕심이 많다.
③ 부끄러움이 많다.
④ 남에게 베풀 줄 안다.
⑤ 자기 자신만 생각한다.

5 공식적인 말하기 상황의 특성으로 알맞지 않은 것은 무엇입니까? (　　)

① 높임 표현을 사용해야 한다.
② 큰 소리로 또박또박 말해야 한다.
③ 듣는 사람은 집중해서 들어야 한다.
④ 중요하지 않은 부분도 기록하며 들어야 한다.
⑤ 듣는 사람이 이해하기 쉽게 자료를 활용해 말하는 것도 좋다.

6~7

지훈: 저는 동물원이 있어야 한다고 생각합니다. 그 까닭은 첫째, 동물원은 우리에게 큰 즐거움을 줍니다. 3000년 전에 이미 동물원을 만들었을 만큼 사람은 동물을 좋아하고 가까이해 왔습니다. 동물원에서는 쉽게 만날 수 없는 동물을 가까이에서 볼 수 있는데, 열대 지역에 사는 사자나 극지방에 사는 북극곰도 쉽게 만날 수 있습니다. 서울 동물원에만 한 해 평균 350만 명이 방문한다고 합니다. 이렇게 많은 사람이 동물원을 좋아하고 동물원에서 즐거움을 느낍니다. 둘째, 동물원은 동물을 보호해 줍니다.

6 지훈이는 어떤 주제에 대한 자신의 생각을 말했습니까? (   )

① 동물원은 필요한가
② 동물원을 어디에 지어야 하는가
③ 동물원에 얼마나 자주 가야 하는가
④ 동물원의 관람객 수를 줄여야 하는가
⑤ 멸종 위기의 동물을 어떻게 보호해야 하는가

7 지훈이가 든 근거를 두 가지 고르시오. (   )

① 동물원은 동물을 보호해 준다.
② 동물원은 동물의 자유를 구속한다.
③ 친환경 동물원이 많이 생기고 있다.
④ 동물원은 우리에게 큰 즐거움을 준다.
⑤ 동물원의 환경은 자연환경을 대체할 수 없다.

8 다음 대화의 빈칸에 들어갈 알맞은 속담은 무엇입니까? (   )

피아노를 배우다 그만두고, 태권도도 힘들어 그만두고, 이제 수영을 배우려고 해.

□□□□□는 말이 있듯이 이번에는 수영을 끝까지 배우면 좋겠어.

① 바늘 가는 데 실 간다
② 소 잃고 외양간 고친다
③ 우물을 파도 한 우물만 파라
④ 하룻강아지 범 무서운 줄 모른다
⑤ 가는 말이 고와야 오는 말이 곱다

9~10

『화성성역의궤』는 수원 화성에 성을 ㉠쌓는 과정을 기록한 책인 의궤야. 수원 화성은 일제 강점기를 거치면서 성곽 일대가 훼손되기 시작하고 6.25 전쟁 때 크게 파괴되었는데, 『화성성역의궤』를 보고 원래의 모습대로 다시 만들어졌단다. 덕분에 수원 화성이 1997년에 유네스코 세계 문화유산으로 등록될 수 있었어.

『화성성역의궤』는 정조 임금이 갑자기 세상을 떠나는 바람에 다음 임금인 순조 때 만들어졌는데, 건축과 관련된 의궤 가운데에서도 가장 내용이 많아. 수원 화성 공사와 관련된 공식 문서는 물론, 참여 인원, 사용된 물품, 설계 등의 기록이 그림과 함께 실려 있는 일종의 보고서인 셈이야. 내용이 아주 세세하고 치밀해서 공사에 참여한 기술자 1800여 명의 이름과 주소, 일한 날수와 받은 임금까지 적혀 있어. 공사에 사용된 모든 물건의 크기와 값은 또 얼마나 상세히 적었는지 입이 떡 벌어질 정도라니까.

9 수원 화성의 성곽 일대가 훼손되고 파괴된 까닭을 두 가지 고르시오. (   )

① 6.25 전쟁을 겪어서
② 일제 강점기를 거쳐서
③ 정조 임금이 세상을 떠나서
④ 공사와 관련된 기록이 없어져서
⑤ 수원 화성이 세계 문화유산으로 등록되지 않아서

10 이 글에 쓰인 ㉠'쌓는'의 뜻으로 가장 알맞은 것은 무엇입니까? (   )

① 밑바탕을 닦아서 든든하게 마련하다.
② 여러 개의 물건을 겹겹이 포개어 얹어 놓다.
③ 재산, 명예 또는 신뢰를 많이 얻거나 가지다.
④ 물건을 차곡차곡 포개어 얹어서 구조물을 이루다.
⑤ 경험, 기술, 업적, 지식 따위를 거듭 익혀 많이 이루다.

11~12

우리 반에는 공놀이할 때마다 실수해서 같은 편이 되기를 꺼려 하는 친구가 있습니다. 대부분 그 친구와 같은 편이 되면 "짜증 나."라는 말이나 비속어, 욕설을 합니다. 그러던 어느 날, 그 친구가 안쓰러워서 "괜찮아, 넌 잘할 수 있어."라고 말했습니다. 그랬더니 신기하게도 그 친구가 승점을 냈습니다.

이 일이 있은 뒤에 우리 반 친구들을 대상으로 조사해 보니 긍정하는 말이 부정하는 말보다 듣기가 좋다는 결과가 나왔습니다. 긍정하는 말을 하면 말하는 사람은 물론 듣는 사람도 마음이 편안해집니다. 예를 들면 "안 돼."보다는 "☐☐☐☐☐☐", "짜증 나."보다는 "괜찮아.", "이상해 보여."보다는 "멋있어 보여.", "힘들어."보다는 "힘내자."와 같이 부정하는 말을 긍정하는 말로 고쳐 사용하면, 말하는 사람과 듣는 사람 모두 기분도 좋아지고 자신감도 생긴다는 것입니다.

또 비속어나 욕설 같은 거친 말보다는 고운 우리말 사용이 자신과 상대의 마음을 아름답게 해 준다는 결과도 있습니다.

11 긍정하는 말을 사용했을 때의 좋은 점을 모두 고르시오. ( )

① 마음이 편해진다.
② 자신감이 생긴다.
③ 기분이 좋아진다.
④ 속상한 마음이 든다.
⑤ 화가 나서 다툼이 일어난다.

12 다음 빈칸에 들어갈 말로 알맞은 것은 무엇입니까?
( )

① 망했어.
② 귀찮아.
③ 하기 싫어.
④ 할 수 있어.
⑤ 어쩔 수 없어.

13~15

외국에서 공부를 마치고 케냐로 돌아온 왕가리 마타이는 황폐해진 케냐의 마을 풍경을 보고 깜짝 놀랐다. 케냐의 새로운 지도자들이 돈벌이를 위해 숲을 없애고 차나무와 커피나무를 심은 것이었다. 울창했던 숲은 벌목으로 벌거벗은 모습이 되었고, 비옥했던 토양은 영양분이 고갈되어 동물과 식물을 제대로 길러 낼 수 없는 상태가 되었다. 이러한 변화로 사람들은 땔감을 구하기 어려웠고, 작물이 잘 자라지 않아 가난과 굶주림 속에서 고통받게 되었다.

파괴된 환경이 그녀와 그녀의 아이들 그리고 케냐의 모든 이에게 고통을 주고 있다는 것을 깨달은 왕가리 마타이는 자신이 할 수 있는 일이 무엇인지 생각해 보았다.

'나무를 심는 거야.'

왕가리 마타이는 나무를 심기로 마음먹고, 방법을 고민한 끝에 나무를 심어 주는 회사를 세웠다.

13 케냐의 새로운 지도자들이 돈벌이를 위해 없앤 것은 무엇입니까? ( )

① 강 ② 숲 ③ 차나무
④ 커피나무 ⑤ 야생 동물

14 이 글의 내용으로 보아, 왕가리 마타이가 추구하는 가치로 가장 알맞은 것은 무엇입니까? ( )

① 물질적 이익 ② 경제적 발전
③ 자연환경 보호 ④ 친구 사이의 우정
⑤ 부모님께 효도하는 마음

15 이와 같은 글을 읽고, 인물이 추구하는 가치를 자신의 삶과 관련짓는 방법이 <u>아닌</u> 것을 두 가지 고르시오. ( )

① 인물의 생김새와 옷차림을 떠올려 본다.
② 이야기와 관련한 자신의 경험을 생각해 본다.
③ 인물과 자신의 삶을 비교해 보고 느낀 점을 생각해 본다.
④ 이야기 속 인물과 비슷한 이름을 가진 다른 이야기 속 인물을 떠올려 본다.
⑤ 자신이 처한 문제나 고민을 해결하는 데 도움을 준 인물의 말과 행동을 생각해 본다.

㉮ 너희는 항상 버릇처럼 말하기를 "일가친척 중에 한 사람도 불쌍히 여겨 돌보아 주는 사람이 없다."라고 개탄하였다. 더러는 험난한 물길 같다느니, 꼬불꼬불 길고 긴 험악한 길을 살아간다느니 하며 한탄하고 있다. 하지만 이는 모두 하늘을 원망하고 사람을 미워하는 말투로, 큰 병이다.

㉯ 다른 사람을 위해 먼저 베풀어라. 그러나 뒷날 너희가 근심 걱정 할 일이 있을 때 다른 사람이 보답해 주지 않더라도 부디 원망하지 마라. 가벼운 농담일망정 "나는 지난번에 이렇게 저렇게 해 주었는데 저들은 그렇지 않구나!" 하는 소리도 입 밖에 내뱉지 말아야 한다. 만약 그러한 말이 한 번이라도 입 밖에 나오게 되면, 지난날 쌓아 놓은 공덕은 재가 바람에 날아가듯 하루아침에 사라져 버리고 말 것이다.

16 이 글의 글쓴이는 어떤 방법으로 자신의 마음을 나누었습니까? (　　)

① 일기 쓰기
② 편지 쓰기
③ 극본 쓰기
④ 그림 그리기
⑤ 기사문 쓰기

17 글쓴이는 읽을 사람의 어떤 말버릇을 걱정하고 있습니까? (　　)

① 친절한 말버릇
② 예의 없는 말버릇
③ 잘난 체하는 말버릇
④ 남의 도움을 바라는 말버릇
⑤ 자기 잘못을 인정하지 않는 말버릇

18 글쓴이가 읽을 사람에게 바라는 것은 무엇입니까?
(　　)

① 자존심을 지키는 것
② 공부를 열심히 하는 것
③ 친구들과 사이좋게 지내는 것
④ 다른 사람을 위해 먼저 베푸는 것
⑤ 다른 사람이 보답해 주기를 바라는 것

"퐁, 넌 나중에 뭐가 되고 싶니?"

"되고 싶은 거 없는데."

"되고 싶은 게 없어? 그럼 꿈이 없단 말이야?"

"꿈이야 있지. 근데 꿈이란 게 꼭 뭐가 되어야 하는 거야? 뭐가 안 되면 어때? 그냥 하면 되지. 내 꿈은 춤추는 거지. 신나게 춤추는 것. 그게 내 꿈이야."

퐁은 진진의 물음에 꼬박꼬박 대답하면서도 허리를 흔들며 춤을 췄다. 퐁의 몸짓을 따라 물결이 찰랑찰랑 일었다. 진진은 그런 퐁을 잠시 지켜보다 다시 물었다.

"넌 이미 충분히 즐겁게 춤추고 있잖아?"

"오늘보다 내일은 더 즐겁게, 내일보다 모레는 더, 더 즐겁게. 모레보다 글피는 더, 더, 더 즐겁게, 글피보다 그글피는 더, 더, 더, 더 즐겁게. 내 꿈은 절대로 끝나지 않지."

퐁은 진진을 올려다보며 오페라의 한 소절처럼 대답을 했다. 진진은 고개를 끄덕였다.

19 이 글에서 알 수 있는 퐁의 꿈은 무엇입니까? (　　)

① 신나게 춤추는 것
② 즐겁게 노래 부르는 것
③ 오페라를 크게 부르는 것
④ 물결을 찰랑찰랑 일게 하는 것
⑤ 이룰 수 없는 꿈을 이루어내는 것

20 다음은 퐁이 추구하는 삶을 정리한 것입니다. 빈칸에 들어갈 알맞은 말을 두 가지 고르시오. (　　)

> 자신이 하고 싶은 일을 [　　　　] 하는 삶을 추구한다.

① 대충
② 빠르게
③ 행복하게
④ 열정적으로
⑤ 무관심하게

21~22

저는 지금 3년째 경찰로 일하고 있습니다. 초등학교 6학년 때부터 경찰이 되고 싶다는 꿈을 꾸었고 결국 그 꿈을 이루었습니다. 오늘 저는 여러분께 꿈을 펼치는 몇 가지 방법을 말씀드리려고 이 자리에 섰습니다.

저는 얼마 전부터 오늘을 ㉠손꼽아 기다렸습니다. 아마 여러분은 학교를 졸업하면 천하를 얻은 듯 신나서 바로 멋진 어른이 될 수 있으리라 생각할 것입니다. 하지만 자신의 꿈을 향해 달려가는 일은 결코 쉬운 일도, 마음대로 되는 일도 아니었습니다.

21 말하는 사람이 말하는 목적은 무엇입니까? (   )

① 경찰관이 하는 일을 소개하려고
② 꿈을 펼치는 방법을 알려 주려고
③ 경찰관이 되는 방법을 알려 주려고
④ 주변 사람들의 다양한 꿈을 소개하려고
⑤ 초등학교를 졸업하고 할 일을 알려 주려고

22 ㉠의 뜻으로 알맞은 것은 무엇입니까? (   )

① 매우 기쁘고 만족스럽다.
② 서로 사이가 벌어지거나 틀어지다.
③ 무대의 공연이나 어떤 행사를 시작하다.
④ 기대에 차 있거나 안타까운 마음으로 날짜를 꼽으며 기다리다.
⑤ 어떤 일이든지 한창 열이 올랐을 때 망설이지 말고 곧 행동으로 옮겨야 한다.

23 다음 글의 글쓴이가 주장하는 내용으로 빈칸에 들어갈 알맞은 말은 무엇입니까? (   )

'그냥 수염'을 달고 있는 사람은 어느 날 누가 "왜?" 또는 "어떻게?" 하고 물으면 아무 대답도 하지 못해. 아무리 자기가 한 일을 뒤돌아보고 생각해 내려고 애써도 지나온 날들은 이미 멀리 사라져 버려서 흔적조차 찾을 길이 없기 때문이지. 어느 날엔가 너한테도 누군가가 물어 올지 몰라.

▼

'왜' 또는 '_____'을/를 생각하자.

① 누가   ② 언제   ③ 어디서
④ 어떻게   ⑤ 무엇을

24 다음 대화 **1**과 대화 **2**의 상황에 대한 설명으로 알맞은 것은 무엇입니까? (   )

① 독도의 날 기념 율동에 대해 말하고 있다.
② 대화 **1**은 영상을 보여 주며 설명하고 있다.
③ 대화 **2**는 사진을 보여 주며 설명하고 있다.
④ 대화 **1**에서 율동 동작을 더 생생하게 알 수 있다.
⑤ 대화 **1**은 매체 자료를 한 가지, 대화 **2**는 매체 자료를 두 가지 활용하여 말하고 있다.

25 다음 광고를 만든 사람이 하고 싶은 말은 무엇이겠습니까? (   )

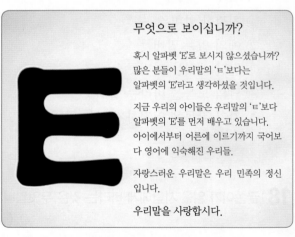

① 우리말을 사랑하자.
② 알파벳을 먼저 배우자.
③ 영어에 관심을 가지자.
④ 사물을 자세히 관찰하자.
⑤ 외국어 공부를 소홀히 하지 말자.

26~27

26 이 광고에서 다루는 문제는 무엇입니까? (   )

① 교통안전　　　② 음식물 쓰레기
③ 바다 환경 오염　　　④ 자동차의 안전성
⑤ 과학 기술의 발전

27 이 광고를 눈에 쉽게 띄게 하려고 사용한 표현 방법은 무엇입니까? (   )

① 다양한 글씨체를 사용했다.
② 여러 사람의 말을 인용했다.
③ 글자 대신 그림만 보여 주었다.
④ 같은 장면을 반복하여 보여 주었다.
⑤ 중요한 글자의 배경을 빨간색으로 표시하고 더 크게 했다.

28~29

요즘 많은 어린이가 이야기할 때 은어나 비속어를 ㉠사용했다. 국립국어원 조사에 따르면 조사 대상 초등학생의 93퍼센트가 비속어를 사용한 적이 있다고 한다. 만약 학생 열 명이 있다면 적어도 아홉 명은 비속어를 사용한 적이 있는 것이다. 비속어가 아닌 고운 말을 사용해야 하는 까닭은 무엇일까? / 고운 말을 사용하면 서로 존중하는 마음을 전할 수 있다.

28 이 글의 글쓴이가 글을 쓴 목적은 무엇입니까?
(   )

① 초등학생들의 학교 생활을 소개하려고
② 고운 말을 사용해야 한다고 주장하려고
③ 우리 문화를 소중히 여기자고 주장하려고
④ 다른 사람을 배려하는 마음을 갖자고 말하려고
⑤ 요즘 어린이들의 언어 사용 실태를 알아보려고

29 ㉠'사용했다.'를 바르게 고쳐 쓴 것은 어느 것입니까?
(   )

① 사용한다.　　　② 사용할까?
③ 사용된다.　　　④ 사용되었다.
⑤ 사용할 것이다.

30 다음 글에서 홍라가 교역을 떠나기로 결심한 까닭은 무엇입니까? (   )

　모든 준비를 마친 뒤, 홍라는 방으로 들어왔다. 탁자 앞에 앉아 옥상자를 열었다. 어머니가 남겨 준 열쇠, 그리고 아버지의 선물인 소동인이 있었다.
　홍라는 소동인과 열쇠 두 개를 가죽끈에 꿰어 목에 걸었다. 이제 먼 길을 가는 내내 어머니, 아버지가 함께해 줄 것이다.
　드디어 떠난다. 홍라의 가슴이 세차게 고동쳤다. 대상주가 되어 교역을 떠난다. 빚을 갚고 상단을 구할 것이다. 걱정거리가 없지 않지만, 다 이겨 낼 수 있을 것만 같았다. 이겨 내야만 했다.

① 어머니를 만나기 위해서
② 새로운 곳을 여행하고 싶어서
③ 아버지가 교역을 떠나라고 해서
④ 빚을 갚고 상단을 구하기 위해서
⑤ 지금 머무는 곳이 마음에 들지 않아서

1 $\dfrac{9}{10} \div 3$과 계산 결과가 같은 것은 어느 것인가요?

( )

① $\dfrac{9}{10} \div \dfrac{1}{3}$　　　　② $\dfrac{9 \times 3}{10 \times 3}$

③ $\dfrac{9 \div 3}{10}$　　　　④ $\dfrac{9}{10} \times 3$

⑤ $\dfrac{9}{10 \div 3}$

2 나눗셈의 몫이 1보다 작을 때 ☐ 안에 들어갈 수 있는 자연수가 <u>아닌</u> 것은 어느 것인가요? ( )

$$5\dfrac{7}{8} \div \square$$

① 5　　　　② 6　　　　③ 7

④ 8　　　　⑤ 9

3 각기둥에서 높이를 나타내는 선분을 모두 나타낸 것은 어느 것인가요? ( )

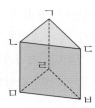

① 선분 ㄴㄷ, 선분 ㅁㅂ
② 선분 ㄴㅁ, 선분 ㄷㅂ
③ 선분 ㄱㄴ, 선분 ㄴㄷ, 선분 ㄷㄱ
④ 선분 ㄱㄹ, 선분 ㄴㅁ, 선분 ㄷㅂ
⑤ 선분 ㄴㅁ, 선분 ㅁㅂ, 선분 ㄷㅂ, 선분 ㄴㄷ

4 전개도를 접었을 때 면 라와 마주 보는 면은 어느 것인가요? ( )

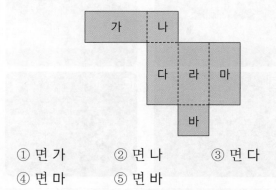

① 면 가　　　② 면 나　　　③ 면 다
④ 면 마　　　⑤ 면 바

5 육각기둥과 육각뿔의 공통점을 모두 고른 것은 어느 것인가요? ( )

ㄱ 밑면의 수　　　ㄴ 옆면의 수
ㄷ 밑면의 모양　　ㄹ 옆면의 모양

① ㄱ, ㄷ　　　　　　　② ㄴ, ㄷ
③ ㄱ, ㄴ, ㄷ　　　　　④ ㄴ, ㄷ, ㄹ
⑤ ㄱ, ㄴ, ㄷ, ㄹ

6 계산 결과가 나머지 넷과 <u>다른</u> 하나는 어느 것인가요? ( )

① $2.5 \div 2$　　　　② $5 \div 4$
③ $6.25 \div 5$　　　④ $7.35 \div 7$
⑤ $12.5 \div 10$

7 길이가 9.36 cm인 종이테이프를 다음과 같이 9등분 했습니다. 색칠한 부분의 길이는 몇 cm인가요?

( )

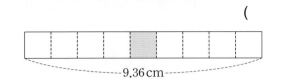

-9.36 cm-

① 0.14 cm   ② 1.04 cm   ③ 1.17 cm

④ 1.56 cm   ⑤ 3.12 cm

8 다음 비의 비율을 분수와 소수로 바르게 나타낸 것은 어느 것인가요? ( )

11 : 25

① $\frac{11}{25}$, 0.11   ② $\frac{25}{11}$, 0.11

③ $\frac{11}{25}$, 0.44   ④ $\frac{25}{11}$, 0.44

⑤ $\frac{11}{25}$, 1.76

9 전체에 대한 색칠한 부분의 비율을 백분율로 나타내면 몇 %인가요? ( )

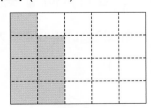

① 7 %   ② 14 %   ③ 21 %

④ 28 %   ⑤ 35 %

10 가로가 84 cm인 직사각형 모양의 액자가 있습니다. 이 액자의 가로에 대한 세로의 비율이 $\frac{7}{12}$일 때, 액자의 둘레는 몇 cm인가요? ( )

① 133 cm   ② 144 cm   ③ 228 cm

④ 266 cm   ⑤ 456 cm

[11~12] 세진이네 반 학생들이 스마트폰으로 주로 하는 활동을 조사하여 나타낸 띠그래프입니다. 물음에 답하세요.

스마트폰으로 주로 하는 활동별 학생 수

검색 (20%)	게임 (30%)	SNS (25%)	전화 (15%)	

공부(10%)

11 ㉠과 ㉡에 알맞은 것끼리 짝 지은 것은 어느 것인가요? ( )

> 가장 많은 학생이 주로 하는 활동은 ㉠이고,
> 가장 적은 학생이 주로 하는 활동은 ㉡이다.

	㉠	㉡
①	검색	공부
②	게임	전화
③	SNS	공부
④	검색	전화
⑤	게임	공부

12 스마트폰으로 검색을 주로 하는 학생이 4명이라면 SNS를 주로 하는 학생은 몇 명인가요? ( )

① 5명   ② 6명   ③ 7명

④ 8명   ⑤ 10명

13 부피가 큰 직육면체부터 순서대로 나타낸 것은 어느 것인가요? (   )

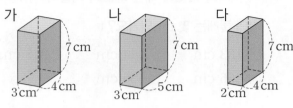

① 가, 나, 다   ② 가, 다, 나
③ 나, 가, 다   ④ 나, 다, 가
⑤ 다, 나, 가

14 전개도를 이용하여 만든 직육면체의 부피가 160 cm³ 일 때 □ 안에 알맞은 수는 어느 것인가요? (   )

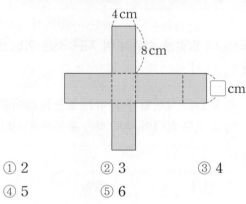

① 2   ② 3   ③ 4
④ 5   ⑤ 6

15 한 모서리의 길이가 6 cm인 정육면체 모양의 퍼즐 9개로 다음과 같은 직육면체를 만들었습니다. 만든 직육면체의 겉넓이는 몇 cm²인가요? (   )

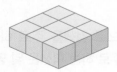

① 324 cm²   ② 540 cm²   ③ 864 cm²
④ 1080 cm²   ⑤ 1944 cm²

16 □ 안에 알맞은 수는 얼마인가요? (   )

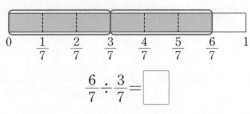

$$\frac{6}{7} \div \frac{3}{7} = \boxed{}$$

① $\frac{2}{7}$ ② $\frac{3}{7}$ ③ $1\frac{1}{7}$

④ 2   ⑤ 3

17 민수는 빵을 만드는 데 4 kg의 밀가루를 사용했습니다. 빵 한 개를 만드는 데 밀가루 $\frac{2}{3}$ kg을 사용했다면 빵을 몇 개 만들었나요? (   )

① 2개   ② 3개   ③ 4개
④ 5개   ⑤ 6개

18 어떤 수를 $\frac{7}{13}$로 나누어야 할 것을 잘못하여 곱하였더니 $1\frac{8}{13}$이 되었습니다. 바르게 계산한 값은 얼마인가요? (   )

① $\frac{8}{13}$ ② $2\frac{4}{7}$ ③ 3

④ $4\frac{8}{13}$ ⑤ $5\frac{4}{7}$

19 1.26에서 0.42를 몇 번 덜어 내야 0이 되나요?
( )

① 3번   ② 4번   ③ 5번

④ 6번   ⑤ 7번

20 나눗셈의 몫을 자연수까지만 구할 때 남는 수가 가장 큰 것은 어느 것인가요? ( )

① 5.3÷2   ② 9.71÷3

③ 16.8÷6   ④ 34.3÷5

⑤ 40.7÷9

21 주어진 모양과 똑같이 쌓는 데 필요한 쌓기나무는 몇 개인가요? ( )

위에서 본 모양

① 6개   ② 7개   ③ 8개

④ 9개   ⑤ 10개

22 쌓기나무를 4개씩 붙여서 만든 두 가지 모양을 사용하여 만들 수 있는 모양은 어느 것인가요? ( )

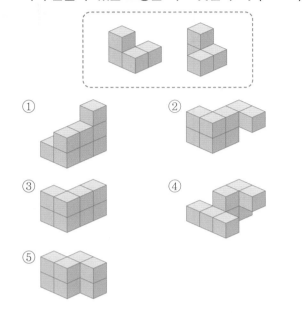

23 91을 2 : 5로 비례배분한 두 수는 각각 얼마인가요?
( )

① 2, 5   ② 4, 10   ③ 13, 65

④ 26, 65   ⑤ 26, 91

24 가로가 24 cm인 직사각형 모양의 액자가 있습니다. 액자의 가로와 세로의 비가 4 : 3일 때 세로는 몇 cm인가요? ( )

① 14 cm   ② 16 cm   ③ 18 cm

④ 20 cm   ⑤ 22 cm

25 휴대 전화로 1분 동안 통화할 경우 이산화 탄소 발생량은 50 g이라고 합니다. 윤호가 친구와 휴대 전화로 20분 동안 통화를 했을 때 발생하는 이산화 탄소의 양은 몇 g인가요 (   )

① 70 g   ② 100 g   ③ 200 g

④ 500 g   ⑤ 1000 g

28 한 변의 길이가 20 cm인 정사각형 안에 들어갈 수 있는 가장 큰 원의 넓이는 몇 cm²인가요?
(원주율: 3.1) (   )

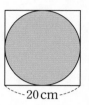
20 cm

① 180 cm²   ② 200 cm²   ③ 210 cm²

④ 310 cm²   ⑤ 400 cm²

26 원의 둘레는 몇 cm인가요? (원주율: 3) (   )

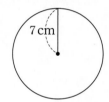
7 cm

① 14 cm   ② 21 cm   ③ 35 cm

④ 42 cm   ⑤ 70 cm

29 다음 그림에서 원뿔의 높이와 모선을 알맞게 짝 지은 것은 어느 것인가요? (   )

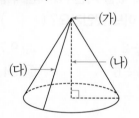
(가)
(나)
(다)

	원뿔의 높이	모선
①	(가)	(다)
②	(나)	(가)
③	(나)	(다)
④	(다)	(가)
⑤	(다)	(나)

27 다음 두 원의 반지름의 합은 몇 cm인가요?
(원주율: 3.14) (   )

원주: 25.12 cm   원주: 31.4 cm

① 9 cm   ② 18 cm   ③ 26 cm

④ 28 cm   ⑤ 36 cm

30 두 원기둥의 밑면의 지름의 차는 몇 cm인가요?
(   )

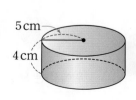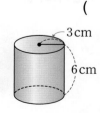
5 cm
4 cm
3 cm
6 cm

① 3 cm   ② 4 cm   ③ 5 cm

④ 6 cm   ⑤ 7 cm

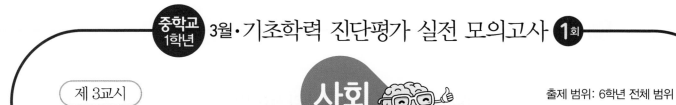
1 유신 헌법에 대한 설명으로 알맞지 않은 것은 어느 것입니까? (   )

① 1972년 10월에 박정희가 선포했다.

② 대통령 간선제를 직선제로 바꾸었다.

③ 박정희가 정권을 계속 유지하려고 만들었다.

④ 대통령을 할 수 있는 횟수를 제한하지 않았다.

⑤ 국민의 권리를 대통령이 마음대로 제한할 수 있었다.

2 5·18 민주화 운동과 관련이 없는 낱말 카드는 무엇입니까? (   )

① 광주   ② 계엄군   ③ 전두환   ④ 시민군   ⑤ 유신 헌법

3 다음 질문에 대해 잘못 대답한 사람은 누구입니까?
(   )

오늘날 시민들이 사회 공동의 문제 해결에 참여하는 방식에는 무엇이 있을까요?

① 선화: 캠페인이 있어요.

② 혁제: 1인 시위가 있어요.

③ 미연: 서명 운동이 있어요.

④ 준우: 촛불 집회가 있어요.

⑤ 화영: 군사 정변이 있어요.

4 다음 모습과 관련된 활동은 무엇입니까? (   )

우리 학교를 위해 일할 친구를 투표로 뽑아 주세요.

전교 어린이 임원 선거

투표함

지역의 쓰레기 문제를 어떻게 해결하면 좋을까요?

주민 회의

① 정치   ② 독재   ③ 근대화

④ 1인 시위   ⑤ 서명 운동

5 다수결의 원칙에 대한 설명으로 알맞지 않은 것은 어느 것입니까? (   )

① 다수의 의견을 채택하는 방법이다.

② 쉽고 빠르게 문제를 해결할 수 있다.

③ 항상 옳은 민주적 의사 결정 원리이다.

④ 양보와 타협이 어려울 경우에 사용해야 한다.

⑤ 다수의 의견이 소수의 의견보다 합리적일 것이라고 가정하는 방법이다.

6 다음과 같은 내용이 담겨 있는 법은 무엇입니까?
(   )

제1조 제1항   대한민국은 민주공화국이다.

제1조 제2항   대한민국의 주권은 국민에게 있고, 모든 권력은 국민으로부터 나온다.

① 형법   ② 헌법

③ 근로 기준법   ④ 소비자 기본법

⑤ 건축물 관리법

7 다음 ㉠에 들어갈 알맞은 기관은 무엇입니까? (   )

> **민주 정치의 원리를 실현하는 국가 기관**
>
> 1. 기관: ㉠
> 2. 구성: 국민의 선거로 선출된 사람들로 구성됨.
> 3. 역할: 법을 만드는 일, 법을 고치거나 없애는 일, 나라의 살림에 필요한 예산을 심의하여 확정하는 일, 국정 감사를 하는 일 등

① 법원   ② 국회   ③ 정부
④ 시민 단체   ⑤ 헌법 재판소

8 다음 (   ) 안에 들어갈 알맞은 말을 두 가지 고르시오. (   )

> 삼권 분립을 하는 까닭은 한 기관이 국가의 중요한 일을 마음대로 처리할 수 없도록 하고 서로 견제하고 균형을 이루게 하여 국민의 (   )을/를 지키려는 것이다.

① 의무   ② 권리   ③ 자유
④ 책임   ⑤ 이익

9 현수네 가족이 텔레비전을 구입할 때 가장 우선적으로 고려하는 기준이 '크기'일 경우, 합리적 선택을 하기 위해 구입해야 하는 텔레비전은 무엇입니까?

(   )

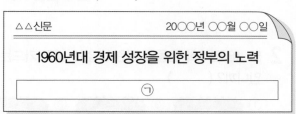

10 우리 사회에서 공정하지 못한 경제 활동을 바로잡으려고 하는 노력을 모두 고른 것은 무엇입니까?

(   )

> ㉠ 허위·과장 광고를 하지 못하도록 감시하고 있다.
> ㉡ 기업끼리 가격을 상의해 올릴 수 없도록 감시하고 있다.
> ㉢ 특정 기업만 물건을 만들어 가격을 마음대로 조정할 수 있도록 하고 있다.

① ㉠   ② ㉡   ③ ㉠, ㉡
④ ㉡, ㉢   ⑤ ㉠, ㉡, ㉢

11 다음 신문 기사의 ㉠에 들어갈 내용으로 잘못된 것은 어느 것입니까? (   )

> | △△신문 | 20○○년 ○○월 ○○일 |
> | --- | --- |
> | **1960년대 경제 성장을 위한 정부의 노력** | |
> | ㉠ | |

① 경제 개발 5개년 계획을 세웠다.
② 정유 시설, 항만 등을 많이 건설했다.
③ 제품을 수출하는 기업의 세금을 내려 주었다.
④ 기업이 여러 나라에 다양한 제품을 쉽게 수출할 수 있도록 지원했다.
⑤ 공업 중심의 산업 구조를 농업 중심의 산업 구조로 변화시키려고 노력했다.

12 정부가 중화학 공업 중 철강과 석유 화학 산업을 빠르게 발전시킨 까닭은 무엇입니까? (   )

① 생활에 필요한 제품이 부족했기 때문에
② 선진국보다 만드는 기술이 뛰어났기 때문
③ 중화학 공업보다 경공업을 발전시키기 위해서
④ 제품을 만드는 데 필요한 재료를 수입하기 위해서
⑤ 산업이 성장하면서 제품을 만드는 데 많은 재료가 필요해졌기 때문에

13 다음 뉴스에서 나타나는 산업에 해당하지 <u>않는</u> 산업은 무엇입니까? (   )

2000년대 이후부터 고도의 기술이 필요한 첨단 산업과 사람들에게 즐거움을 주고 삶을 편리하게 해 주는 다양한 서비스 산업이 빠르게 발달하고 있습니다.

① 관광 산업
② 로봇 산업
③ 철강 산업
④ 생명 공학 산업
⑤ 문화 콘텐츠 산업

14 다음 지도에 대한 설명으로 옳지 <u>않은</u> 것은 어느 것입니까? (   )

▲ 우리나라와 다른 나라가 서로 주고받는 도움

① 우리나라는 콜롬비아에 자동차를 수출한다.
② 우리나라는 콜롬비아에서 커피를 수입한다.
③ 우리나라는 카타르에 천연가스를 수출한다.
④ 우리나라는 인도네시아에서 원목을 수입한다.
⑤ 우리나라는 오스트레일리아에 휴대 전화와 텔레비전을 수출한다.

15 다음 (   ) 안에 들어갈 알맞은 말을 모두 고르시오. (   )

> 나라마다 (   ) 등에 차이가 있어 더 잘 생산할 수 있는 물건이나 서비스가 다르기 때문에 나라와 나라 사이에 무역을 한다.

① 인권
② 자본
③ 기술
④ 자연환경
⑤ 나라 이름

16 다음 대화의 ㉠에 들어갈 대륙은 무엇입니까?
(   )

> 세영: (㉠)은/는 우리나라가 속해 있는 대륙이야.
> (㉠)은/는 대륙 중에서 가장 커. 철원
> 영주: 맞아. 세계 육지 면적의 약 30%를 차지하지.
> 아프리카는 (㉠) 다음으로 큰 대륙이야. 상희
> 남준: 아프리카는 북반구와 남반구에 걸쳐 있어.

① 유럽
② 아시아
③ 남아메리카
④ 북아메리카
⑤ 오세아니아

17 다음 중 대양에 포함되지 <u>않는</u> 바다는 무엇입니까?
(   )

① 태평양
② 대서양
③ 인도양
④ 북극해
⑤ 지중해

18 다음 신문 기사의 ㉠에 들어갈 제목으로 알맞은 것은 무엇입니까? (   )

△△신문   20○○년 ○○월 ○○일

㉠

▲ 사우디아라비아   ▲ 아르헨티나

사우디아라비아는 국경선이 단조로운 편이고, 아르헨티나의 영토는 남북으로 길게 뻗은 모습이다.

① 각 나라의 기후
② 각 나라의 인구수
③ 대륙의 위치와 범위
④ 대양의 위치와 범위
⑤ 각 나라의 영토 모양

19 오른쪽 사진과 같이 온대 기후에 속하는 우리 나라에서 주로 농사짓는 것은 무엇입니까? ( )

① 밀 ② 벼 ③ 포도
④ 카사바 ⑤ 기름야자

20 다음 퀴즈의 정답인 나라는 어디입니까? ( )

> 유럽 대륙에 속한 나라이다.
> 케밥이 대표적인 요리이다.
> 국민 대부분이 이슬람교를 믿는다.

① 튀르키예 ② 인도 ③ 베트남
④ 멕시코 ⑤ 파푸아 뉴기니

21 다음 일기를 쓴 어린이가 다른 나라 사람들의 생활 모습을 대할 때 가져야 할 태도로 알맞은 것은 어느 것입니까? ( )

> 20○○년 ○○월 ○○일
> 오늘은 인도에서 오신 아빠 친구 댁에 초대를 받았다. 저녁 식사는 인도 음식인 카레였는데 식사가 시작되자 아저씨께서 오른쪽 맨손으로 밥을 드셔서 나는 무척 당황했다. 맨손으로 먹으면 비위생적이지 않을까?

① 우리와 낯선 문화는 받아들이지 않는다.
② 서로 다른 생활 모습을 이해하고 존중한다.
③ 우리의 기준으로 다른 나라의 문화를 평가한다.
④ 다른 나라의 문화는 무조건 우수하다고 생각한다.
⑤ 다른 나라 사람에게 우리 문화를 받아들이도록 강요한다.

22 오른쪽 ㉠ 나라의 자연환경으로 알맞은 것은 어느 것입니까? ( )

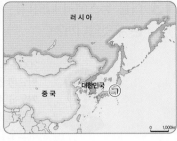

① 국토 대부분이 산지이다.
② 넓은 사막이 많이 분포한다.
③ 지진 활동은 거의 나타나지 않는다.
④ 위도가 높아 냉대 기후가 널리 나타난다.
⑤ 국토의 삼면이 바다로 둘러싸인 반도이다.

23 다음 우리나라, 중국, 일본에서 공통으로 사용하는 문자는 무엇입니까? ( )

▲ 우리나라의 표지판 ▲ 중국의 표지판 ▲ 일본의 표지판

① 한자 ② 한글 ③ 히라가나
④ 그리스 문자 ⑤ 러시아 문자

24 다음과 같은 활동을 한 조선 시대의 인물은 누구입니까? ( )

> 일본에 건너가 울릉도와 독도가 우리나라의 영토임을 일본으로부터 확인받았어요.

① 허균 ② 김구 ③ 안용복
④ 방정환 ⑤ 이태석

25 독도의 자연환경에 대한 설명으로 알맞지 <u>않은</u> 것은 어느 것입니까? (　　)

① 오래된 화산섬이다.

② 다양한 동식물이 서식한다.

③ 독특한 지형과 경관을 지니고 있다.

④ 대부분 넓은 평야로 이루어져 있다.

⑤ 독도 주변 바다는 차가운 바닷물과 따뜻한 바닷물이 만난다.

26 다음 신문 기사의 제목과 같은 사회 현상이 발생하는 까닭은 어느 것입니까? (　　)

○○신문	20○○년 ○○월 ○○일
올해 설도 임진각에서 합동 차례	낮과 밤을 가리지 않는 휴전선의 경계

① 남북통일이 이루어졌기 때문이다.

② 남과 북이 분단되어 있기 때문이다.

③ 남과 북이 평화롭게 살고 있기 때문이다.

④ 남한보다 북한의 경제 수준이 더 높기 때문이다.

⑤ 남북이 서로 자유롭게 오고갈 수 있기 때문이다.

27 다음과 같은 상황에서 '바나 알라베드'가 겪을 수 있는 일로 알맞지 <u>않은</u> 것은 어느 것입니까? (　　)

바나 알라베드 이야기 🔍

　내전이 벌어지고 있는 시리아 알레포에 사는 일곱 살의 바나 알라베드는 누리 소통망 서비스(SNS) 계정을 만들어 전쟁으로 폐허가 된 도시의 모습과 폭격이 시작될 때 두려워하는 모습들을 올려 세계 모든 이들에게 도움을 호소했다.

① 질병에 쉽게 걸릴 수 있다.

② 학교에 가지 못할 수도 있다.

③ 먹을 것과 깨끗한 물이 부족해진다.

④ 폭격으로 건물이 무너져 다칠 수 있다.

⑤ 밖에 나가서 친구들과 재미있게 놀 수 있다.

28 전쟁 등으로 살 곳을 잃은 난민들을 돕는 국제 연합(UN) 산하 전문 기구는 어느 것입니까? (　　)

① 유네스코(UNESCO)

② 국제 노동 기구(ILO)

③ 세계 보건 기구(WHO)

④ 국제 원자력 기구(IAEA)

⑤ 유엔 난민 기구(UNHCR)

29 다음 ㉠에 들어갈 신문 기사의 제목으로 알맞은 것은 어느 것입니까? (　　)

○○신문	20○○년 ○○월 ○○일
㉠	
▲ 파괴되고 있는 열대 우림	▲ 산호 백화 현상이 진행된 산호초

① 저출산 대책 마련 시급

② 끝나지 않은 분단의 아픔

③ 해외 유학생 숫자 해마다 늘어

④ 갈수록 심해지는 지구촌 환경 문제

⑤ 문화적 편견과 차별로 고통 받는 사람들

30 다음 중 문화적 편견과 차별로 힘들어하는 사람의 사례가 <u>아닌</u> 것은 어느 것입니까? (　　)

① 저는 종교적인 이유로 소고기를 먹지 않는데 다른 나라 사람들이 이를 가볍게 생각할 때가 있어요.

② 우리나라는 낮잠을 자는 문화가 있는데 이를 오해해 우리를 게으르다고 생각하는 사람이 있어요.

③ 친구들에게 제가 믿는 종교를 이야기했더니 무섭다고 이야기해요.

④ 다른 나라 사람들도 우리나라의 전통 음식인 쌀국수를 맛있게 먹어 줬어요.

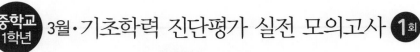

1 다음과 같이 궁금한 점이 생긴 재영이가 먼저 해야 할 것은 무엇입니까? (   )

① 실험하기
② 결론 내리기
③ 자료 해석하기
④ 탐구 문제 정하기
⑤ 탐구 결과 정리하기

2 밤 12시 무렵 보름달이 보이는 위치로 옳은 것은 어느 것입니까? (   )

3 오른쪽 그림의 밝은 부분은 태양 빛을 받는 곳이고, 어두운 부분은 태양 빛을 받지 못하는 곳입니다. 이에 대한 설명으로 옳은 것은 어느 것입니까? (   )

① 태양 빛을 받는 곳은 모두 여름이다.
② 지구에 있는 모든 나라는 현재 밤이다.
③ 지구에 있는 모든 나라는 현재 낮이다.
④ 밝은 곳은 낮이고, 어두운 곳은 밤이다.
⑤ 태양 빛을 받는 곳과 태양 빛을 받지 못하는 곳은 일 년에 한 번씩 번갈아 나타난다.

4 계절에 따라 보이는 별자리가 달라지는 까닭을 옳게 말한 친구는 누구입니까? (   )

• 민서: 지구가 하루에 한 번 자전하기 때문이야.
• 루민: 계절에 따라 별자리가 이동하기 때문이야.
• 은우: 계절마다 태양의 위치가 달라지기 때문이야.
• 효민: 지구가 태양 주위를 공전해서 계절에 따라 지구의 위치가 달라지기 때문이야.

① 민서   ② 루민   ③ 은우   ④ 효민   ⑤ 없다.

5 오른쪽은 어느 날 저녁 7시에 관측한 달의 모습입니다. 5일 뒤 같은 시각, 같은 장소에서 관찰할 수 있는 달의 모양과 위치로 옳은 것은 어느 것입니까? (   )

6 주사기에 공기와 물을 각각 넣고 주사기 입구를 막은 다음, 주사기 피스톤을 눌렀을 때 주사기 속의 부피 변화로 옳은 것은 어느 것입니까? (   )

	공기를 넣은 주사기	물을 넣은 주사기
①	부피가 커진다.	부피가 커진다.
②	부피가 커진다.	부피가 작아진다.
③	부피가 작아진다.	부피가 커진다.
④	부피가 작아진다.	부피 변화가 없다.
⑤	부피 변화가 없다.	부피 변화가 없다.

7 민서는 오른쪽과 같이 헬륨이 든 고무풍선을 놓쳐 고무풍선이 하늘로 올라갔습니다. 고무풍선의 부피 변화에 대해 옳게 말한 친구는 누구입니까? ( )

① 은우: 하늘로 올라갈수록 고무풍선의 부피가 작아져.

② 지우: 하늘로 올라갈수록 고무풍선의 부피가 커져.

③ 하린: 하늘로 올라가도 고무풍선의 부피는 변하지 않아.

④ 도현: 하늘로 올라갈수록 고무풍선의 부피가 작아지다가 다시 커져.

⑤ 민준: 하늘로 올라갈수록 고무풍선의 부피가 작아지다가 변하지 않아.

8 다음에서 설명하는 기체로 옳은 것은? ( )

- 공기보다 매우 가볍다.
- 비행선이나 풍선을 공중에 띄우는 데 이용한다.
- 목소리를 변조하거나 냉각제로 이용하기도 한다.

① 네온   ② 산소   ③ 질소
④ 헬륨   ⑤ 이산화 탄소

9 다음은 어떤 기체를 발생시켜 확인하는 실험이다.

㈎ 가지 달린 삼각 플라스크에 물을 조금 넣고 탄산수소 나트륨을 네다섯 숟가락 넣는다.

㈏ 진한 식초를 깔때기에 붓고 조금씩 흘려 보낸다.

㈐ 발생한 기체를 집기병에 모아 석회수를 넣고 흔들었더니 뿌옇게 흐려졌다.

위 집기병에 모인 기체에 대한 설명으로 옳은 것은?

( )

① 노란색 기체이다.

② 탄산음료에 이용된다.

③ 향불을 활활 타오르게 한다.

④ 공기의 대부분을 이루고 있다.

⑤ 소방관이 사용하는 압축 공기통에 이용된다.

10 다음의 ㉠에 들어갈 말로 옳은 것은? ( )

식물 세포와 동물 세포의 차이점이 무엇인지 아니?

응. 바로 (㉠)

① 식물 세포에는 핵이 있고, 동물 세포에는 핵이 없어.

② 식물 세포에는 핵이 없고, 동물 세포에는 핵이 있어.

③ 식물 세포에는 세포막이 있고, 동물 세포에는 세포막이 없어.

④ 식물 세포에는 세포막이 없고, 동물 세포에는 세포막이 있어.

⑤ 식물 세포에는 세포벽이 있고, 동물 세포에는 세포벽이 없어.

11 다음 ( ) 안에 들어갈 알맞은 말을 옳게 짝 지은 것은 어느 것입니까? ( )

식물이 빛과 (㉠), (㉡)에서 흡수한 물을 이용해 스스로 양분을 만드는 것을 광합성이라고 한다.

	㉠	㉡		㉠	㉡
①	산소	잎	②	산소	뿌리
③	산소	줄기	④	이산화 탄소	잎
⑤	이산화 탄소	뿌리			

12 오른쪽과 같이 감자에 아이오딘−아이오딘화 칼륨 용액을 떨어뜨렸더니 감자가 청람색으로 변했습니다. 이를 통해 알 수 있는 감자에 들어 있는 물질은 무엇입니까? ( )

① 물   ② 흙   ③ 녹말
④ 햇빛   ⑤ 이산화 탄소

13 오른쪽 그림과 같이 어떤 렌즈를 이용하여 가까이 있는 장난감을 관찰하였더니 실제 크기보다 크게 보였습니다. 이 렌즈의 단면으로 옳은 것을 두 가지 고르시오. (   )

①   ②   ③   ④    ⑤

14 오른쪽 그림은 볼록 렌즈의 성질을 확인하는 실험입니다. 볼록 렌즈를 통과한 빛의 진행 모습과 A 부분의 밝기 변화를 옳게 짝 지은 것은? (   )

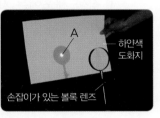

하얀색 도화지
손잡이가 있는 볼록 렌즈

	빛의 진행 모습	밝기 변화
①	모인다	변화 없다
②	모인다	주변보다 밝다
③	모인다	주변보다 어둡다
④	퍼진다	주변보다 밝다
⑤	퍼진다	주변보다 어둡다

15 볼록 렌즈를 이용한 기구가 아닌 것은? (   )

①
▲ 돋보기

②
▲ 탁상 거울

③
▲ 현미경

④
▲ 망원경

⑤
▲ 사진기

16 전지를 병렬연결한 것은 어느 것입니까? (   )

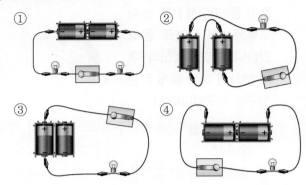

① ② ③ ④

17 다음과 같이 전기 회로의 전선을 나침반 위에 놓고 전선과 나침반 바늘이 나란히 되도록 한 다음 스위치를 닫을 때 나침반 바늘의 움직임으로 옳은 것은 어느 것입니까? (   )

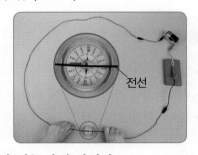

전선

① 나침반 바늘이 움직인다.
② 나침반 바늘이 구부러진다.
③ 나침반 바늘이 빙글빙글 돈다.
④ 나침반 바늘의 색깔이 변한다.
⑤ 나침반 바늘이 움직이지 않는다.

18 다음에서 설명하는 것은 무엇입니까? (   )

- 전류가 흐르는 전선 주위에 자석의 성질이 나타나는 것을 이용해 만든 자석이다.
- 전류가 흐를 때만 자석의 성질이 나타난다.
- 자석의 세기를 조절할 수 있다.

① 전자석   ② 막대자석   ③ 영구 자석
④ 원형 자석   ⑤ 고무 자석

19 태양 고도를 측정하려고 합니다. ㉠~㉤ 중 어느 것을 측정해야 합니까? (   )

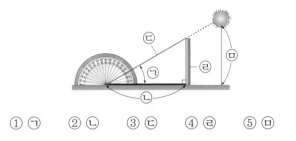

① ㉠   ② ㉡   ③ ㉢   ④ ㉣   ⑤ ㉤

20 그래프는 월별 낮의 길이를 나타낸 것입니다. 그래프에 대한 설명으로 옳은 것은 어느 것입니까? (   )

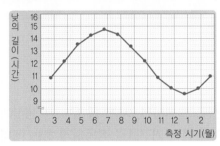

① 낮의 길이가 가장 긴 때는 8월이다.
② 낮의 길이가 가장 짧은 때는 2월이다.
③ 낮의 길이가 가장 긴 때는 가을에 해당한다.
④ 낮의 길이가 가장 짧은 때는 겨울에 해당한다.
⑤ 낮의 길이는 3월부터 12월까지 계속 길어진다.

21 다음과 같이 지구의 자전축이 공전 궤도면에 대해 수직인 채 공전할 때의 현상으로 옳은 것은 어느 것입니까? (   )

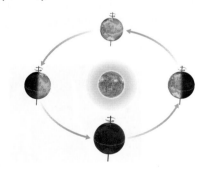

① 계절이 변한다.
② 태양의 크기가 커진다.
③ 여러 날 동안 기온이 변한다.
④ 태양의 남중 고도가 일정하다.
⑤ 여러 날 동안 낮의 길이가 변한다.

22 다음과 같이 초가 탈 때 관찰할 수 있는 현상은 어느 것입니까? (   )

① 불꽃 주변이 밝아진다.
② 불꽃의 모양은 네모 모양이다.
③ 초의 무게가 점점 무거워진다.
④ 불꽃 색깔은 전체가 푸른색이다.
⑤ 초가 굳어 초의 길이가 점점 길어진다.

23 물질이 연소하는 데 필요한 조건 세 가지를 고르시오.
(   )

① 물이 있어야 한다.
② 산소가 있어야 한다.
③ 탈 물질이 있어야 한다.
④ 이산화 탄소가 있어야 한다.
⑤ 발화점 이상의 온도가 되어야 한다.

24 화재가 발생했을 때의 대처 방법으로 옳은 것은 어느 것입니까? (   )

① 계단 대신 승강기를 이용한다.
② 나무로 된 책상 밑에 들어간다.
③ 작은 소리로 "불이야."라고 말한다.
④ 뜨거운 문손잡이는 맨손으로 잡는다.
⑤ 젖은 수건으로 코와 입을 막고 몸을 낮춰 대피한다.

25 다음에서 설명하는 것에 해당하는 기관은 어느 것입니까? (　　　)

> • 주머니 모양이다.
> • 소화를 돕는 액체를 분비하여 음식물과 섞고 음식물을 더 잘게 쪼갠다.

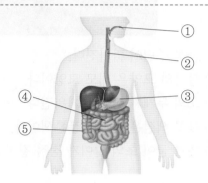

26 다음은 순환 기관이 하는 일을 알아보는 실험입니다. 주입기의 펌프를 빠르게 누를 때 관찰할 수 있는 현상은 어느 것입니까? (　　　)

① 붉은 색소 물의 이동량이 적어진다.
② 붉은 색소 물의 이동 빠르기가 느려진다.
③ 붉은 색소 물의 이동 빠르기가 빨라진다.
④ 붉은 색소 물의 색깔이 푸른색으로 변한다.
⑤ 붉은 색소 물이 관을 따라 이동하지 않는다.

27 주변으로부터 전달된 자극을 느끼고 받아들이는 눈, 귀, 코, 혀, 피부 등의 기관을 무엇이라고 합니까?

(　　　)

① 소화 기관　　　② 호흡 기관
③ 배설 기관　　　④ 감각 기관
⑤ 자극 기관

28 다음의 방법으로 에너지를 얻는 것은 어느 것입니까? (　　　)

> 햇빛을 받아 스스로 양분을 만들어 에너지를 얻는다.

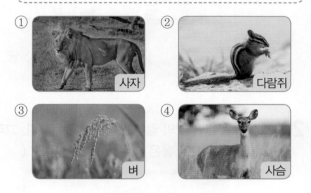

29 전등, 텔레비전, 시계 등 우리가 생활에서 이용하는 여러 전기 기구들을 작동하게 하는 에너지는 무엇입니까? (　　　)

① 열에너지
② 빛에너지
③ 전기 에너지
④ 위치 에너지
⑤ 운동 에너지

30 다음과 같이 폭포의 물이 위에서 아래로 떨어질 때 일어나는 에너지 전환 과정으로 옳은 것은 어느 것입니까? (　　　)

① 빛에너지 → 열에너지
② 열에너지 → 위치 에너지
③ 전기 에너지 → 열에너지
④ 운동 에너지 → 전기 에너지
⑤ 위치 에너지 → 운동 에너지

영어 듣기 평가 1번부터 17번까지는 듣고 답하는 문제입니다. 방송을 잘 듣고, 물음에 답하기 바랍니다. 듣는 내용은 한 번만 방송됩니다.

1 다음을 듣고, 어느 건물의 위치를 말하는 것인지 고르시오. (　　)

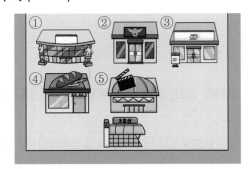

2 다음을 듣고, 두 사람의 대화가 <u>어색한</u> 것을 고르시오. (　　)

① 　　② 　　③ 　　④ 　　⑤

3 대화를 듣고, 남자가 한 조언을 <u>모두</u> 고르시오.
(　　)

① 쉬기　　　　　　② 약 먹기
③ 병원에 가기　　　④ 따뜻한 물 마시기
⑤ 일찍 잠자리에 들기

4 다음 대답을 듣고, 질문으로 가장 알맞은 것을 고르시오. (　　)

① 　　② 　　③ 　　④ 　　⑤

5 대화를 듣고, 두 사람이 오후에 할 일을 고르시오.
(　　)

① 영화 보기　　　　② 농구 하기
③ 배드민턴 치기　　④ 농구 경기 관람하기
⑤ 스포츠용품 사러 가기

6 대화를 듣고, 여자가 좋아하는 색을 고르시오.
(　　)

① red　　　② blue　　　③ black
④ white　　⑤ green

7 대화를 듣고, 대화가 끝난 후 남자가 갈 장소로 가장 알맞은 곳을 고르시오. (　　)

① 　　②

③ 　　④

⑤

8 다음을 듣고, Jessie의 모습과 관련 <u>없는</u> 것을 고르시오. (　　)

① 긴 머리　　　　② 생머리
③ 큰 눈　　　　　④ 흰색 티셔츠
⑤ 초록색 바지

9 대화를 듣고, 여자의 축구 경기가 언제인지 고르시오. ( )

① 3월 5일 ② 3월 15일 ③ 4월 25일
④ 5월 15일 ⑤ 5월 25일

10 다음을 듣고, 그림 속 여자의 응답으로 가장 알맞은 것을 고르시오. ( )

①   ②   ③   ④   ⑤

11 대화를 듣고, 여자의 출신 국가를 고르시오. ( )

① 중국   ② 미국   ③ 호주
④ 캐나다   ⑤ 프랑스

12 대화를 듣고, 내용과 일치하지 <u>않는</u> 것을 고르시오.
( )

① Brian은 무척 슬프다.
② Brian은 개를 잃어버렸다.
③ Brian은 개를 찾았다.
④ 지민이는 Brian을 위로해 주었다.
⑤ 지민이는 Brian을 돕기로 했다.

13 대화를 듣고, 여자가 말하고자 하는 내용으로 가장 알맞은 것을 고르시오. ( )

① 연주 부탁   ② 여행 계획
③ 연주회 초대   ④ 연주회 표 예매
④ 캠핑 동행 제안

14 다음을 듣고, 여자의 응답으로 가장 알맞은 것을 고르시오. ( )

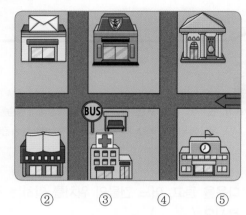

①   ②   ③   ④   ⑤

15 대화를 듣고, 이번 주말에 남자가 할 일을 고르시오.
( )

① 해변에 가기   ② 하이킹 가기
③ 제주도에 가기   ④ 엄마 생신 파티 하기
⑤ 조부모님 댁 방문하기

16 대화를 듣고, 내일 생일 파티에 갈 수 있는 사람이 누구인지 고르시오. ( )

① 준하   ② Amy의 동생
③ Nick   ④ 준하와 Nick
⑤ 아무도 없음

17 대화를 듣고, 여자의 마지막 말에 이어질 남자의 응답으로 가장 알맞은 것을 고르시오. ( )

① M-I-C-H-A-E-L.
② I have big blue eyes.
③ My name is Michael.
④ I'm in the sixth grade.
⑤ You should get some rest.

이제 듣기 문제가 모두 끝났습니다. 18번부터는 문제지의 지시에 따라 답하기 바랍니다.

[18~19] 다음 지도를 보고, 물음에 답하시오.

18 대화의 빈칸에 알맞은 장소를 위 지도에서 고르시오. ( )

A: Excuse me. Where is the _____?
B: It's next to the bank.

① bank   ② school   ③ bakery
④ bookstore   ⑤ bus stop

19 대화의 빈칸에 알맞은 말이 순서대로 바르게 짝 지어진 것을 고르시오. ( )

A: How can I get to the bus stop?
B: Go straight _____ and turn left.
   It's on your _____.

① one block − right   ② one block − left
③ two blocks − right   ④ two blocks − left
⑤ three blocks − left

20 대화의 빈칸에 알맞은 말을 고르시오. ( )

A: Let's clean the classroom. Can you join us?
B: _____ I have to go home now.

① OK.   ② Sure.   ③ All right.
④ Of course.   ⑤ Sorry, I can't.

21 다음 글에서 설명하고 있는 동물이 무엇인지 고르시오. ( )

I have brown hair and long legs. I can jump well. I live in Australia. Who am I?

① bear   ② koala   ③ tiger
④ elephant   ⑤ kangaroo

22 자연스러운 대화가 되도록 (A)~(D)를 바르게 배열한 것을 고르시오. ( )

(A) Why are you upset?
(B) Because my brother broke my new bike.
(C) I'm so upset.
(D) Oh, that's too bad.

① (A)−(C)−(D)−(B)   ② (A)−(D)−(B)−(C)
③ (B)−(D)−(C)−(A)   ④ (C)−(A)−(B)−(D)
⑤ (C)−(D)−(B)−(A)

23 다음 글을 읽고, 답할 수 <u>없는</u> 질문을 고르시오. ( )

Hi, I'm Mark. I'm from Germany. I live in Seoul now. I'm in the sixth grade. My favorite season is winter. I love skiing!

① What's his name?   ② Where is he from?
③ Where does he live?   ④ What grade is he in?
⑤ What's his favorite subject?

24 그림 속 여자를 묘사한 말로 알맞지 <u>않은</u> 것을 고르시오. ( )

① She has short hair.
② She has straight hair.
③ She is wearing glasses.
④ She is wearing blue jeans.
⑤ She is wearing a pink T-shirt.

25 대화 속 두 사람의 관계로 가장 알맞은 것을 고르시오. (　　)

> A: Hello, Ms. White.
> B: Hi, Suho. What's the matter with you?
> A: I'm sick. I have a stomachache.
> B: Take this medicine and drink warm water.
> A: Thank you.

① 의사 – 환자　　② 요리사 – 손님
③ 경찰관 – 시민　　④ 가게 점원 – 손님
⑤ 비행기 승무원 – 탑승객

26 대화의 빈칸에 알맞은 말이 순서대로 바르게 짝 지어진 것을 고르시오. (　　)

> A: _____ does your father look like?
> B: He is tall. He has short black hair.
> A: _____ do you spell your name?
> B: J-U-N-S-E-O.

① How – What　　② How – When
③ What – How　　④ What – Where
⑤ When – Where

27 다음 글의 글쓴이가 이번 여름에 할 일이 아닌 것을 고르시오. (　　)

> I'm going to do many things this summer. I'm going to go camping with my uncle. We're going to go fishing together. I'm going to go swimming with my friends. And, I'm going to read many books!

① 책 읽기　　② 낚시하기　　③ 수영하기
④ 사진 찍기　　⑤ 캠핑 가기

28 다음 대화의 ①~⑤ 중 흐름상 어색한 문장을 고르시오. (　　)

> A: Cindy, you look happy.
> B: ① Yes, I'm very happy.
> A: ② Why are you so happy?
> B: ③ Because we won the baseball game!
> A: ④ Wow! You did a good job! ⑤ Don't be sad.

29 다음 초대장을 읽고, 알 수 없는 것을 고르시오. (　　)

> **Come to My Snack Party**
> Hi, Eddie. I have a snack party this Friday. Can you come to the party? Let's eat some snacks and have fun! We are going to play some board games. Come to my house at 4.
> *Yena*

① 초대받은 사람　　② 초대한 사람
③ 장소　　④ 준비물
⑤ 때

30 다음 글의 마지막 문장에 대한 답으로 가장 알맞은 것을 고르시오. (　　)

> Today is Children's Day. Children get some presents from their parents and they are happy all day. What date is it today?

① May 15th.　　② It's May 5th.
③ It's Wednesday.　　④ I like Children's Day.
⑤ I want to get a present.

학교명 　　　　　 학년 　　　 반 　　　 번호 　　　　 성명 　　　　　

1 다음은 무엇에 대한 설명입니까? (　)

> 어떤 현상이나 사물을 비슷한 현상이나 사물에 빗대어 표현하는 것이다.

① 반복하는 표현 　　② 비유하는 표현
③ 관용적인 표현 　　④ 사실적인 표현
⑤ 논리적인 표현

2~3

봄비

해님만큼이나
큰 은혜로
내리는 교향악

이 세상
모든 것이 다
악기가 된다.

달빛 내리던 지붕은
두둑 두드둑
큰북이 되고

아기 손 씻던
세숫대야 바닥은

도당도당 도당당
작은북이 된다.

2 이 시에서 '봄비 내리는 소리'를 '교향악'에 비유한 까닭은 무엇이겠습니까? (　)

① 아기와 닮아서
② 크기가 매우 작아서
③ 만날 수 있는 때가 같아서
④ 매우 느리고 무겁게 움직여서
⑤ 여러 가지 소리가 섞여 있는 것이 비슷해서

3 이 시에서 '달빛 내리던 지붕'을 무엇에 비유하여 나타내었습니까? (　)

① 큰북 　　② 해님 　　③ 교향악
④ 작은북 　　⑤ 세숫대야 바닥

4~5

㈎ "엄마, 저 담 너머에는 누가 살아요?"
"쉿! 아가야, 절대로 저 담 옆에 가면 안 돼. 저 담 너머에는 무시무시한 괴물들이 산단다."

㈏ 담 쪽으로 다가가 보니 작은 문이 언뜻 보이는 거야. / 몸이 오싹거렸지만 그 아이는 계속 다가갔어.
열쇠 구멍에서 희미한 빛이 새어 나왔거든.
아이는 무서운 마음을 꾹 누르고 구멍 속을 들여다보았어. / "와, 세상에 이럴 수가!"
아이의 눈에 보인 건 공을 가지고 즐겁게 노는 아이들이었어. / 엄마가 말한 끔찍한 괴물들이 아니라 자기하고 비슷한 또래 친구들 말이야.
끼이이이이익— / 아이가 문을 밀자 쓱 열렸어.
문은 낡았고, 자물쇠는 망가져 있었거든.
환한 햇살 때문에 아이는 눈이 부셨지.
아이는 친구들에게 다가가 말했어.
"얘들아, 안녕! 내 이름은 사과야. 너희 이름은 뭐야?"

4 아이가 본 담 너머에는 무엇이 살고 있었습니까?
(　)

① 아주 나쁜 사람들
② 무시무시한 괴물들
③ 즐겁게 노는 아이들
④ 심술궂고 못된 사람들
⑤ 말라 버린 나무와 꽃들

5 이 글에서 가장 나중에 일어난 사건은 무엇입니까?
(　)

① 아이가 문을 열었다.
② 아이가 구멍 속을 들여다보았다.
③ 아이가 친구들에게 다가가 인사했다.
④ 열쇠 구멍으로 희미한 빛이 새어 나왔다.
⑤ 아이가 엄마에게 담 너머에 누가 사는지 물었다.

6~7

(가) **시작하는 말**

안녕하세요? 1모둠 발표를 맡은 김대한입니다. 우리의 미래를 생각하면서 우리 모둠은 '미래에는 어떤 인재가 필요할까'라는 주제로 발표를 준비했습니다. 우리 모둠이 준비한 자료는 표와 동영상입니다. 자료를 보면서 발표를 들어 주십시오.

(나) **설명하는 말**

미래에는 어떤 인재가 필요할까요? 대한상공회의소에서 조사한 '100대 기업의 인재상 변화'에 따르면 2008년에는 창의성이 1순위였는데 2013년에는 도전 정신이, 2018년에는 소통과 협력이 1순위입니다. 이처럼 시대에 따라 필요한 인재상은 달라지고 있습니다.

6 글 (가)에 들어간 내용은 무엇입니까? (　　)

① 함께 생각할 점　　② 발표하려는 주제
③ 자료를 가져온 곳　　④ 자료에 담긴 핵심 내용
⑤ 발표한 내용을 정리한 내용

7 이 글에 붙이기에 가장 알맞은 제목은 무엇입니까?
(　　)

① 미래의 인재　　② 인재란 무엇인가
③ 산업 혁명의 결과　　④ 과거와 현재의 기업
⑤ 우리나라 기업의 성장과 변화

8 다음 글에 나타난 글쓴이의 주장은 무엇입니까?
(　　)

> 우리나라 전통 음식은 세계 여러 나라 사람에게 주목받고 있습니다. 우리 조상의 넉넉한 마음과 삶에서 배어 나온 지혜가 담긴 우리 전통 음식은 그 맛과 멋과 영양의 삼박자를 모두 갖추고 있습니다. 우리는 우리 전통 음식의 과학성과 우수성을 알고 우리 전통 음식에 관심을 가지고 우리 전통 음식을 사랑해야겠습니다.

① 우리 전통 음식만 먹자.
② 우리 전통 음식을 사랑하자.
③ 우리 조상의 음식 솜씨를 배우자.
④ 우리 전통 음식을 세계로 수출하자.
⑤ 우리 전통 음식의 과학성에 대해 공부하자.

9~10

까마귀는 하늘로 올라가는 것을 포기하고 말고기가 있는 자리로 갔습니다.

강 도령은 갑자기 바빠졌습니다. 아무나 되는대로 저승으로 보내야 했기 때문입니다.

그전까지는 나이 많은 순서대로 저승에 보내졌습니다. 그래서 사람들은 죽음을 슬픔이 아닌 당연한 일로 받아들였습니다. 본디 왔던 곳으로 돌아간다고 생각했기 때문입니다.

그러나 까마귀가 염라대왕의 뜻을 잘못 전한 뒤부터는 어른, 아이 할 것 없이 아무나 먼저 죽게 되었답니다. 이때부터 나이에 상관없이 사람들이 죽게 되었지요.

"㉠까마귀 고기를 먹었나."라는 속담은 이런 경우와 같이 무엇인가를 잘 잊어버리는 사람을 가리켜 사용됩니다.

9 까마귀가 염라대왕의 뜻을 잘못 전한 뒤부터 생긴 일은 무엇입니까? (　　)

① 사람들이 죽지 않게 되었다.
② 사람들이 까마귀를 싫어하게 되었다.
③ 사람들이 나이에 상관없이 죽게 되었다.
④ 사람들이 전생을 기억하지 못하게 되었다.
⑤ 사람들이 무엇인가를 잘 잊어버리게 되었다.

10 ㉠의 속담을 사용할 수 있는 상황으로 알맞은 것은 무엇입니까? (　　)

① 글쓰기 대회에서 상을 받은 상황
② 말을 그치지 않고 계속하는 상황
③ 친구들이 사소한 일로 다투는 상황
④ 친구가 음식을 골고루 먹지 않는 상황
⑤ 친구가 자주 준비물을 잊고 챙겨 오지 않는 상황

11~12

궁궐의 건물

　궁궐에는 왕과 왕비뿐만 아니라 왕실의 가족과 관리, 군인, 내시, 나인 등 많은 사람이 살았다. 이 사람들은 각자 자신의 신분에 알맞은 건물에서 생활했고, 건물의 명칭 또한 주인의 신분에 따라 달랐다. 예컨대 궁궐에는 강녕전이나 교태전과 같이 '전' 자가 붙는 건물이 있는데, 이러한 건물에는 궁궐에서 가장 신분이 높은 왕과 왕비만 살 수 있었다. 왕실 가족이나 후궁들은 주로 '전'보다 한 단계 격이 낮은 '당' 자가 붙는 건물을 사용했다. 그 밖의 궁궐 사람들은 주로 '각', '재', '헌'이 붙는 건물에서 생활했다. 그러나 경우에 따라서는 왕도 '전'이 아닌 다른 건물을 사용했다.

11 궁궐에서 왕과 왕비만 살 수 있었던 건물을 두 가지 고르시오. (　　　)

① 강녕전　　② 경회루
③ 부용정　　④ 정관헌
⑤ 교태전

12 다음은 이 글의 내용을 정리한 것입니다. 빈칸에 들어갈 알맞은 말은 무엇입니까? (　　)

　궁궐에는 사람이 많이 살았는데, 각자 □□에 알맞은 궁궐에서 살았다.

① 나이　　② 신분
③ 외모　　④ 직업
⑤ 성별

13 다음 언어생활 상태 중 고쳐야 하는 것을 모두 고르시오. (　　　)

① 외국어를 자주 사용한다.
② 줄임 말을 자주 사용한다.
③ 긍정하는 말을 자주 사용한다.
④ 다른 사람을 배려하며 말한다.
⑤ 비속어나 욕설을 섞어서 말한다.

14~15

고려 말 상황　고려 말에 새로 등장한 정치 세력과 무인들은 고려 사회를 개혁하려고 했다. 정몽주는 고려를 유지하면서 개혁해야 한다고 생각했고, 이성계는 고려를 무너뜨리고 새로운 왕조를 세우고자 했다. 이러한 상황에서 이성계의 아들 이방원은 정몽주에게 「하여가」를 썼고, 정몽주는 「단심가」를 썼다.

(가)　　　　　하여가
　이런들 어떠하며 저런들 어떠하리
　만수산 드렁칡이 얽혀진들 어떠하리
　우리도 이같이 얽혀져 백 년까지 누리리
(나)　　　　　단심가
　이 몸이 죽고 죽어 일백 번 고쳐 죽어
　백골이 진토 되어 넋이라도 있고 없고
　임 향한 일편단심이야 가실 줄이 있으랴

14 글 (가)에 대한 설명으로 알맞지 않은 것은 어느 것입니까? (　　)

① 이방원이 쓴 시조이다.
② 정몽주의 충심에 대해 존경하는 마음을 나타냈다.
③ 정몽주에게 자신과 뜻을 함께하자고 전하고 있다.
④ 자신의 생각을 '만수산 드렁칡'에 빗대어 나타냈다.
⑤ '뜻을 함께 모아 새 나라를 세우자.'라는 생각이 나타나 있다.

15 글 (나)에 나타난 글쓴이의 생각은 어떠합니까? (　　)

① 이방원과 뜻을 함께하겠다.
② 사랑하는 사람을 잃어 슬프다.
③ 변함없이 고려에 충성을 다하겠다.
④ 이방원을 위해 목숨을 바쳐 싸우겠다.
⑤ 뜻을 모아 함께 새로운 나라를 세우겠다.

16 마음을 나누는 글을 쓰는 방법으로 알맞지 <u>않은</u> 것은 무엇입니까? (   )

① 읽는 사람을 고려해서 쓴다.

② 일어난 사건을 자세하게 쓴다.

③ 나누려는 마음이 잘 드러나게 쓴다.

④ 이해하기 쉬운 표현을 사용해서 쓴다.

⑤ 글을 쓴 상황이나 목적이 드러나지 않게 쓴다.

17~18

그래 살아 봐야지 너도 나도 공이 되어 떨어져도 튀는 공이 되 어 살아 봐야지 쓰러지는 법이 없는 둥 근 공처럼, 탄력의 나라의 왕자처럼	가볍게 떠올라야지 곧 움직일 준비 되어 있 는 꼴 둥근 공이 되어 옳지 최선의 꼴 지금의 네 모습처럼 떨어져도 튀어 오르는 공 쓰러지는 법이 없는 공 이 되어.

17 이 시에서 반복되어 쓰인 말을 두 가지 고르시오.

(   )

① 그래

② 옳지

③ ~야지

④ 공이 되어

⑤ 네 모습처럼

18 이 시에서 말하는 이가 추구하는 삶의 모습은 무엇입니까? (   )

① 명예와 부를 추구하는 삶

② 다른 사람을 위해 살아가는 삶

③ 계속해서 도전하고 노력하는 삶

④ 다른 사람과 사이좋게 지내는 삶

⑤ 하고 싶은 일을 하며 즐겁게 사는 삶

19~20

우리 반 친구들이 고운 말을 사용하면 좋겠습니다. 친구에게 나쁜 말을 했다가 자신도 나쁜 말을 들은 경험, 반대로 친구를 칭찬하고 자신도 칭찬을 들은 경험이 있을 것입니다. 가는 말이 고와야 오는 말이 곱습니다.

19 이 대화에서 친구들은 무엇에 대해 말하고 있습니까? (   )

① 고운 말을 사용하자는 것

② 친구들과 사이좋게 지내자는 것

③ 교실에서 질서를 지켜 생활하자는 것

④ 다른 사람의 행동에 관심을 가지자는 것

⑤ 말이나 행동을 하기 전에 생각을 하자는 것

20 고운이처럼 관용 표현을 활용하여 말을 시작할 때 얻을 수 있는 효과는 무엇입니까? (   )

① 듣는 사람의 관심을 끌 수 있다.

② 생각을 아주 짧게 전달할 수 있다.

③ 하려는 말을 상대가 알아들을 수 없다.

④ 전하고 싶은 말을 어렵게 표현할 수 있다.

⑤ 말하는 사람의 의도와 다르게 전달할 수 있다.

㉮ 얼마 전, 누리 소통망에 퍼진 「△△식당 불매 운동」이라는 글을 보신 적이 있나요? 그 가게는 바로 저희 어머니께서 운영하시는 식당입니다. 하지만 누리 소통망에 실린 이야기는 사실과 다릅니다.

㉯ 며칠 뒤, 친구에게 연락이 왔습니다. 걱정스러운 목소리로 "성민아, 인터넷 누리 소통망에 너희 가게 이야기가 있는데, 너도 한번 보는 게 좋을 것 같아."라며 인터넷 글을 보내 주더군요. 그 글에는 며칠 전 있었던 일이 사실과는 다르게 적혀 있었습니다.

△△식당에서 짜장면을 먹었는데 맛이 이상한 짜장면을 그냥 먹으라고 하고 사과는커녕 자신을 밀치며 불친절하게 말했다는 겁니다. 사람들은 댓글에 모두 저희 가게를 욕하며 불매 운동을 벌이고 있었습니다. 게다가 저를 아는 누군가가 제 이름과 다니는 학교까지 인터넷에 올리는 바람에 학교에도 소문이 났습니다. 그리고 그 사건 뒤 저희 가게에는 정말 손님이 뚝 끊겨 저희 가족은 힘든 나날을 보내고 있습니다.

인터넷에 떠도는 소문이 아닌 제 말을 믿어 주시고, 이 글을 널리 퍼뜨려 주세요. 저희 가게를 도와주세요.

21 성민이가 이 글을 쓴 까닭은 무엇입니까? (　　　)

① △△식당의 메뉴를 소개하기 위해서
② 자신의 가족에 대해 소개하기 위해서
③ 누리 소통망 사용 방법을 알려 주기 위해서
④ 친구와 사이좋게 지내야 한다는 자신의 생각을 전하기 위해서
⑤ △△식당에 대해 인터넷에 떠도는 소문이 사실이 아님을 알려 주기 위해서

22 이 글에서 짐작할 수 있는 누리 소통망의 단점을 두 가지 고르시오. (　　　)

① 개인 정보가 유출되기 쉽다.
② 다른 의견을 쉽게 제시할 수 없다.
③ 잘못된 정보가 쉽게 퍼질 수 있다.
④ 다른 사람에게 정보를 전하기 어렵다.
⑤ 한정된 사람에게만 정보를 전달할 수 있다.

23 여러 가지 매체 자료를 활용한 경험을 바르게 말하지 못한 사람은 누구입니까? (　　　)

① 민주: 연극 공연을 할 때 음악을 사용하니 장면의 느낌이 더 실감 났다.
② 성우: 폴란드의 민속춤을 소개할 때 화면으로 영상을 보여 주면서 설명했다.
③ 아람: 베트남의 전통 의상을 소개할 때 여러 의상의 모습을 말로만 설명해 주었다.
④ 하윤: 내가 어릴 때 모습을 찍은 사진들을 영상으로 만들어 친구들에게 보여 주었다.
⑤ 수정: 사회 시간에 주요 농작물의 주산지 이동 변화를 그림지도를 활용하여 발표했다.

24 영상 자료를 제작하고 발표하는 과정에서 가장 먼저 할 일은 무엇입니까? (　　　)

① 촬영하기　　　　　② 편집하기
③ 발표하기　　　　　④ 촬영 계획 세우기
⑤ 발표 상황 파악하기

25 다음 글에 붙일 제목으로 알맞은 것은 무엇입니까?
(　　　)

㉮ 나는 우리나라가 세계에서 가장 아름다운 나라가 되기를 원한다. 가장 부강한 나라가 되기를 원하는 것은 아니다. 내가 남의 침략에 가슴이 아팠으니, 내 나라가 남을 침략하는 것을 원치 아니한다. 우리의 부는 우리 생활을 풍족히 할 만하고, 우리의 힘은 남의 침략을 막을 만하면 족하다. 오직 한없이 가지고 싶은 것은 높은 문화의 힘이다. 문화의 힘은 우리 자신을 행복하게 하고, 나아가서 남에게도 행복을 주기 때문이다.

㉯ 동포 여러분! 이러한 나라가 된다면 얼마나 좋겠는가. 우리 자손에게 이러한 나라를 남기고 가면 얼마나 만족하겠는가.

① 동포란 무엇인가
② 내가 원하는 우리나라
③ 우리 조상이 걸어온 길
④ 우리를 행복하게 하는 것
⑤ 우리나라와 다른 나라의 모습

26 다음과 같이 토론을 할 때 든 근거를 판단하는 기준으로 알맞은 것을 두 가지 고르시오. (   )

 법으로 정해야 해. 당연히 지켜야 할 도덕적 의무이니 따르지 않는다면 법으로 처벌하는 게 옳아.

 법으로 정하지 않아도 돼. 도덕까지 법으로 규제하는 것은 강압에 가까워.

① 근거가 사실인가?
② 근거가 재미있는가?
③ 근거가 여러 가지인가?
④ 근거의 길이가 얼마나 긴가?
⑤ 근거가 주장을 뒷받침하는가?

27~28

진행자의 도입

독감 때문에 요즘 감염 걱정이 많죠? 하지만 '30초 손 씻기'만 제대로 실천해도 웬만한 감염병은 막을 수 있다고 합니다. '30초의 기적'이라고까지 하는 올바른 손 씻기 방법을 이선주 기자가 알려 드립니다.

기자의 보도

손을 어떻게 씻어야 손에 번식하는 세균을 없앨 수 있을지 알아보려고 손에 형광 물질을 바르고 실험했습니다. 10초 동안 비누로 손바닥과 손가락을 비벼 가며 열심히 씻는 것이 중요합니다. 이렇게 수시로 30초 동안 손을 씻으면 감염병의 70퍼센트는 예방할 수 있습니다.

면담 하영은 보건 선생님

"감기를 비롯해 장염, 식중독 따위도 모두 손을 깨끗이 씻으면 예방할 수 있습니다."

27 이 뉴스에서 다루는 내용은 무엇입니까? (   )

① 올바른 손 씻기 방법
② 독감을 낫게 하는 음식
③ 식중독을 일으키는 원인
④ 여러 가지 감염병의 종류
⑤ 물을 깨끗하게 만드는 방법

28 이 뉴스에서 활용한 자료로 알맞은 것을 두 가지 고르시오. (   )

① 관련 실험
② 전문가 면담
③ 다른 뉴스의 내용
④ 주제와 관련된 책
⑤ 주제와 관련된 음악

29 다음 글에서 ㉠ 부분을 고쳐 써야 하는 까닭은 무엇입니까? (   )

여러분, 불량 식품을 먹지 맙시다. 불량 식품에는 무엇이 들어갔는지, 그리고 유통 기한은 언제까지인지 정확히 적혀 있지 않습니다. 불량 식품을 먹으면 해로운 물질이 몸에 들어가 병에 걸리기 쉽습니다. 그리고 유통 기한을 알 수 없어 신선하지 않은 식품을 먹게 될 수도 있습니다. 불량 식품은 ㉠아무리 맛있어서 먹으면 안 됩니다.

① 필요 없는 내용이라서
② 문장의 호응이 이루어지지 않아서
③ 글의 주제와 관련 없는 내용이라서
④ 은어나 비속어가 포함된 문장이라서
⑤ 단정적이거나 불확실한 표현을 사용해서

30 다음 글에 나타난 내용을 모두 고르시오. (   )

㈎ 「피부 색깔=꿀색」이라는 영화를 보았다. 제목부터가 뭔가 전하고 싶은 이야기가 많은 영화라고 생각했다.

㈏ 융은 다섯 살에 해외로 입양된다. 하지만 융은 벨기에의 가족과 자신의 피부색이 다르다는 사실과 한국에 친부모가 있을지도 모른다는 생각에 잘 적응하지 못하고 힘들어한다.

㈐ 예전에 「국가대표」라는 영화를 보았다. 그 영화에서 주인공은 엄마를 찾으려고 국가대표가 되려고 했다.

① 영화의 주제
② 영화의 줄거리
③ 영화 제목을 보고 한 생각
④ 예전에 본 다른 영화의 내용
⑤ 영화 속 내용과 비슷한 자신의 경험

1 찰흙 3 kg을 5모둠에 똑같이 나누어 주려고 합니다. 한 모둠에 나누어 주어야 하는 찰흙은 몇 kg인가요?
( )

① $\frac{2}{5}$ kg   ② $\frac{3}{5}$ kg   ③ $\frac{5}{3}$ kg

④ $1\frac{1}{3}$ kg   ⑤ 15 kg

2 밑변의 길이가 5 cm이고 넓이가 $\frac{30}{7}$ cm²인 삼각형의 높이는 몇 cm인가요? ( )

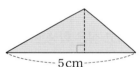

① $\frac{6}{7}$ cm   ② $\frac{8}{7}$ cm   ③ $\frac{9}{7}$ cm

④ $\frac{10}{7}$ cm   ⑤ $\frac{12}{7}$ cm

3 각기둥의 꼭짓점의 수를 ㉠, 면의 수를 ㉡, 모서리의 수를 ㉢이라 할 때, ㉠-㉡+㉢의 값은 얼마인가요?
( )

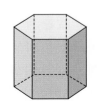

① 20   ② 21   ③ 22
④ 23   ⑤ 24

4 사각기둥의 전개도입니다. 선분 ㄱㅈ의 길이는 몇 cm인가요? ( )

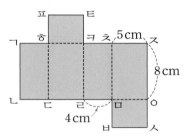

① 16 cm   ② 17 cm   ③ 18 cm
④ 19 cm   ⑤ 20 cm

5 각뿔에 대해 바르게 설명한 것을 모두 고른 것은 어느 것인가요? ( )

㉠ 밑면은 1개이다.
㉡ 옆면은 삼각형이다.
㉢ 밑면과 옆면은 서로 수직이다.

① ㉠   ② ㉠, ㉡   ③ ㉠, ㉢
④ ㉡, ㉢   ⑤ ㉠, ㉡, ㉢

6 자연수의 나눗셈을 이용하여 소수의 나눗셈을 계산한 것입니다. ㈎, ㈏에 알맞은 수끼리 짝 지은 것은 어느 것인가요? ( )

$$1125 \div 9 = \boxed{㈎} \quad \Rightarrow \quad 11.25 \div 9 = \boxed{㈏}$$

	㈎	㈏
①	1.25	1.25
②	125	125
③	125	1.25
④	1250	12.5
⑤	1250	1.25

[7~8] 5 m²의 벽을 칠하는 데 페인트 4 L가 필요합니다. 물음에 답하세요.

7 페인트 1 L로 몇 m²의 벽을 칠할 수 있나요?
(　)

① 0.18 m²　② 0.8 m²　③ 1.05 m²

④ 1.25 m²　⑤ 1.5 m²

8 1 m²의 벽을 칠하는 데 필요한 페인트는 몇 L인가요? (　)

① 0.18 L　② 0.8 L　③ 1.05 L

④ 1.25 L　⑤ 1.5 L

9 비를 잘못 나타낸 것은 어느 것인가요? (　)

① 귤 수와 사과 수의 비는 8 : 5이다.

② 사과 수에 대한 귤 수의 비는 8 : 5이다.

③ 전체 과일 수와 귤 수의 비는 13 : 8이다.

④ 귤 수의 전체 과일 수에 대한 비는 8 : 13이다.

⑤ 전체 과일 수에 대한 사과 수의 비는 13 : 5이다.

10 물 160 g에 소금 40 g을 섞어서 소금물을 만들었습니다. 소금물 양에 대한 소금 양의 비율은 몇 %인가요? (　)

① 20 %　② 25 %　③ 60 %

④ 75 %　⑤ 80 %

[11~12] 형진이네 반 학생 20명이 하고 싶은 운동을 조사하여 나타낸 원그래프입니다. 물음에 답하세요.

하고 싶은 운동별 학생 수

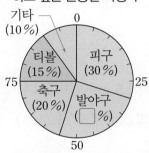

11 발야구를 하고 싶은 학생은 전체의 몇 %인가요?
(　)

① 20 %　② 25 %　③ 35 %

④ 50 %　⑤ 55 %

12 위의 그래프에 대해 잘못 설명한 것은 어느 것인가요? (　)

① 축구를 하고 싶은 학생은 4명이다.

② 피구를 하고 싶은 학생이 가장 많다.

③ 티볼을 하고 싶은 학생이 가장 적다.

④ 피구를 하고 싶은 학생 수는 축구를 하고 싶은 학생 수의 1.5배이다.

⑤ 발야구를 하고 싶은 학생은 티볼을 하고 싶은 학생보다 2명 더 많다.

13 정육면체의 부피는 몇 cm³인가요? ( )

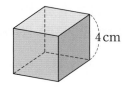

① 32 cm³ ② 48 cm³ ③ 64 cm³
④ 80 cm³ ⑤ 96 cm³

14 오른쪽 직육면체의 부피를 m³와 cm³로 각각 바르게 나타낸 것은 어느 것인가요?

( )

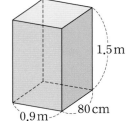

① 1.08 m³, 1080000 cm³
② 1.08 m³, 10800000 cm³
③ 1.08 m³, 108000000 cm³
④ 108 m³, 1080000 cm³
⑤ 108 m³, 108000000 cm³

15 직육면체의 겉넓이를 바르게 구한 친구는 누구인가요? ( )

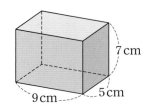

선우: $9 \times 5 \times 7 = 315 (cm^2)$
지민: $(9+5+9+5) \times 7 = 196 (cm^2)$
정연: $9 \times 5 + 9 \times 7 + 5 \times 7 = 143 (cm^2)$
승희: $(9+5+9+5) \times 7 + 9 \times 5 = 241 (cm^2)$
규현: $(9 \times 5 + 9 \times 7 + 5 \times 7) \times 2 = 286 (cm^2)$

① 선우 ② 지민 ③ 정연
④ 승희 ⑤ 규현

16 다음을 계산한 결과는 얼마인가요? ( )

$$1\frac{2}{5} \div \frac{3}{10}$$

① $\frac{21}{50}$ ② 2 ③ $2\frac{1}{3}$
④ 3 ⑤ $4\frac{2}{3}$

17 $8 \div \frac{4}{3}$와 몫이 같은 것은 어느 것인가요? ( )

① $3 \div \frac{5}{6}$ ② $2 \div \frac{4}{5}$ ③ $6 \div \frac{2}{3}$
④ $4 \div \frac{2}{3}$ ⑤ $7 \div \frac{3}{8}$

18 다음 계산 과정에서 ㉮와 ㉯에 알맞은 수를 바르게 짝 지은 것은 어느 것인가요? ( )

$$17.5 \div 2.5 = 175 \div \boxed{㉮} = \boxed{㉯}$$

	㉮	㉯
①	2.5	0.7
②	2.5	7
③	25	0.7
④	25	7
⑤	25	70

19 오늘 밭에서 캔 감자와 고구마의 양입니다. 캔 감자의 양은 고구마 양의 몇 배인가요? (   )

종류	수확량(kg)
감자	148.2
고구마	24.7

① 3배   ② 4배   ③ 5배
④ 6배   ⑤ 7배

20 나눗셈의 몫을 반올림하여 소수 첫째 자리까지 나타낸 값이 <u>다른</u> 하나는 어느 것인가요? (   )

① $14.2 \div 3$ ② $28.1 \div 6$
③ $33.1 \div 7$ ④ $38.1 \div 8$
⑤ $42.2 \div 9$

21 쌓기나무 10개로 쌓은 오른쪽 모양을 앞에서 본 모양은 어느 것인가요? (   )

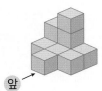
앞

①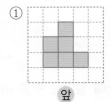
앞

②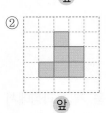
앞

③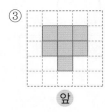
앞

④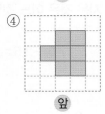
앞

⑤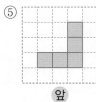
앞

22 쌓기나무 7개로 다음 조건을 모두 만족하는 모양을 모두 몇 가지 만들 수 있나요? (단, 뒤집거나 돌렸을 때 같은 모양은 한 가지로 생각합니다.) (   )

- 쌓기나무로 쌓은 모양은 3층이다.
- 위에서 본 모양은 정사각형이다.
- 각 층의 쌓기나무 수는 모두 다르다.

① 2가지   ② 3가지   ③ 4가지
④ 5가지   ⑤ 6가지

23 다음 □ 안에 알맞은 비는 어느 것인가요? (   )

$$\frac{1}{3} : \frac{1}{5} = \boxed{}$$

① $3 : 5$ ② $3 : 8$ ③ $5 : 3$
④ $5 : 8$ ⑤ $8 : 3$

24 □ 안에 알맞은 수가 나머지와 <u>다른</u> 하나는 어느 것인가요? (   )

① $2 : 5 = \square : 25$ ② $2 : \square = 5 : 25$
③ $\square : 7 = 30 : 21$ ④ $4 : \square = 2 : 6$
⑤ $5 : \square = 1.5 : 3$

25 희영이가 이웃 돕기 성금으로 사용한 금액은 얼마인가요? (   )

희영

지난 일요일에 아버지께 받은 용돈 5000원을 이웃 돕기 성금과 학용품 구입에 2 : 3의 비율로 나누어 사용했어.

① 1000원　　② 2000원　　③ 3000원
④ 4000원　　⑤ 5000원

26 500원짜리 원 모양 동전의 반지름은 1.3 cm입니다. 이 동전의 둘레는 몇 cm인가요? (원주율: 3.1)
(   )

① 4.03 cm　　　② 4.3 cm
③ 4.05 cm　　　④ 8.06 cm
⑤ 8.6 cm

27 원주가 50.24 cm인 원의 넓이는 몇 cm^2인가요?
(원주율: 3.14) (   )

① 100.48 cm^2　　② 150.72 cm^2
③ 200.96 cm^2　　④ 301.44 cm^2
⑤ 401.92 cm^2

28 색칠한 부분의 넓이는 몇 cm^2인가요? (원주율: 3)
(   )

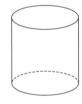
20cm
20 cm

① 60 cm^2　　② 150 cm^2　　③ 240 cm^2
④ 300 cm^2　　⑤ 360 cm^2

29 원기둥에 대한 설명으로 옳지 <u>않은</u> 것은 어느 것인가요? (   )

① 옆면은 2개이다.
② 밑면의 모양은 원이다.
③ 옆을 둘러싼 굽은 면은 옆면이다.
④ 서로 평행하고 합동인 두 면이 밑면이다.
⑤ 두 밑면에 수직인 선분의 길이는 높이이다.

30 다음 전개도로 만들 수 있는 원기둥의 한 밑면의 둘레는 몇 cm인가요? (원주율: 3.14) (   )

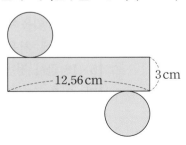
12.56 cm
3 cm

① 2 cm　　② 3 cm　　③ 4 cm
④ 9.42 cm　　⑤ 12.56 cm

1 다음 ⊙에 들어갈 사건은 무엇입니까? (   )

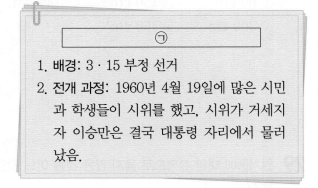

⊙

1. 배경: 3 · 15 부정 선거
2. 전개 과정: 1960년 4월 19일에 많은 시민과 학생들이 시위를 했고, 시위가 거세지자 이승만은 결국 대통령 자리에서 물러났음.

① 4 · 19 혁명　　　② 12 · 12 사태
③ 6월 민주 항쟁　　④ 5 · 16 군사 정변
⑤ 5 · 18 민주화 운동

2 6월 민주 항쟁 이후 직선제로 선출된 대통령이 <u>아닌</u> 사람은 누구입니까? (   )

① 노태우　　② 김영삼　　③ 박정희
④ 노무현　　⑤ 김대중

3 다음 ⊙에 들어갈 알맞은 말은 무엇입니까? (   )

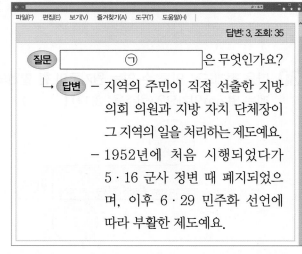

파일(F)　편집(E)　보기(V)　즐겨찾기(A)　도구(T)　도움말(H)

답변: 3, 조회: 35

질문　⊙　은 무엇인가요?

답변 – 지역의 주민이 직접 선출한 지방 의회 의원과 지방 자치 단체장이 그 지역의 일을 처리하는 제도예요.
– 1952년에 처음 시행되었다가 5 · 16 군사 정변 때 폐지되었으며, 이후 6 · 29 민주화 선언에 따라 부활한 제도예요.

① 캠페인　　② 1인 시위　　③ 서명 운동
④ 지방 자치제　⑤ 대통령 직선제

4 가정에서 이루어지는 정치의 모습으로 알맞은 것은 어느 것입니까? (   )

① 우리 반 규칙을 정하는 모습
② 친구 생일 선물을 결정하는 모습
③ 학교 축제 때 어떤 공연을 할지 의논하는 모습
④ 환경 보호를 위해 시민 단체에서 활동하는 모습
⑤ 가족이 모여 가족 여행 장소를 다수결로 정하는 모습

5 다음 질문에 대하여 <u>잘못</u> 말한 사람은 누구입니까?
(   )

민주주의를 실천하는 바람직한 태도는 무엇일까요?

① 창수: 상대방을 배려하고 서로 협의해야 해요.
② 명희: 함께 결정한 일은 따르고 실천해야 해요.
③ 태호: 나와 다른 의견을 인정하고 포용해야 해요.
④ 혜진: 사실이나 의견의 옳고 그름을 따져 살펴 봐야 해요.
⑤ 정연: 대화와 토론을 하기 보다는 무조건 다수결의 원칙을 사용해 문제를 해결해야 해요.

6 우리나라 헌법에 국민 주권이 명시되어 있는 것이 가지는 의미는 무엇입니까? (   )

① 헌법이 최고의 법이다.
② 국민 주권은 강제력이 없다.
③ 국민 주권을 대통령이 제한할 수 있다.
④ 국가가 함부로 국민의 권리를 침해할 수 없다.
⑤ 국민의 자유와 권리를 헌법으로 제한할 수 있다.

7 다음 기관의 공통점은 무엇입니까? (   )

> 국회, 정부, 법원

① 시민 단체이다.
② 법을 만드는 일을 한다.
③ 법에 따라 재판을 한다.
④ 삼권 분립을 구성하는 국가 기관이다.
⑤ 헌법과 관련된 다툼을 해결하는 일을 한다.

8 다음 신문 기사의 ㉠에 들어갈 기관은 무엇입니까?
(   )

> △△신문   20○○년 ○○월 ○○일
>
> ▢ ㉠ ▢ 은/는 정부 각 부처를 대상
> 으로 20일간의 국정 감사에 들어갔다. 국정 감
> 사는 정부가 나라 살림을 제대로 하고 있는지
> 국민을 대신해 ▢ ㉠ ▢ 이/가 살펴보
> 는 활동이다.

① 국회   ② 법원   ③ 기상청
④ 국방부   ⑤ 헌법 재판소

9 합리적 선택이 아닌 것은 무엇입니까? (   )
① "같은 조건이면 더 싼 텔레비전을 선택할 거야."
② "같은 가격이라면 다양한 기능이 있는 텔레비
전을 선택할 거야."
③ "무상 관리 서비스를 오래 받을 수 있는 텔레
비전을 선택할 거야."
④ "우리 집은 할아버지, 할머니가 계시기 때문에
화면이 큰 텔레비전을 선택할 거야."
⑤ "가격이 비싸서 만족스럽지는 않지만 유명한
연예인이 광고를 하는 텔레비전을 선택할 거야."

10 다음 ㉠, ㉡에 대한 설명으로 알맞은 것은 무엇입니
까? (   )

▲ 대형 할인점   ▲ 텔레비전 홈 쇼핑

① ㉠에서는 집이나 땅을 사고판다.
② ㉠에서는 주식 거래가 이루어진다.
③ ㉡에서는 사람의 노동력을 사고판다.
④ ㉡에서는 다른 나라의 돈을 사고판다.
⑤ ㉠, ㉡ 모두 만질 수 있는 물건을 사고판다.

11 다음을 통해 알 수 있는 우리나라 경제의 특징은 무
엇입니까? (   )

자신의 장점을 말해 보세요.
면접관

① 나라에서 개인에게 직업을 정해 준다.
② 개인은 원하는 직업을 얻기 위해 경쟁한다.
③ 개인은 경제 활동으로 얻은 소득을 자유롭게
사용한다.
④ 기업은 더 적은 이윤을 얻으려고 다른 기업과
경쟁한다.
⑤ 기업은 이윤을 얻으려고 어떤 물건을 생산할
지 정한다.

12 우리나라에서 1950년대에 주로 발전한 산업을 두 가
지 고르시오. (   )
① 섬유 공업   ② 철강 산업
③ 전자 산업   ④ 식료품 공업
⑤ 자동차 산업

13 다음과 같은 노력으로 해결할 수 있는 경제 성장 과정에서 나타난 문제점은 어느 것입니까? (   )

▲ 시민 단체의 봉사 활동

▲ 복지 정책을 위한 여러 법률 제정

▲ 정부의 생계비, 양육비, 학비 지원

① 노사 갈등   ② 자원 고갈
③ 환경 오염   ④ 경제적 양극화
⑤ 정치적 무관심

14 다음 ㉠, ㉡에 들어갈 말이 알맞게 연결된 것은 어느 것입니까? (   )

> 어떤 물건의 재료를 생산하는 곳을 (㉠)라고 하고, (㉠)의 재료를 들여와 가공해 어떤 물품을 만들어 내는 곳을 (㉡)라고 한다.

	㉠	㉡		㉠	㉡
①	생산지	판매지	②	원산지	판매지
③	원산지	생산지	④	판매지	원산지
⑤	판매지	생산지			

15 우리나라가 다른 나라와 무역을 하면서 발생하는 문제가 <u>아닌</u> 것은 어느 것입니까? (   )

① 한국산 물건에 높은 관세 부과
② 우리나라의 안정적인 경제 성장
③ 외국산에 의존해야 하는 물건의 수입 문제
④ 수입 거부 때문에 다른 나라와 일어나는 갈등
⑤ 다른 나라의 수입 제한으로 발생하는 수출 감소

16 다음 세계 지도의 특징으로 알맞지 <u>않은</u> 것은 어느 것입니까? (   )

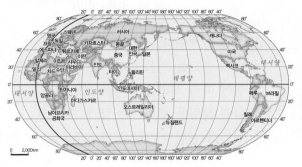

① 지구의 실제 모습과 비슷하게 생겼다.
② 둥근 지구를 평면으로 나타낸 것이다.
③ 인터넷 사용이 불가능한 곳에서도 사용하기 편리하다.
④ 세계 여러 나라의 위치와 영역을 한눈에 살펴볼 수 있다.
⑤ 나라와 바다의 모양, 거리가 실제와 다르게 표현되기도 한다.

17 다음 중 우리나라가 속한 대륙은 어디입니까? (   )

① ㉠   ② ㉡   ③ ㉢
④ ㉣   ⑤ ㉤

18 세계 일주 계획을 세울 때 활용하면 다음과 같은 좋은 점이 있는 자료는 어느 것입니까? (   )

> 세계를 한 바퀴 돌아오는 길을 먼저 짚어 보고 가고 싶은 나라를 구체적으로 정할 수 있다.

① 지구본   ② 그림지도
③ 세계 지도   ④ 사회과 부도
⑤ 디지털 영상 지도

19 건조 기후가 나타나는 곳에서 볼 수 있는 생활 모습은 어느 것입니까? (　　)

① 열대 작물을 재배한다.
② 사파리 관광 산업을 한다.
③ 화전 농업 방식을 활용한다.
④ 펄프용 목재 생산을 많이 한다.
⑤ 초원 지역에서는 유목 생활을 하기도 한다.

20 다음에서 설명하는 이누이트족의 전통 복장으로 알맞은 것은 어느 것입니까? (　　)

> • 이누이트족은 한대 기후가 나타나는 북극 지방에 살고 있다.
> • 이누이트족은 주변에서 가장 쉽게 구할 수 있는 재료인 동물의 가죽과 털로 옷을 만든다.

①  ②
③  ④

21 다음과 관련 있는 이웃 나라는 어디입니까? (　　)

▲ 아시아와 유럽을 구분하는 경계가 되는 우랄산맥　　▲ 겨울철 추위로 유명한 오이먀콘

① 중국　　② 일본　　③ 몽골
④ 러시아　　⑤ 베트남

22 다음 기념일들이 우리나라의 설날과 비슷한 점은 무엇입니까? (　　)

> • 중국 – 춘절　　　　• 일본 – 오쇼가쓰
> • 러시아 – 노비 고트

① 밀로 떡국을 만들어 먹는다.
② 신사를 찾아 한 해의 행운을 빈다.
③ 샴페인을 터트리고 덕담을 주고받는다.
④ 대문에 '복(福)'자를 거꾸로 붙여 놓는다.
⑤ 행운을 빌며 새로운 한 해를 맞이하는 마음을 가진다.

23 다음 (　　) 안에 들어갈 알맞은 곳은 어디입니까? (　　)

> 우리나라는 원유의 대부분을 외국에서 수입하는데 전체 원유 수입량의 약 85% 정도를 사우디아라비아 등의 (　　)에서 수입한다.

① 유럽　　② 아프리카　　③ 아메리카
④ 동아시아　　⑤ 서남아시아

24 오른쪽 학습 목표와 관련 있는 내용이 <u>아닌</u> 것은 어느 것입니까? (　　)

> 〈학습 목표〉
> 우리 땅 독도의 특징을 알아보자.

① 독도는 아무도 살지 않는 무인도이다.
② 독도는 우리나라의 동쪽 끝에 있는 섬이다.
③ 독도는 독특한 지형과 경관을 지닌 화산섬이다.
④ 우리나라는 독도를 천연기념물 제336호로 지정해 보호하고 있다.
⑤ 독도는 두 개의 큰 섬과 그 주위에 크고 작은 바위섬으로 이루어졌다.

25 오른쪽과 관련 있는 남북 분단으로 인한 문제점은 어느 것입니까? (   )

① 이산가족들이 고향에 가지 못한다.
② 남북 간의 언어와 문화가 달라졌다.
③ 전쟁이 일어날 수 있다는 공포가 있다.
④ 우리 국토를 효율적으로 활용하지 못하고 있다.
⑤ 남북이 각각 사용하는 국방비로 경제적 손실을 보고 있다.

26 다음에서 설명하는 것과 관련 <u>없는</u> 사례는 어느 것입니까? (   )

> 세계 여러 지역에서는 다양한 이유로 집단이나 국가 간에 갈등이 일어나고 있다.

① 시리아 내전
② 나이지리아 내전
③ 메콩강 유역 갈등
④ 한국 국제 협력단 창설
⑤ 이스라엘과 팔레스타인 분쟁

27 국제 연합(UN)에 대한 설명으로 알맞지 <u>않은</u> 것은 어느 것입니까? (   )

① 1945년에 설립된 단체이다.
② 뜻이 같은 개인들이 모여 만든 비정부 기구이다.
③ 국제 연합에는 다양한 전문 기구들이 설립되어 있다.
④ 지구촌의 평화 유지, 전쟁 방지, 국제 협력 활동을 하는 국제기구이다.
⑤ 세계 여러 나라들이 서로 협력해 지구촌 평화를 지키기 위해 설립되었다.

28 간디가 한 일로 알맞은 것은 어느 것입니까? (   )

① 집이 없는 사람에게 집을 지어 주었다.
② 인종 차별에 비폭력적 방법으로 투쟁했다.
③ 병원에 가지 못하는 사람들을 치료해 주었다.
④ 누리 소통망 서비스를 이용해 세계 평화 캠페인을 벌였다.
⑤ 123개 국가에 지뢰를 사용하지 않겠다는 약속을 받아냈다.

29 다음 영상의 장면과 관련 있는 지구촌 문제는 무엇입니까? (   )

① 사막화
② 해양 오염
③ 소음 공해
④ 대기 오염
⑤ 지구 온난화

30 지구촌 환경 문제를 해결하기 위해 초등학생인 우리가 할 수 있는 일이 <u>아닌</u> 것은 어느 것입니까? (   )

① 일회용품 사용을 줄인다.
② 평소에 에너지를 아껴 쓴다.
③ 환경 문제에 관심을 갖는다.
④ 환경 캠페인에 적극적으로 참여한다.
⑤ 환경 보호 관련 정책과 법령을 마련한다.

제 4교시

출제 범위: 6학년 전체 범위

학교명　　　　학년　　　반　　　번호　　　성명

1 다음 현상이 일어나는 까닭으로 옳은 것은? (　　　)

- 낮과 밤이 생긴다.
- 태양이 동쪽에서 떠서 서쪽으로 진다.

① 달이 자전하기 때문이다.
② 지구가 자전하기 때문이다.
③ 달이 지구 주위를 공전하기 때문이다.
④ 별자리가 계절에 따라 변하기 때문이다.
⑤ 지구가 태양 주위를 공전하기 때문이다.

2 어느 날 초저녁부터 새벽까지 관찰한 보름달의 위치 변화로 옳은 것은? (　　　)

① 동 남 서

② 동 남 서

③ 동 남 서

④ 동 남 서

3 계절에 따라 보이는 별자리에 대해 옳게 말한 친구는 누구입니까? (　　　)

- 은우: 별자리들은 한 계절에서만 볼 수 있어.
- 지우: 태양과 같은 방향에 있어서 태양 빛을 받는 별자리는 잘 보이는 별자리야.
- 민아: 별이 지구 주위를 공전하기 때문에 계절에 따라 보이는 별자리가 달라지는 거야.
- 하린: 지구가 태양 주위를 공전하기 때문에 계절에 따라 보이는 별자리가 달라지는 거야.

① 은우　② 지우　③ 민아　④ 하린　⑤ 없다.

4 오늘 밤에 본 달이 보름달이라면 언제 다시 보름달을 볼 수 있습니까? (　　　)

① 약 1일 후　② 약 10일 후　③ 약 15일 후
④ 약 20일 후　⑤ 약 30일 후

5 이산화 탄소가 이용되는 예가 <u>아닌</u> 것은 어느 것입니까? (　　　)

① 소화기

② 탄산음료

③ 소방관의 압축 공기통

④ 드라이아이스

6 (　　　) 안에 들어갈 알맞은 말을 옳게 짝 지은 것은 어느 것입니까? (　　　)

기체의 부피는 온도가 높아지면 (　㉠　), 온도가 낮아지면 (　㉡　).

	㉠	㉡		㉠	㉡
①	커지고	작아진다	②	커지고	변화 없다
③	작아지고	커진다	④	작아지고	변화 없다
⑤	변화 없고	작아진다			

7 다음에서 설명하는 기체로 옳은 것은? (　　　)

- 공기의 대부분을 차지하고 있다.
- 과자, 차, 분유, 견과류 등을 포장할 때 이용한다.

① 네온　② 산소　③ 질소
④ 헬륨　⑤ 이산화 탄소

8 다음은 어떤 기체를 발생시켜 확인하는 실험이다.

> 가지 달린 삼각 플라스크에 물을 조금 넣고 이산화 망가니즈를 한 숟가락 넣은 후, 묽은 과산화수소수를 깔때기에 붓고 조금씩 흘려 보낸다. 이때 발생한 기체를 집기병에 모아 향불을 넣었더니 불꽃이 커졌다.

이 기체에 대한 설명으로 옳은 것은? (   )

① 흰색 기체이다.

② 탄산음료에 이용된다.

③ 석회수를 뿌옇게 만든다.

④ 드라이아이스의 재료로 이용된다.

⑤ 철이나 구리와 같은 금속을 녹슬게 한다.

9 세포에 대한 설명으로 옳지 <u>않은</u> 것은? (   )

① 식물에만 있는 것이다.

② 동물 세포에는 세포벽이 없다.

③ 세포의 크기와 모양이 다양하다.

④ 양파의 표피 세포 안에는 둥근 모양의 핵이 있다.

⑤ 크기가 작은 세포는 광학 현미경으로 관찰할 수 있다.

10 식물의 뿌리에 대한 설명으로 옳은 것은? (   )

① 뿌리는 생김새가 모두 같다.

② 뿌리는 주로 광합성을 한다.

③ 뿌리는 양분을 저장하는 역할만 한다.

④ 뿌리가 잘 발달한 식물은 바람이 세게 불어도 쉽게 쓰러지지 않는다.

⑤ 사막과 같이 물이 부족한 지역에 사는 식물의 뿌리는 물을 흡수하지 않는다.

11 광합성에 대한 설명으로 옳은 것은? (   )

① 식물의 꽃에서 주로 일어난다.

② 식물이 스스로 양분을 만드는 것이다.

③ 뿌리에서 물을 흡수하는 과정을 말한다.

④ 식물은 산소와 물만 이용하여 광합성을 한다.

⑤ 식물은 광합성을 통해 뿌리 밖으로 물을 내보낸다.

12 여러 가지 식물이 씨를 퍼뜨리는 방법을 옳지 <u>않게</u> 말한 친구는? (   )

> • 샛별: 민들레는 바람에 날려서 퍼져.
> • 태양: 겨우살이는 동물에게 먹혀서 퍼져.
> • 우주: 제비꽃은 열매껍질이 터지며 퍼져.
> • 지나: 봉선화는 동물의 몸에 달라붙어 퍼져.
> • 수아: 단풍나무는 날개가 있어 빙글빙글 돌며 날아가면서 퍼져.

① 샛별   ② 태양   ③ 우주

④ 지나   ⑤ 수아

13 오른쪽은 어떤 물체 ⊙으로 장난감을 관찰하는 모습입니다. 물체 ⊙으로 알맞은 것은? (   )

① 평면거울   ② 오목 렌즈

③ 볼록 렌즈   ④ 무색 유리

⑤ 투명한 아크릴판

14 오른쪽 글자를 간이 사진기로 관찰한 모습으로 옳은 것은 어느 것입니까?

(   )

①   ②

③   ④

15 볼록 렌즈를 이용한 기구는? (   )

① 현미경   ② 계산기

③ 전자저울   ④ 전기스탠드

⑤ 일회용 비닐장갑

16 다음 중 옳은 것은 어느 것입니까? (   )

① 전류는 (−)극에서 (+)극으로 흐른다.

② 전기 부품은 모두 도체로만 이루어져 있다.

③ 전류는 전기 회로에서 흐르는 전기를 말한다.

④ 전선과 전구만 끊어지지 않으면 전구에 불이 켜진다.

⑤ 전기 회로는 부도체를 서로 연결해 전기가 흐르도록 한 것이다.

17 다음 (   ) 안에 들어갈 알맞은 말은 무엇입니까?
(   )

> 전자석은 전류가 흐르는 전선 주위에 (   )의 성질이 나타나는 것을 이용해 만든 자석이다.

① 자석   ② 전기

③ 전류   ④ 전지

⑤ 둥근머리 볼트

18 전기를 안전하게 사용하거나 절약하기 위해 사용하는 제품과 거리가 먼 것은 어느 것입니까? (   )

① 나침반   ② 감지 등

③ 콘센트 덮개   ④ 과전류 차단 장치

⑤ 시간 조절 콘센트

19 태양이 남중했을 때의 고도를 무엇이라고 합니까?
(   )

① 측정 고도   ② 태양 고도

③ 태양의 정오 고도   ④ 태양의 남중 고도

⑤ 태양의 북중 고도

20 태양 고도가 높아지면 기온은 어떻게 변합니까?
(   )

① 기온이 낮아진다.

② 기온이 낮아지다가 높아진다.

③ 기온이 높아진다.

④ 기온이 높아지다가 낮아진다.

⑤ 기온이 변하지 않는다.

21 다음은 월별 태양의 남중 고도 그래프입니다. 태양의 남중 고도가 가장 높은 계절은 언제입니까? (   )

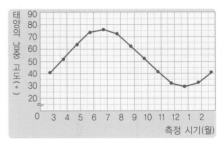

① 봄   ② 여름   ③ 가을

④ 겨울   ⑤ 봄, 가을

22 물질이 탈 때 나타나는 공통적인 현상은 어느 것입니까? (   )

① 물질의 양이 많아진다.

② 물질의 무게가 무거워진다.

③ 불꽃 주변이 밝고 따뜻해진다.

④ 주변의 온도가 점점 낮아진다.

⑤ 물질의 색깔이 노란색으로 변한다.

23 다음은 연소에 대한 설명입니다. (　) 안에 들어갈 알맞은 말은 어느 것입니까? (　)

> 연소란 물질이 (　)와/과 빠르게 반응하여 빛과 열을 내는 현상이다.

① 물　　　　　② 불　　　　　③ 재
④ 산소　　　　⑤ 이산화 탄소

24 알코올, 나무, 가스가 연소할 때 공통적으로 생기는 물질 두 가지를 고르시오. (　)

① 물　　　　　　　　② 산소
③ 질소　　　　　　　④ 이산화 탄소
⑤ 푸른색 염화 코발트 종이

25 다음 중 소화 기관은 아니지만 소화를 도와주는 기관은 어느 것입니까? (　)

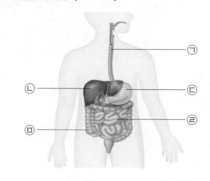

① ㉠　　　　② ㉡　　　　③ ㉢
④ ㉣　　　　⑤ ㉤

26 다음 (　) 안에 들어갈 알맞은 말은 어느 것입니까? (　)

> 숨을 들이마시고 내쉬는 활동을 (　)(이)라고 한다.

① 소화　　　② 호흡　　　③ 순환
④ 배설　　　⑤ 자극과 반응

27 오른쪽은 우리 몸의 어떤 기관을 나타낸 것입니까? (　)

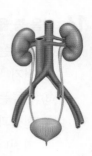

① 배설 기관
② 소화 기관
③ 순환 기관
④ 자극 기관
⑤ 호흡 기관

28 다음에서 공통으로 설명하는 것은 무엇입니까?
(　)

> • 일을 할 수 있는 능력이다.
> • 생물이 살아가는 데 필요하다.
> • 기계가 움직이는 데 필요하다.

① 빛　　　　② 열　　　　③ 연소
④ 마찰력　　⑤ 에너지

29 오른쪽의 전기 주전자는 전기 에너지를 어떤 형태의 에너지로 전환해 이용하는 것입니까? (　)

▲ 전기 주전자

① 열에너지
② 빛에너지
③ 화학 에너지
④ 위치 에너지
⑤ 운동 에너지

30 에너지를 가장 효율적으로 이용하는 전기 기구의 에너지 소비 효율 등급으로 알맞은 것은 무엇입니까?
(　)

① 1등급　　② 2등급　　③ 3등급
④ 4등급　　⑤ 5등급

영어 듣기 평가 1번부터 17번까지는 듣고 답하는 문제입니다. 방송을 잘 듣고, 물음에 답하기 바랍니다. 듣는 내용은 한 번만 방송됩니다.

1 다음을 듣고, 표지판이 나타내는 의미를 고르시오.
( )

① ② ③ ④ ⑤

2 대화를 듣고, 여자가 구입할 물건과 그 가격이 바르게 짝 지어진 것을 고르시오. ( )

① 가방 － $10   ② 가방 － $15
③ 모자 － $10   ④ 모자 － $15
⑤ 모자 － $50

[3~4] 다음 그림을 보고, 물음에 답하시오.

3 다음을 듣고, 어디로 가는 방법을 안내하는 말인지 고르시오. ( )

① 병원   ② 학교   ③ 은행
④ 경찰서   ⑤ 우체국

4 다음을 듣고, 알맞은 응답을 고르시오. ( )

① ② ③ ④ ⑤

5 다음 질문을 듣고, 표에 알맞은 응답을 고르시오.
( )

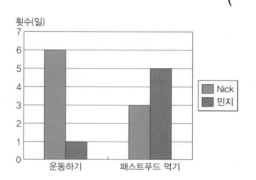

① Once a week.
② Twice a day.
③ Three times a week.
④ Five times a week.
⑤ Six times a week.

6 대화를 듣고, 케이크 만들기에 대한 남자의 의견을 고르시오. ( )

① 쉽다.   ② 어렵다.
③ 하고 싶다.   ④ 하기 싫다.
⑤ 모르겠다.

7 다음을 듣고, 자연스러운 대화를 고르시오. ( )

① ② ③ ④ ⑤

8 다음을 듣고, 그림 속 여자의 말로 알맞은 것을 고르시오. (   )

①   ②   ③   ④   ⑤

9 대화를 듣고, 두 사람이 무엇에 대해 이야기하고 있는지 고르시오. (   )

① 방학 계획   ② 장래 희망
③ 학교 동아리   ④ 방과 후 활동
⑤ 좋아하는 과목

10 대화를 듣고, 남자가 주문한 음식을 <u>모두</u> 고르시오.
(   )

11 다음을 듣고, 남자가 말하고자 하는 내용으로 가장 알맞은 것을 고르시오. (   )

① 행사 안내   ② 상품 광고   ③ 모집 공고
④ 환경 보호   ⑤ 에너지 절약

12 대화를 듣고, 여자의 말과 관련있는 것을 고르시오.
(   )

① 축구공   ② 우주선   ③ 설계도
④ 청진기   ⑤ 카메라

13 다음을 듣고, 그림에 알맞은 말을 고르시오. (   )

①   ②   ③   ④   ⑤

[14~15] 다음 메뉴판을 보고, 물음에 답하시오.

MENU			
샌드위치	5,000원	우유	1,500원
햄버거	6,000원	오렌지주스	4,000원
피자	8,000원	레모네이드	3,000원
치킨 샐러드	6,000원	콜라	2,500원

14 다음 대답을 듣고, 질문으로 가장 알맞은 것을 고르시오. (   )

①   ②   ③   ④   ⑤

15 대화를 듣고, 여자가 지불할 금액을 고르시오.
(   )

① 12,500원   ② 13,000원   ③ 14,500원
④ 15,000원   ⑤ 16,500원

16 다음을 듣고, 그림 속 남자가 여자에게 할 말로 알맞은 것을 고르시오. (   )

①   ②   ③   ④   ⑤

17 대화를 듣고, 마지막 말에 이어질 여자의 응답으로 가장 알맞은 것을 고르시오. (　　)

① You'll like it.

② I don't know about it.

③ I like listening to *pansori*.

④ It's Korean traditional music.

⑤ Would you like to listen to it?

이제 듣기 문제가 모두 끝났습니다. 18번부터는 문제지의 지시에 따라 답하기 바랍니다.

18 다음은 어디에서 지켜야 할 주의 사항인지 고르시오.
(　　)

You should be quiet. You should not eat food here. Don't touch the picture. Don't forget to walk slowly.

① 공원　　② 서점　　③ 지하철

④ 미술관　　⑤ 영화관

[19~20] 다음 대화를 읽고, 물음에 답하시오.

A: Which is faster, your car or my car?
B: My car is faster than your car!
A: I don't think so. Look!
B: You're right. Your car is very fast.

19 위 대화의 의도로 알맞은 것을 고르시오. (　　)

① 비교　　② 사과　　③ 축하

④ 감사　　⑤ 교제

20 위 대화의 밑줄 친 문장의 의미로 알맞은 것을 <u>모두</u> 고르시오. (　　)

① 나는 네 말에 동의한다.

② 나는 네 말에 동의하지 않는다.

③ 네 차가 내 차보다 빠르다.

④ 내 차가 네 차보다 빠르다.

⑤ 두 차의 빠르기가 같다.

21 다음 빈칸에 공통으로 알맞은 말을 고르시오. (　　)

- A: _____ I help you?
  B: Yes, please. How much are these socks?
- A: _____ I take your order?
  B: I'd like noodles.

① Do　　② May　　③ Will

④ Would　　④ Should

22 다음 글의 밑줄 친 this가 무엇인지 고르시오. (　　)

Do you know about <u>this</u>? It's Korean traditional food. In Korea, people enjoy it on New Year's Day. Many people like it. It's delicious. Try it!

① 떡국　　② 송편　　③ 삼계탕

④ 불고기　　⑤ 비빔밥

23 다음 글의 제목으로 가장 알맞은 것을 고르시오.
(　　)

Hi, I'm Brad. I like to play soccer. I play soccer every day. My favorite soccer player is Messi. I want to be a great soccer player like him.

① Great People　　② Messi's Day

③ Future Dream　　④ My Soccer Club

⑤ My Friend, Brad

24 다음 글의 빈칸에 알맞은 말을 고르시오. (　　)

Let's save _____. We can use a cup. We can recycle cans and bottles. We can use a shopping bag. We can plant trees. Don't forget to turn off the lights.

① time　　② water　　③ energy

④ the earth　　⑤ the sick children

25 대화의 밑줄 친 말과 바꿔 쓸 수 있는 것을 고르시오. (   )

A: Do you know anything about King Sejong?
B: I have no idea. Who is he?

① I think so.
② I don't know.
③ Good for you.
④ Congratulations!
⑤ That's a good idea.

26 다음 대화의 ①~⑤ 중 주어진 문장이 들어갈 위치로 알맞은 것을 고르시오. (   )

What do you think?

A: Let's see this movie. It looks fun. (①)
B: (②) I don't think so. (③) It looks boring.
A: (④) OK. How about this movie?
B: Good. (⑤) Let's go.

27 다음 글의 목적으로 알맞은 것을 고르시오. (   )

Do you like reading books? We have many books. Come to ABC Library and enjoy books! Take Subway Line 3 and get off at the city hall. ABC Library is near the city hall.

① 조언
② 홍보
③ 경고
④ 칭찬
⑤ 사과

28 다음 표의 내용과 일치하지 않는 것을 고르시오. (   )

세준이의 생활 습관			
손 씻기	일 5회	이 닦기	일 3회
운동하기	주 2회	아침 먹기	주 7회
패스트푸드 먹기	주 3회	채소 먹기	주 4회

① Sejun washes his hands five times a day.
② Sejun brushes his teeth three times a day.
③ Sejun exercises twice a week.
④ Sejun has breakfast every day.
⑤ Sejun eats vegetables once a week.

29 다음 대화의 밑줄 친 부분 중 쓰임이 바르지 않은 것을 고르시오. (   )

A: Who ① took that picture? It's great!
B: My father ② did. My family ③ went to Busan during the vacation and he took the picture there.
A: What ④ do you do in Busan?
B: I went to the beach and ⑤ swam in the sea.

30 다음 글을 읽고, 알 수 없는 것을 고르시오. (   )

I went to Tony's Pizza last weekend. The food was great. I ordered a potato pizza and an orange juice. The pizza was delicious. The orange juice was sweet. I'll visit there again!

① 글쓴이가 지난주에 한 일
② 글쓴이가 방문한 음식점의 이름
③ 글쓴이가 주문한 음식
④ 음식의 가격
⑤ 음식의 맛

동아출판

적중 반편성 배치고사 + 진단평가

정답과 풀이

6 학년

예비 중학생

국어

1 ④	2 ⑤	3 ⑤	4 그림 **나**	5 ⑤	6 ②	7 ⑤
8 ④	9 ④	10 ①, ③	11 ③	12 ③	13 ①	
14 ④	15 ⑤	16 ④	17 ②	18 ⓓ	19 영상	
20 ②	21 ㉠	22 ⑤	23 ⑤	24 ㉣	25 ②	

1 세숫대야 바닥에 봄비가 떨어지는 소리를 통해 작은 북이 된다고 표현했다.

2 종이 할머니는 글 ㉮에서 자신의 상자를 가져가려는 눈에 혹이 난 할머니에게 화를 냈으나, 글 ㉯에서 그 할머니와 친구처럼 지내며 따뜻함을 느꼈다.

3 글 ㉯는 사건이 해결되는 '결말' 부분이다.

4 그림 **가**는 교실 밖에서 자유롭게, 친구들과 개인적으로 말하는 상황이다.

5 논설문에서는 주관적인 표현보다는 객관적인 표현을 쓰고, 모호한 표현은 쓰지 말아야 하며, 단정하는 표현은 조심해서 써야 한다.

6 ②의 속담은 상황이 이치에 맞지 않는다는 뜻으로, 중심이 되는 것보다 부분적인 것이 더 크거나 많은 등 마땅히 작아야 할 것이 크고 커야 할 것이 작다는 말이다.

7 추론은 이미 아는 정보를 근거로 삼아 다른 판단을 이끌어 내는 것을 말한다. 세계 문화유산으로 등록되었다는 것에서 수원 화성이 세계적으로 인정받을 만큼 훌륭한 건축물이라는 것을 추론할 수 있다.

8 형태가 같지만 뜻이 다른 낱말인 동형어를 잘 구별해 본다. ㉮의 뜻은 '슬픈 영화를 보고 감상에 빠져 눈물이 났다.'와 같은 문장에서 드러난다.

9 여자아이는 '생일 선물'을 '생선'이라는 줄임 말을 사용해서 말했다.

10 '나'는 도깨비들이 말 머리와 말 피를 무서워한다고 했다.

11 버들이는 샘을 기와집 뒤란으로 옮겨 달라고 하고 화가 난 도깨비들이 오지 못하도록 기와집에 도깨비들이 무서워하는 것을 올려놓았다. 이를 통해 버들이는 자신에게 도움이 되는 현실적인 이익을 추구한다는 것을 알 수 있다.

12 지수는 정민이에게 미안한 마음과 사과하는 마음을 표현했다.

13 허련은 추사 선생에게 그림을 배우고 싶다고 말했으나, 추사 선생은 허련을 제자로 받아 주겠다고 시원하게 대답하지 않았다.

14 인물이 처한 상황에서 한 말이나 행동에 그 인물이 추구하는 가치가 담겨 있다. 허련은 추사 선생이 자신을 제자로 받아 주지 않는데도 계속 월성위궁에 머물며 제자가 되기 위해 노력했다.

15 말이 순식간에 퍼진다는 뜻을 나타내는 관용 표현은 '낮말은 새가 듣고 밤말은 쥐가 듣는다'이다.

16 관용 표현에는 함축적인 의미가 담겨 있어 전하려는 말을 짧고 간단하게 표현할 수 있다.

17 이 자료는 목재 생산 과정을 차례대로 나타낸 그림이다.

18 이 자료는 숲에서 벌목한 나무로 우리 생활에 필요한 물건을 만들 수 있다는 것을 알려 준다.

19 친구는 민속춤의 움직임이나 특징을 더 자세하게 파악할 수 있고, 민속춤을 따라 출 수 있도록 영상을 활용해 소개했다.

20 글 ㉯에서 깨진 기와 조각의 쓰임을 알 수 있다.

21 글쓴이는 조선 시대 사람들에게 신분 제도, 사물의 가치 따위에 대해 다른 관점으로도 생각할 수 있게 하려고 이 글을 썼다.

22 이 뉴스는 스마트 기부가 확산된다는 내용을 전하고 있다.

23 장면 ❶은 뉴스의 도입부로, 진행자가 뉴스의 핵심 내용을 요약해 안내한다.

24 ㉣은 띄어쓰기를 잘못한 것으로 '부족해'와 같이 붙여 써야 한다.

25 경험한 내용을 영화로 만들 때에는 ② → ⑤ → ① → ④ → ③의 차례로 한다.

수학　반편성 배치고사 | 실전 모의고사　5~7쪽

1 ①, ⑤	**2** $\frac{9}{10}$ cm	**3** ⑤	**4** ③	**5** ③	**6** ②	**7** ③
8 색연필	**9** ①, ④	**10** ①	**11** ④	**12** ④	**13** ④
14 ④	**15** ②	**16** 0.46	**17** ④	**18** ③	**19** 다	**20** ①
21 ③	**22** ②	**23** 37.68 cm²	**24** ①, ③	**25** ③

1 나누어지는 수가 나누는 수보다 작은 나눗셈의 몫이 1보다 작다.

2 $\frac{9}{5} \div 2 = \frac{9}{5} \times \frac{1}{2} = \frac{9}{10}$ (cm)

3 ⑤ 각뿔의 꼭짓점에서 밑면에 수직인 선분의 길이는 높이이다.

4 각기둥의 꼭짓점의 수는 (한 밑면의 변의 수)×2이므로 (한 밑면의 변의 수)=14÷2=7이다.
따라서 밑면이 칠각형인 각기둥이므로 칠각기둥이다.

5 전개도를 접었을 때 한 밑면은 각 변이 5 cm, 6 cm, 10 cm, 6 cm인 사각형이고, 높이는 7 cm인 각기둥이므로 모든 모서리의 길이의 합은
(5+6+10+6)×2+7×4=82(cm)이다.

6 나누는 수가 27로 모두 같으므로 나누어지는 수가 클수록 몫이 크다.

8 공책: $\frac{300}{1500} \times 100 = 20$ (%)
필통: $\frac{720}{3000} \times 100 = 24$ (%)
색연필: $\frac{500}{2000} \times 100 = 25$ (%)

9 ①, ④는 시간에 따라 연속적으로 변화하는 양이므로 꺾은선그래프로 나타내면 편리하다.

11 축구를 좋아하는 학생은 전체의 25 %, 배구를 좋아하는 학생은 전체의 10 %이므로 25÷10=2.5(배)이다.

12 ① 4 m³=4000000 cm³
② 2.4 m³=2400000 cm³
③ 30 m³=30000000 cm³
⑤ 70000000 cm³=70 m³

13 쌓기나무 27개로 쌓은 정육면체 모양은 오른쪽과 같고, 정육면체의 한 모서리의 길이는 4×3=12(cm)이므로 겉넓이는 12×12×6=864(cm²)이다.

14 ㉠ $\frac{5}{6} \div \frac{3}{4} = \frac{5}{\overset{3}{6}} \times \frac{\overset{2}{4}}{3} = \frac{10}{9} = 1\frac{1}{9}$

㉡ $6 \div \frac{3}{4} = (6 \div 3) \times 4 = 8$

15 ① $1\frac{2}{3}$　② 24　③ $1\frac{1}{2}$　④ $3\frac{7}{9}$　⑤ $2\frac{13}{34}$

16 $3.2 \div 7 = 0.457 \cdots \Rightarrow 0.46$

17 몫이 가장 크게 되도록 하려면 가장 큰 수를 가장 작은 수로 나누어야 한다. 따라서 수 카드 3장 중 2장을 사용하여 가장 큰 소수 한 자리 수를 만들어 나누어지는 수에 쓰고, 남은 수 카드 1장에 쓰인 수를 나누는 수의 소수 첫째 자리에 쓴다.
$\Rightarrow 7.6 \div 0.4 = 19$

18 주어진 모양에서 쌓기나무는 1층에 6개, 2층에 2개, 3층에 1개 쌓여 있으므로 똑같이 쌓으려면 쌓기나무 6+2+1=9(개)가 필요하다.

19 위에서 본 모양에서 가 또는 다이다.
옆에서 본 모양에서 다이다.

20 $\frac{4}{7} \Rightarrow 4:7$, $\frac{16}{28} \Rightarrow 16:28$이므로 비례식으로 나타내면 4 : 7=16 : 28 또는 16 : 28=4 : 7이다.

21 (가로) : (세로)=4 : 5이므로 수첩의 세로를 □ cm라 하면 12 : □=4 : 5이므로 12×5=□×4,
□×4=60, □=15이다.
따라서 수첩의 세로는 15 cm이다.

22 원의 반지름을 □ cm라 하면 □×□×3.1=111.6,
□×□=111.6÷3.1=36, □=6이다.
반지름이 6 cm이므로 지름은 12 cm이고, 원의 둘레는 12×3.1=37.2(cm)이다.

23 아래쪽 부분을 옆으로 뒤집어 오른쪽으로 이동하면 오른쪽과 같은 모양이 된다.

$\Rightarrow$ (색칠한 부분의 넓이)
$= 4 \times 4 \times 3.14 - 2 \times 2 \times 3.14$
$= 50.24 - 12.56 = 37.68 (cm^2)$

24 ② 원기둥은 밑면이 2개, 원뿔은 밑면이 1개 있다.
④ 원기둥은 꼭짓점이 없고, 원뿔에는 원뿔의 꼭짓점이 있다.
⑤ 원기둥을 앞에서 본 모양은 직사각형이고, 원뿔을 앞에서 본 모양은 삼각형이다.

25 원기둥의 높이는 20 cm, 원뿔의 높이는 15 cm이므로 높이의 차는 20-15=5(cm)이다.

1 ③ 2 ⑤ 3 민주주의 4 ② 5 ㉠ 법원, ㉡ 정부, ㉢ 국회 6 ㉢ 7 ① 8 ③ 9 ④ 10 찬영, 한석 11 ② 12 ⑤ 13 ③ 14 ① 15 ② 16 ④ 17 ① 18 ④ 19 ③ 20 ④ 21 독도 22 ② 23 ② 24 ② 25 ④

1 4·19 혁명 이후 국민은 민주적인 사회를 기대하고 있었으나 새로운 정부가 들어선 지 1년도 되지 않아 박정희가 군인들을 동원해 정권을 잡았다. 1979년에 독재 정치를 반대하는 대규모 시위가 있었고, 박정희는 부하에게 살해되었다. 이에 국민은 민주주의 사회가 될 것이라고 기대했지만 전두환이 중심이 된 군인들이 또 정변을 일으켰다.

2 5·18 민주화 운동은 부당한 정권에 맞서 싸웠던 시민들과 학생들의 민주주의를 지키려는 바람과 의지를 보여 주었다.

3 민주주의는 모든 국민이 나라의 주인으로서 권리를 갖고 그 권리를 자유롭고 평등하게 행사하는 정치 제도로, 기본 정신은 인간의 존엄, 자유, 평등이다.

4 ㉡은 평등 선거, ㉣은 보통 선거에 대한 설명이다.

5 ㉠은 법원에서 하는 일에 대한 설명이고, ㉡은 정부 조직도에 대한 설명이다. ㉢은 국회에서 하는 일에 대한 설명이다.

6 국회는 국민의 대표인 국회 의원이 나라의 중요한 일을 의논하고 결정하는 곳이다. 국회 의원들이 일하는 곳이 바로 국회 의사당이다.

7 가계는 기업의 생산 활동에 참여하고 기업에서 만든 물건을 구입한다. 가계와 기업은 시장에서 물건과 서비스를 거래하고, 가계와 기업이 하는 일은 서로에게 도움이 된다.

8 우리나라는 개인과 기업이 경제 활동을 자유롭게 할 수 있으며, 이익을 얻으려고 경쟁한다.

9 공정 거래 위원회에서는 기업 간에 공정하고 자유로운 경쟁이 이루어지도록 여러 가지 규칙을 만들고, 기업들이 이 규칙을 잘 지키는지 감시한다. 또한 소비자 피해를 막고 소비자들의 이익을 위하여 여러 가지 제도를 마련한다.

10 1950년대에 정부는 다른 나라의 도움을 받아 농업 중심의 산업 구조를 공업 중심의 산업 구조로 변화시키려고 노력했다.

11 급격한 경제 성장으로 우리 주변의 환경이 급속도로 오염되었고 에너지 자원도 매우 부족해졌다.

12 나라들이 무역을 하는 과정에서 서로에게 경제적 이익이 발생한다.

13 다른 나라에서 수입한 물건의 가격이 지나치게 낮아 자국 산업이 피해를 입으면 보호하는 정책을 펼친다.

14 지구본은 지구의 실제 모습과 비슷하다. ① 지구본은 가지고 다니기 불편하다.

15 제시된 글은 ② 아시아에 대한 설명이다.

16 캐나다에 대한 설명과 캐나다를 표시한 지구본이 제시되어 있다.

17 열대 기후 지역에서는 열대 작물을 재배하며 생태 관광 산업도 발달하고 있다.

18 인도 여성의 전통 복장인 사리는 한 장의 천으로 만들어진 것으로 옷감을 자르거나 바느질하는 것을 바람직하지 않게 여기는 힌두교의 영향으로 나타난 의생활 모습이다.

19 중국의 자연환경과 인문 환경에 대한 사진이다.

20 사우디아라비아는 우리나라가 원유를 수입하는 대표적인 나라로 세계적인 원유 생산 국가이다.

21 '독도'의 옛이름은 '독섬'이다.

22 남북한은 정부와 민간단체를 중심으로 정치, 경제, 사회·문화 분야에서 교류하고 협력하려는 다양한 노력을 기울였다.

23 이스라엘과 팔레스타인 간에는 영토, 종교, 충돌로 인한 오래된 감정 등 여러 원인으로 분쟁이 일어나고 있다.

24 국제 연합은 지구촌의 평화 유지, 전쟁 방지, 국제 협력 활동을 하는 국제기구이다. ①, ④, ⑤는 비정부 기구이고, ③은 무역과 관련된 문제를 심판하는 국제기구이다.

25 지구촌 사람들은 빈곤과 기아 문제를 해결하려고 모금 활동, 구호 활동, 캠페인, 교육 지원, 농업 기술 지원 등 다양한 노력을 한다.

과학

반편성 배치고사 | 실전 모의고사   **11~13쪽**

1 ⑤	2 ⑤	3 ㉠, ㉣	4 ④	5 ③	6 ②	7 ④
8 ㉡, ㉢, ㉣	9 ①	10 ④	11 ①	12 ③	13 ④	
14 ㉠	15 ⑤	16 ②	17 ④	18 ㉡	19 ⑤	20 ③
21 ①	22 ②	23 예 눈, 귀, 코, 혀, 피부	24 ④	25 ①		

1 효모의 발효에 온도가 영향을 줄 것이라고 생각하고 가설을 세운 것이므로, 시험관을 담글 물의 온도만 다르게 하고 나머지 조건은 모두 같게 해야 한다.

2 하루 동안 별자리가 움직이는 것처럼 보이는 까닭은 지구가 자전하기 때문이다.

3 지구에 계절의 변화가 생기고, 계절에 따라 보이는 별자리가 달라지는 것은 지구가 태양 주위를 공전하기 때문에 나타나는 현상이다.

4 상현달은 음력 7~8일 무렵에 보이는 달로, 약 7일 뒤 음력 15일 무렵에는 둥근 보름달을 볼 수 있다.

초승달	상현달	보름달	하현달	그믐달
음력 2~3일 무렵	음력 7~8일 무렵	음력 15일 무렵	음력 22~23일 무렵	음력 27~28일 무렵

5 이산화 망가니즈에 묽은 과산화 수소수를 떨어뜨리면 산소가 발생하며, 산소는 색깔과 냄새가 없고, 철이나 구리와 같은 금속을 녹슬게 하며, 다른 물질이 타는 것을 돕는 성질이 있다.

6 공기가 든 주사기의 피스톤을 눌러 압력을 가하면 공기의 부피가 작아진다. 피스톤을 세게 누르면 공기의 부피가 많이 작아지고, 피스톤을 약하게 누르면 공기의 부피가 조금 작아진다.

7 동물 세포는 식물 세포와 다르게 세포벽이 없다. 핵, 세포막은 동물 세포와 식물 세포의 공통 구조이다.

8 식물의 줄기는 뿌리에서 흡수한 물을 식물 전체로 이동시키는 통로 역할을 하며, 식물을 지지하고 양분을 저장하기도 한다.

9 열매는 씨를 보호하고 퍼뜨리는 일을 한다. 씨를 만드는 역할을 하는 것은 꽃이다.

10 물체에 빛을 비추었을 때 반대쪽에 그림자가 생기는 것은 불투명한 물체를 향한 빛의 직진과 관련된 현상이다.

11 볼록 렌즈를 통과한 햇빛이 만든 원 안은 원 밖보다 빛의 밝기가 밝고, 온도가 더 높다.

12 간이 사진기는 볼록 렌즈를 이용하여 만들므로, 물체를 보면 상하좌우가 바뀌어 보인다.

13 ①, ②, ③, ⑤는 전지의 병렬연결이고, ④는 전지의 직렬연결이다.

14 전지가 모두 직렬로 연결되어 있으므로 전구의 연결 방법에 따라 전구의 밝기가 달라진다. 전구가 직렬로 연결되어 있으면 병렬로 연결되어 있을 때보다 전구의 밝기가 어둡다.

15 발광 다이오드 전등은 일반 전구보다 전기를 절약할 수 있는 전등이다.

16 태양 고도는 태양이 지표면과 이루는 각이므로, 30°이다.

17 여름에는 태양의 남중 고도가 높기 때문에 기온이 높고, 겨울에는 태양의 남중 고도가 낮기 때문에 기온이 낮아진다.

18 공기의 양이 적으면 산소의 양이 적기 때문에 촛불이 빨리 꺼진다.

19 석회수에 이산화 탄소를 통과시키면 뿌옇게 흐려지는 성질이 있으므로, 초가 연소한 후 이산화 탄소가 생겼다는 것을 알 수 있다.

20 촛불을 물수건으로 덮는 것은 산소 공급을 막고, 발화점 미만으로 온도를 낮추는 것이다.

21 음식물을 잘게 쪼개는 과정을 소화라고 한다.

22 심장은 펌프 작용으로 혈액을 온몸으로 순환시키는 일을 한다.

23 감각 기관이란 주변으로부터 전달된 자극을 느끼고 받아들이는 기관으로, 우리 몸에는 눈, 귀, 코, 혀, 피부 등의 감각 기관이 있다.

24 물질이 가진 잠재적인 에너지는 화학 에너지이다. 화학 에너지는 식물이나 사람 등의 생명 활동에 필요하다.

25 이중창을 설치하는 것, 단열재를 사용하는 것, 외벽을 두껍게 만드는 것, 단열 유리를 사용한 창문을 설치하는 것은 밖으로 빠져나가는 열에너지의 양을 줄여 에너지를 효율적으로 이용하는 모습이다.

1 twelfth, thirteenth   **2** ②   **3** ①   **4** ③   **5** n, g, i, n, e, e, r   **6** ⑤   **7** invent → invented   **8** ④   **9** ④   **10** ③   **11** ③   **12** sixth, grade   **13** ④   **14** like, winter   **15** ④   **16** ①   **17** ②   **18** ②   **19** 소라   **20** ③   **21** ②   **22** ③   **23** ②   **24** ③, ④   **25** ⑤

1 '열두 번째'는 twelfth, '열세 번째'는 thirteenth이다. eleventh(열한 번째), fourteenth(열네 번째)

2 apple(사과), banana(바나나), orange(오렌지)를 모두 포함하는 낱말은 '과일'을 뜻하는 fruit이다.
① 운동 ③ 계절 ④ 신체 ⑤ 옷

3 그림 속 아이는 슬퍼하고 있는 모습이므로, '슬픈'을 뜻하는 sad가 알맞다.
② 화가 난 ③ 행복한 ④ 피곤한 ⑤ 무서워하는

4 나머지는 '장소'를 나타내는 낱말인데, medicine은 '약'을 뜻하는 낱말이다.
① 제과점 ② 은행 ④ 식당 ⑤ 역

5 '기술자'는 engineer이다.

6 그림 속 지민이는 Mike보다 더 빠르다(faster).
① 더 짧은 ② 더 무거운 ③ 더 힘이 센 ④ 더 나이가 많은

7 누가 과거에 어떤 일을 했는지 묻는 말이 되어야 하므로, invent를 과거형으로 고쳐 써야 한다.

8 B가 이름의 철자를 말하는 것으로 보아, 빈칸에는 이름의 철자를 묻는 말인 How do you spell your name?이 알맞다.

9 장래 희망이 음악가(musician)라고 했으므로 뒤에 이어질 말은 ④ '나는 아름다운 음악을 연주할거야.'가 알맞다.
① 나는 글쓰기를 잘해.
② 나는 동물들을 돕는 걸 좋아해.
③ 내가 가장 좋아하는 과목은 미술이야.
⑤ 나는 과학 책을 읽는 걸 좋아해.

10 '가장 좋아하는'은 favorite이다.
① 귀여운 ② 재미있는 ④ 비싼 ⑤ 아주 멋진

11 A는 책이 재미있어 보인다고 하지만, B는 지루해 보인다고 했으므로 B는 A의 의견에 동의하지 않는다. 동의하지 않을 때는 I don't think so.라고 말한다.

12 그림으로 보아, 6학년(the sixth grade)이다.

13 Jack이 Harry에게 쓴 편지이고 Jack은 Jim과 보트 여행, 수영, 낚시, 요리를 할 예정이다.

14 좋아하는 계절을 묻는 질문이므로 (A)에는 like가, 눈사람을 만들 수 있기 때문이라는 이유가 나오므로 (B)에는 winter가 알맞다.

15 병든 지구를 위해 할 수 있는 일이 무엇인지 의견을 묻는 말에 알맞은 답은 ④ '깡통과 병을 재활용할 수 있다.'이다.
① 우리는 그것에 대해 알아.
② 우리는 로봇을 만들 수 있어.
③ 우리는 빨간불에서 멈춰서야 해.
⑤ 우리는 박물관에 갈 예정이야.

16 두 블록 곧장 가서 왼쪽으로 돌은 다음 오른편에서 찾을 수 있는 것은 도서관(library)이다.

17 날짜를 말하므로 생일을 묻는 질문임을 알 수 있다. ①은 오늘의 요일을 묻는 질문이다.

18 B가 '일주일에 두 번.'이라고 대답하는 것으로 보아, 빈칸에는 빈도를 묻는 How often이 알맞다.

19 생일 파티 초대에 Of course.라고 긍정의 응답을 한 사람은 소라이다. Kevin은 바이올린 연주회가 있다며 초대를 거절했다.

20 Jim의 여동생은 긴 생머리에 안경을 쓰고 있다고 했다. long straight hair(긴 생머리)

21 캥거루에 대해 알고 있는 것이 있는지 물은 다음에 캥거루에 대한 정보가 이어지고 있다. I have no idea.는 '알고 있는 것이 없다.'라는 뜻이므로 글의 흐름상 어색하다.

22 big(큰)의 비교급은 bigger이다.

23 두 사람이 이야기하고 있는 물건은 6만 원(sixty thousand)짜리 신발(shoes)이다.

24 글쓴이는 스파게티와 레모네이드를 주문했다.

25 I'll eat there again!에서 글쓴이가 식당에 재방문할 의사가 있음을 알 수 있다.

핵심 개념 반편성 배치고사 기출 문제

국어

핵심 개념 체크 ① 학기   4~5쪽

1 직유법 **2** 전개 **3** (2) ○ (3) ○ **4** 동영상 **5** 주제
6 (2) ○ (3) ○ **7** 추론 **8** ㉠ **9** 행동 **10** (2) ○

핵심 개념 체크 ② 학기   6~7쪽

1 ㉠, ㉢ **2** 관용 표현 **3** (2) ○ **4** 근거 **5** ㉠, ㉡
6 (2) × **7** 광고 **8** 최고 **9** ㉢
10 영화의 줄거리, 영화를 본 느낌과 감상, 영화의 주제

반편성 배치고사 기출 문제 ① 학기   8~12쪽

1 ④	**2** ⑤	**3** 봄비	**4** ④	**5** ③	**6** (1) 등(또는 허리)
(2) 종이	**7** ⑤	**8** ⑤	**9** ①, ②, ④		**10** 동물원
11 ㈎	**12** ②	**13** ②	**14** ①	**15** ④	**16** ④, ⑤
17 건율	**18** ⑤	**19** ①, ④	**20** ③, ④		**21** ④
22 ③	**23** 육군, 글, 12척		**24** ①, ⑤	**25** ③	

1 '봄비 내리는 소리'를 '교향악'으로 비유한 것처럼 '~은/는 ~이다'로 빗대어 표현하는 은유법도 함께 사용했다.

2 왈츠로 표현한 것은 봄비 내리는 모습이다.

3 봄비가 하루 종일 내리는 장면을 봄의 왈츠를 하루 종일 연주한다고 표현한 것이다.

4 종이 할머니는 점점 더 등을 납작하게 구부리고 땅을 뚫어져라 살피며 종이를 찾느라 하늘을 쳐다보는 일이 줄어들었다.

5 이 글은 「우주 호텔」에서 이야기의 사건이 시작되는 부분인 '발단'에 해당한다.

6 종이 할머니가 등(허리)을 굽혀 땅만 보며 종이를 줍는 것이 이 글의 중심 내용이다.

7 표를 사용하면 대상의 수량이 얼마나 되는지 쉽게 알 수 있고, 많은 양의 자료를 간단하게 나타낼 수 있다.
> **오답피하기** ①은 지도, ②는 사진, ③과 ④는 사진이나 동영상 자료를 이용하기에 알맞다.

8 공식적인 말하기 상황에서 동영상 자료를 사용하면 설명하는 내용을 생생하게 보여 줄 수 있다.

9 듣는 사람을 바라보며 발표해야 하고, 주제와 관련이 없는 자료는 보여 주지 않아도 된다.

10 지훈이는 동물원이 있어야 한다는 주장을 말했다.

11 글 ㈎의 첫 문장에 글쓴이가 제시한 문제 상황이 나타나 있다.

12 ①은 글쓴이의 주장이고, ②는 글 ㈏에서 주장에 대해 든 근거이다.

13 본론에서는 서론에서 글쓴이가 제시한 주장에 대한 적절한 근거를 제시한다.

14 아무리 작은 것이라도 모이고 모이면 나중에 큰 덩어리가 된다는 뜻의 속담이 들어가야 하므로 '티끌 모아 태산'이 알맞다.

15 제시된 상황에는 몹시 고생을 하는 삶도 좋은 운수가 터질 날이 있다는 뜻의 '쥐구멍에도 볕 들 날 있다'를 사용하는 것이 알맞다.
> **오답피하기** ①은 사람과 사람 사이의 가까운 관계를 나타낼 때, ②는 기본이 되는 것보다 덧붙이는 것이 더 많거나 클 때, ③과 ⑤는 자기가 뿌리고 노력한 만큼 거두게 될 때 사용할 수 있는 속담이다.

16 『화성성역의궤』는 수원 화성 공사와 관련된 공식 문서가 포함된 일종의 보고서로, 내용이 세세하고 치밀하며 순조 임금 때 만들어졌다.

17 『화성성역의궤』에 수원 화성 공사와 관련한 자세한 내용이 남아 있어 그 내용을 토대로 다시 만들었을 것이라고 추론할 수 있다.

18 창덕궁은 건물과 후원이 잘 어우러진 아름다운 궁궐이라는 내용에서 세계 문화유산으로 기록된 까닭을 짐작할 수 있다.

19 '단청이 화려하다'는 말을 통해 '단청'의 뜻을 추론해 볼 수 있다.

20 긍정하는 말을 자주 사용하거나 다른 사람을 배려하며 말하는 것은 바른 언어생활 상태에 해당한다.

21 긍정하는 말이 부정하는 말보다 좋다는 우리 반 친구들의 실태 조사를 바탕으로 하여 쓴 글이다.

22 글쓴이는 긍정하는 말과 고운 우리말을 사용하자는 주장을 하려고 이 글을 썼다.

23 이순신은 바다를 포기하고 육군으로 싸우라는 명령을 받았지만, 임금님께 자신에게는 12척의 배가 있

으니 죽을힘을 다해 싸운다면 이길 수 있을 것이라 는 내용의 글을 올렸다.

24 12척의 배로도 포기하지 않고 싸우겠다는 것에서 용기와 어떤 고난도 피하지 않고 극복하려는 의지를 추구한다는 것을 알 수 있다.

25 문자 메시지를 통해 친구에게 고마운 마음을 전하고 자 했을 것이다.

반편성 배치고사 **기출 문제 2**학기   13~17쪽

1 ③	**2** ②	**3** ④	**4** ②	**5** ①	**6** ②	**7** ㉯	**8** ④
9 ④	**10** 자연, 건강		**11** ⑤	**12** ⑤	**13** ⑤	**14** 맨발 걷기	
15 ④	**16** 로봇세		**17** ①	**18** ③	**19** ①		
20 ⑤	**21** ③	**22** 고운 말		**23** ⑤	**24** ①	**25** ②	

1 추사 선생은 누구나 알아주는 대가가 되고서도 끊임 없이 명필들의 서체를 감상하고 연구하며 자신만의 서체를 만들어 나갔다고 했다.

2 누구나 알아주는 대가가 된 뒤에도 연구하며 자기만 의 서체를 만들었다는 것에서 성실하게 노력하는 삶 을 추구한다는 것을 알 수 있다.

3 아버지가 화재 현장에서 고생하신 얘기를 들은 경민 이는 아버지가 불길 속에서 살아 돌아오신 것이 다 시 태어나신 거나 마찬가지라고 생각했다.

4 아버지는 자신을 이해해 주는 가족에게 감사하고 있 으며 가족에 대한 사랑과 배려, 존중을 보여 주고 있 다.

오답피하기 아버지는 소방관으로서 불에 대한 두려움을 극복 하고 도전하는 삶을 살지만, 가족에 대한 도전은 아니다.

5 '간 떨어지다'는 '매우 놀라다'라는 뜻으로 쓰이는 관 용 표현이다.

6 '손이 크다'는 '씀씀이가 후하고 크다'라는 뜻으로 쓰 이는 관용 표현이다.

7 ㉮는 '하루에도 열두 번', ㉯는 '애간장이 타다'라는 관용 표현의 뜻이다.

8 말하는 이는 독립을 위해 의견을 하나로 모으자고 설득하려고 연설을 했다.

9 글쓴이는 공정 무역 제품을 사용해 공정 무역 확산 에 동참하자는 주장을 하고 있다.

10 글 ㈏에서 글쓴이가 주장을 뒷받침하기 위해 든 근 거를 알 수 있다.

11 『인간의 얼굴을 한 시장 경제, 공정 무역』이라는 책 의 내용을 근거를 뒷받침하기 위한 자료로 활용했 다.

12 이 그림에서 활용한 매체 자료는 그림지도이다.

13 그림지도를 통해 주요 농산물이 주로 생산되는 지역 이 바뀌고 있다는 것을 쉽게 이해할 수 있다.

오답피하기 그림지도가 나타내는 것과, 말하는 이의 말을 잘 살펴보면 알 수 있다.

14 맨발 걷기를 주제로 영상 자료를 만들어 보자고 했다.

15 맨발 걷기를 꾸준히 한 사람과 면담하는 모습을 촬 영한 영상이 주제와 어울린다.

16 글 ㈎와 글 ㈏의 글쓴이는 로봇세 도입에 대해 서로 다른 생각을 가지고 있다.

17 글 ㈎에는 로봇세를 도입하자는 글쓴이의 생각이 나 타나 있다.

18 글 ㈏의 글쓴이는 로봇세 도입을 늦추어야 한다는 내용으로 글을 썼다.

19 깃털 책가방에 대해 광고하는 글이다.

20 ㉤은 어떤 나라로 수출하는지와 관련 있는 자세한 정보를 감추고 있는 부분이다.

21 모든 사람에게 친근한 내용인지는 뉴스의 타당성을 판단하는 방법으로 알맞지 않다.

22 글쓴이는 고운 말을 사용해야 한다고 주장하기 위해 서 이 글을 썼다.

23 '고운 말을 사용하면 서로 존중하는 마음을 전할 수 있다.'는 글쓴이의 주장을 뒷받침하는 알맞은 근거 이므로 바꾸어 쓰지 않아도 된다.

오답피하기 글을 고쳐 쓸 때에는 쓴 글을 전체적으로 읽고 문 단 흐름이 자연스러운지, 중심 생각이 잘 나타났는지 살피고 어 색한 문장이 있는지 찾아야 한다.

24 제시된 자료에는 동물 실험을 해야 한다는 생각이 나타나 있으므로, 동물 실험을 하면 안 된다는 관점 과 관련된 것은 이 자료를 바탕으로 쓸 글의 내용으 로 알맞지 않다.

25 영화 감상문은 객관적인 시각으로만 감상하고 쓰는 것이 아니라 자신의 경험, 생각, 가치관 등을 바탕으 로 영화를 감상하고 써야 한다.

수학

핵심 개념 체크 ①학기　　　　　　18~19쪽

1 $20, 20, \dfrac{4}{15}$　　**2** $2\dfrac{4}{5} \div 3 = \dfrac{14}{5} \div 3 = \dfrac{14}{5} \times \dfrac{1}{3} = \dfrac{14}{15}$

3　　　　　　　　　**4**

5 2.05　　**6** (위에서부터) $\dfrac{3}{4}, 0.75 / \dfrac{9}{20}, 0.45$

7

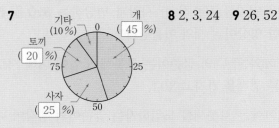

기타 (10 %), 개 (45 %), 토끼 (20 %), 사자 (25 %)

8 $2, 3, 24$　　**9** $26, 52$

핵심 개념 체크 ②학기　　　　　　20~21쪽

1 $8, 2, 4$　　**2** $\dfrac{4}{5} \div \dfrac{2}{7} = \dfrac{\overset{2}{4}}{5} \times \dfrac{7}{\underset{1}{2}} = \dfrac{14}{5} = 2\dfrac{4}{5}$　　**3** 4

4 $6, 4.5$　　**5** 7　　**6** (위에서부터) 외항 / 내항, 후항

7 $20, 5, 4$　　**8** $31, 77.5$　　**9** 중심, 반지름　　**10**

반편성 배치고사 기출 문제 ①학기　　　22~25쪽

1 ①, ③, ④　　**2** ④　　**3** ⑤　　**4** ③　　**5** ①　　**6** 육각기둥

7 ①, ④, ⑤　　**8** ②　　**9** 2.14　　**10** ②　　**11** ②　　**12** ④

13 ③　　**14** ④　　**15** ③　　**16** 민재, 400원　　**17** ②

18 (위에서부터) 45 / 35, 20, 20, 15, 10, 100

19 예

```
0 10 20 30 40 50 60 70 80 90 100 (%)
| 동화책  | 위인전 | 과학책 | 역사책 |← 기타  |
| (35 %) | (20 %)| (20 %)| (15 %)|  (10 %)|
```

20 ③　　**21** ①　　**22** 48cm^3　　**23** ①, ④, ⑤　　**24** ④　　**25** ④

1 ② $2 \div 5 = \dfrac{2}{5}$　⑤ $11 \div 6 = \dfrac{11}{6}$

2 $3\dfrac{1}{5} \div 2 = \dfrac{\overset{8}{16}}{5} \times \dfrac{1}{\underset{1}{2}} = \dfrac{8}{5} = 1\dfrac{3}{5}$

---

3 ① $\dfrac{1}{12}$　② $\dfrac{1}{9}$　③ $\dfrac{1}{8}$　④ $\dfrac{1}{10}$　⑤ $\dfrac{1}{14}$

4 정사각형은 네 변의 길이가 모두 같으므로 철사로 만든 정사각형의 한 변의 길이는
$\dfrac{12}{7} \div 4 = \dfrac{12 \div 4}{7} = \dfrac{3}{7}$ (m)이다.

8 밑면이 팔각형이므로 팔각뿔이다.
팔각뿔에서 모서리의 수는 $8 \times 2 = 16$, 꼭짓점의 수는 $8 + 1 = 9$이므로 두 수의 차는 $16 - 9 = 7$이다.

10 $17.28 \div 8 = 2.16 (\text{cm}^2)$

11 ① 0.05　② 0.32　③ 4.05　④ 2.05　⑤ 5.08

12 $15 \div 12 = 1.25 (\text{m})$

오답피하기 ② 1분 동안 간 거리를 구해야 하므로 개미가 이동한 거리를 이동한 시간으로 나눈다.

13 ③ 전체는 6칸, 색칠한 부분은 5칸이므로 전체에 대한 색칠한 부분의 비는 $5 : 6$이다.

14 ① $\dfrac{3}{5}$　② $\dfrac{7}{4}\left(=1\dfrac{3}{4}\right)$　③ $\dfrac{2}{9}$　④ $\dfrac{5}{8}$　⑤ $\dfrac{6}{1}(=6)$

15 소금물의 양은 $30 + 120 = 150 (\text{g})$이므로 소금물 양에 대한 소금 양의 비율은 $\dfrac{30}{150} \times 100 = 20 (\%)$이다.

오답피하기 ④ 소금물 양에 대한 소금 양의 비율을 구해야 하므로 소금의 양을 소금의 양과 물의 양을 더한 값으로 나눈다.

16 승우가 받을 이자: $80000 \times \dfrac{4}{100} = 3200 (원)$

민재가 받을 이자: $60000 \times \dfrac{6}{100} = 3600 (원)$

따라서 민재가 받을 이자가 $3600 - 3200 = 400 (원)$ 더 많다.

17 $\dfrac{(세로)}{(가로)} = \dfrac{3}{4} = \dfrac{9}{12}$이므로 가로가 12 cm일 때 세로는 9 cm이다.
따라서 직사각형의 넓이는 $12 \times 9 = 108 (\text{cm}^2)$이다.

18 (역사책 수) $= 300 - (105 + 60 + 60 + 30) = 45 (권)$

• 동화책: $\dfrac{105}{300} \times 100 = 35 (\%)$

• 위인전, 과학책: $\dfrac{60}{300} \times 100 = 20 (\%)$

• 역사책: $\dfrac{45}{300} \times 100 = 15 (\%)$

• 기타: $\dfrac{30}{300} \times 100 = 10 (\%)$

20 (도보로 다니는 학생 수) $= 500 \times 0.4 = 200 (명)$
(자전거를 이용하는 학생 수) $= 500 \times 0.25 = 125 (명)$
$\Rightarrow 200 - 125 = 75 (명)$

21 기타는 전체의 15 %이므로 $500 \times 0.15 = 75$(명)이고, 이 중 20 %가 지하철을 타고 다니므로 $75 \times 0.2 = 15$(명)이다.

22 직육면체로 쌓은 쌓기나무는 $3 \times 4 \times 4 = 48$(개)이므로 직육면체의 부피는 48 cm^3이다.

24 $9 \times 5 \times \square = 315$, $45 \times \square = 315$, $\square = 7$

25 정육면체의 한 면은 정사각형이므로 정육면체의 한 모서리의 길이는 $36 \div 4 = 9$(cm)이다.
정육면체의 겉넓이는 $9 \times 9 \times 6 = 486 \ (\text{cm}^2)$이다.

---

1 ②, ④	**2** ④	**3** ⑤	**4** $1\frac{2}{3}$	**5** >	**6** ③	**7** ①
8 ④	**9** ②	**10** 나	**11** ②	**12** ①, ④		**13** 가, 라
14 ②	**15** ④	**16** ㉡	**17** ③	**18** ③, ⑤		**19** ③, ④
20 ④	**21** ③	**22** ④	**23** ⑤	**24** ⑤		**25** 97.92cm

1 $\dfrac{8}{15} \div \dfrac{4}{9} = \dfrac{\overset{2}{\cancel{8}}}{\cancel{15}_{5}} \times \dfrac{\overset{3}{\cancel{9}}}{\cancel{4}_{1}} = \dfrac{6}{5} = 1\dfrac{1}{5}$

　⇨ ㉠$=9$, ㉡$=4$, ㉢$=5$, ㉣$=1$, ㉤$=5$

2 ① 5　② 2　③ 3　④ $\dfrac{5}{6}$　⑤ $1\dfrac{23}{40}$

3 $1\dfrac{2}{7} \div \dfrac{4}{7} = \dfrac{9}{7} \div \dfrac{4}{7} = \dfrac{9}{4} = 2\dfrac{1}{4}$(배)

4 $\square \times \dfrac{5}{6} = 1\dfrac{7}{18}$

　⇨ $\square = 1\dfrac{7}{18} \div \dfrac{5}{6} = \dfrac{25}{18} \div \dfrac{5}{6} = \dfrac{\overset{5}{\cancel{25}}}{\cancel{18}_{3}} \times \dfrac{\overset{1}{\cancel{6}}}{\cancel{5}_{1}} = \dfrac{5}{3} = 1\dfrac{2}{3}$

5 $11.2 \div 0.7 = 112 \div 7 = 16$
$25.5 \div 1.7 = 255 \div 17 = 15$
$16 > 15$이므로 $11.2 \div 0.7 > 25.5 \div 1.7$이다.

6 $6.56 \div 1.64 = 656 \div 164 = 4$(개)

7 $43.7 \div 9 = 4.8555\cdots\cdots$이므로 소수 둘째 자리부터 5가 반복된다. 따라서 소수 21째 자리 숫자는 5이다.

8 사다리꼴의 아랫변의 길이를 $\square$ cm라 하면
$(5.38 + \square) \times 4.2 \div 2 = 27.3$,
$(5.38 + \square) \times 4.2 = 54.6$,
$5.38 + \square = 54.6 \div 4.2 = 13$,
$\square = 13 - 5.38 = 7.62$이다.

11 1층에 9개를 놓고 각 줄이 3층까지 보이도록 쌓은 모양이다. 쌓기나무를 가장 적게 사용할 때 각 자리에 쌓아 올린 쌓기나무 수를 위에서 본 모양에 써 보면 오른쪽과 같으므로 필요한 쌓기나무는 $1 \times 6 + 3 \times 3 = 15$(개)이다.

3	1	1
1	3	1
1	1	3

오답피하기 앞과 옆에서 본 모양이 같도록 각 줄에 한 칸씩만 겹치지 않게 3층으로 쌓고, 나머지는 모두 1층으로 쌓는다.

13 $15 : 12 = (15 \div 3) : (12 \div 3) = 5 : 4$ ⇨ 가
$15 : 12 = (15 \times 2) : (12 \times 2) = 30 : 24$ ⇨ 라

14 $16 : 36$ ⇨ $\dfrac{16}{36} = \dfrac{4}{9}$, $12 : 18$ ⇨ $\dfrac{12}{18} = \dfrac{2}{3}$, $4 : 9$ ⇨ $\dfrac{4}{9}$
이므로 $16 : 36$과 $4 : 9$의 비율이 같다.

15 $\dfrac{4}{5} : \dfrac{5}{6}$ ⇨ $\left(\dfrac{4}{5} \times 30\right) : \left(\dfrac{5}{6} \times 30\right)$ ⇨ $24 : 25$

16 ㉠ $18 : 36 = 2 : \square$
　⇨ $18 \times \square = 36 \times 2$, $18 \times \square = 72$, $\square = 4$
㉡ $5.4 : 2.7 = 6 : \square$
　⇨ $5.4 \times \square = 2.7 \times 6$, $5.4 \times \square = 16.2$, $\square = 3$
㉢ $\dfrac{1}{3} : \dfrac{1}{4} = \square : 3$
　⇨ $\dfrac{1}{3} \times 3 = \dfrac{1}{4} \times \square$, $\dfrac{1}{4} \times \square = 1$, $\square = 4$

오답피하기 비례식에서 외항의 곱과 내항의 곱이 같다는 성질을 이용하여 $\square$ 안에 알맞은 수를 구한다.

17 반별 학생 수의 비를 간단한 자연수의 비로 나타내면 $32 : 28 = (32 \div 4) : (28 \div 4) = 8 : 7$이다.
색종이 수를 $8 : 7$로 비례배분하면
$300 \times \dfrac{8}{15} = 160$(장), $300 \times \dfrac{7}{15} = 140$(장)이다.

19 모눈 한 개의 넓이는 1 cm^2이다.
초록색 모눈은 88개이고, 빨간색 선 안쪽 모눈은 132개이므로 $88 \text{ cm}^2 <$ (원의 넓이) $< 132 \text{ cm}^2$이다.

20 큰 원의 지름은 작은 원의 지름의 2배이므로 큰 원의 원주는 작은 원의 원주의 2배이다.
⇨ $42 \div 2 = 21 \ (\text{cm})$

21 작은 원의 반지름은 $21 - 8 \times 2 = 5 \ (\text{cm})$이고, 큰 원의 반지름은 8 cm이다.
(작은 원의 넓이)$= 5 \times 5 \times 3.1 = 77.5 \ (\text{cm}^2)$
(큰 원의 넓이)$= 8 \times 8 \times 3.1 = 198.4 \ (\text{cm}^2)$
⇨ $77.5 + 198.4 = 275.9 \ (\text{cm}^2)$

25 (옆면의 가로)$= 7 \times 2 \times 3.14 = 43.96 \ (\text{cm})$
(옆면의 세로)$= 5 \text{ cm}$
⇨ (옆면의 둘레)$= (43.96 + 5) \times 2 = 97.92 \ (\text{cm})$

사회

핵심 개념 체크 ❶ 학기   30~33쪽

1 이승만 **2** 광주 **3** 직선제 **4** × **5** ○ **6** 관용
7 다수, 소수, 다수 **8** 국회 **9** 정부 **10** 법원 **11** 가
12 가 **13** 기 **14** 자유 **15** ㉠, ㉣ **16** ㉢ **17** ×
18 ○ **19** ㉠ **20** ㉢ **21** 기업 **22** 관세

핵심 개념 체크 ❷ 학기   34~37쪽

1 지구본 **2** 대양 **3** 러시아 **4** 아르헨티나 **5** ×
6 사리 **7** ○ **8** 러시아 **9** 교류 **10** 서남아시아
11 독도 **12** × **13** 통일 **14** 국제 연합(UN) **15** 비정
부 기구 **16** ㉠, ㉢, ㉣ **17** ○ **18** 기업 **19** ㉑ 모금 활
동 **20** 세계 시민

반편성 배치고사 기출 문제 ❶ 학기   38~41쪽

1 ㉢, ㉢ **2** ③ **3** ㉣ **4** ①, ③ **5** ② **6** (1) ㉢ (2) ㉢
7 ①, ④, ⑤ **8** ① **9** 국민 주권 **10** ㉢ **11** ㉠ **12** ①
13 ③ **14** ㉢, ㉣ **15** ② **16** 개인, 기업 **17** ⑤ **18** ④
19 ① **20** ⑤ **21** ① **22** ④ **23** ② **24** ④ **25** 석주

1 이승만 정부의 부정부패에 대항해 대구에서 최초의 학생 민주 운동이 일어났지만 이승만 정부는 부정 선거를 실행했고, 그 결과 선거에서 이겼다.

2 5·16 군사 정변은 4·19 혁명 이후 새로운 정부가 들어선 지 1년도 되지 않아 박정희가 군인들을 동원해 정권을 잡았던 사건이다.

4 ① 유신 헌법은 박정희 정부 시기에 공포되었다. ③ 전두환은 5·18 민주화 운동을 진압한 후 간선제로 대통령이 되었다.

5 민주주의란 모든 국민이 나라의 주인으로서 권리를 가지고, 그 권리를 자유롭고 평등하게 행사하는 정치 제도를 말한다.

9 우리나라 헌법에서는 주권이 국민에게 있음을 분명히 하고 있다.

10 정부 조직에는 대통령을 중심으로 국무총리와 여러 개의 부, 처, 청 그리고 위원회가 있다.

11 법원은 공정한 재판을 위해 정부나 국회에서 독립되어 외부의 영향이나 간섭을 받지 않게 하고 있다.

12 삼권 분립은 한 기관이 국가의 중요한 일을 마음대로 처리할 수 없도록 서로 견제하고 균형을 이루게 하여 국민의 자유와 권리를 지키려는 것이다.

13 가계는 가정 살림을 같이하는 생활 공동체를 말하며, 소득으로 필요한 물건을 구입한다.

오답피하기 국회, 정부, 법원, 헌법 재판소는 나라의 일을 하는 국가 기관이다.

14 기업은 보다 많은 이윤을 얻기 위해 적은 비용으로 많은 수입을 얻을 수 있도록 합리적 선택을 한다.

오답피하기 ㉠ 소비자가 선택을 할 때 필요한 질문이고, ㉢ 물건을 생산하는 데 드는 비용을 줄일 수 있는 방법에 대한 질문을 한다.

15 ②는 사람의 노동력을 사고파는 시장이다. ①, ③, ④, ⑤는 만질 수 있는 물건을 사고파는 시장이다.

17 정부와 시민 단체는 기업 간의 불공정한 경제 활동으로 생기는 문제를 해결하고 경제 활동이 공정하게 이루어질 수 있도록 여러 가지 노력을 한다.

18 ④ 농업 중심의 산업 구조를 공업 중심의 산업 구조로 변화시키려고 노력했다.

19 1960년대 기업은 정부의 경제 개발 계획에 따라 경공업 제품을 만들어 수출하며 성장했다.

20 한류란 우리나라의 영화, 드라마, 대중가요 등 우리 문화가 전 세계로 퍼지는 현상을 말한다. 한류 열풍은 오늘날 우리나라의 경제 성장에 따른 사회 변화 모습이다.

21 생명 공학, 우주 항공, 신소재 산업, 로봇 산업 등은 고도의 기술이 필요한 첨단 산업이다.

22 ④는 1950년대 6·25 전쟁 직후의 모습이다.

23 무역을 할 때 다른 나라에 물건을 파는 것을 수출이라고 하고, 다른 나라에서 물건을 사 오는 것을 수입이라고 한다.

25 서로 자기 나라 경제만을 보호하다 보면 다른 나라와 무역이 잘 이루어지지 않거나 새로운 무역 문제가 발생할 수 있다.

1 ③	**2** (1) 대륙 (2) 대양	**3** 유럽	**4** ②	**5** ③	**6** ②
7 ③	**8** ㉠	**9** ㉠, ㉡, ㉢	**10** ①	**11** ②	**12** ④	**13** 밀
14 ②	**15** ②	**16** 안용복	**17** ⑤	**18** 팔레스타인	**19** ③
20 ②	**21** ①	**22** ①	**23** ⑤	**24** ④	**25** ③

1 세계 지도는 둥근 지구를 평면으로 나타낸 것이다. 세계 지도를 활용하면 세계 여러 나라의 위치와 영역을 한눈에 살펴볼 수 있다.

2 대륙은 아시아, 아프리카, 유럽, 오세아니아, 북아메리카, 남아메리카, 남극으로 나뉘며 대양은 태평양, 대서양, 인도양, 북극해, 남극해로 나뉜다.

3 유럽은 다른 대륙에 비해 면적은 좁지만 많은 나라들이 속해 있다.

4 세계에서 영토의 면적이 가장 넓은 나라는 러시아이며, 그 다음은 캐나다이다.

5 ㉠은 열대 기후이다. 열대 기후가 나타나는 지역은 일 년 내내 기온이 높고 강수량이 많으며, 건기와 우기가 나타나는 곳도 있다.

　오답피하기 ①은 온대 기후, 냉대 기후, ②는 한대 기후, ④는 고산 기후, ⑤는 건조 기후의 특징이다.

6 열대 기후 지역에서는 요즘 바나나, 기름야자, 커피를 대규모로 재배하며 생태 관광 산업도 발달하고 있다.

▲ 열대 작물 재배　　　▲ 사파리 관광 산업

7 힌두교에서는 소를 성스러운 동물로 여긴다.

8 세계 여러 나라의 생활 모습은 매우 다양하게 나타나며 이는 고유한 가치를 지니고 있다.

9 우리나라와 국경을 마주하고 있는 이웃 나라에는 중국, 일본, 러시아가 있다.

10 고비 사막은 중국과 몽골에 걸쳐 있고, 시짱(티베트) 고원은 세계의 지붕이라고 불리는 중국의 고원이다.

11 젓가락은 각 나라 문화의 영향을 받아 나라마다 모양이 조금씩 다르다.

12 우리나라와 이웃 나라는 문화적, 교육적 교류가 활발해 서로 긴밀한 관계에 있다.

13 우리나라에서는 밀의 약 99%를 수입에 의존한다. 우리나라가 밀을 주로 수입하는 국가는 미국(33%), 오스트레일리아(27%), 캐나다(14%) 순이다.

14 독도는 우리나라의 동쪽 끝에 있는 섬이다.

▲ 독도 위치

15 남북 분단으로 전쟁에 대한 공포, 이산가족의 아픔 등 사람들의 삶에 많은 영향을 미치고 있다.

16 조선 시대에 안용복은 일본으로부터 독도를 지키기 위해 노력했다.

17 남북한은 정부와 민간단체를 중심으로 정치, 경제, 사회·문화 분야에서 교류하고 협력하고 있다.

18 유대교를 믿는 이스라엘과 이슬람교를 믿는 팔레스타인의 다툼은 1948년 이후 지금까지 계속 되어 왔다. 이스라엘과 팔레스타인의 갈등 원인은 영토, 종교, 오랜 분쟁으로 인한 해묵은 감정 등이다.

19 오랜 갈등으로 인한 미움의 감정 등으로 지구촌 갈등이 지속되고 있다. ③ 국가들이 지켜야 하는 강력한 법이 없기 때문이다.

20 제시된 글은 유네스코(UNESCO)가 하는 일에 대한 설명이다. 국제 연합(UN)에는 다양한 전문 기구들이 설립되어 있다.

21 해비타트는 전쟁, 자연재해 등으로 터전을 잃어버린 사람들에게 집을 지어 주는 비정부 기구이다.

22 지구 온난화로 바다의 온도가 급격히 상승해 산호초가 죽어가고 있다.

23 ⑤는 지구촌 환경 문제 해결을 위해 국가가 할 수 있는 일이다.

24 빈곤은 가난해 생활하는 것이 어려운 상태, 기아는 먹을 것이 없어 굶주리는 것을 말한다.

25 지속 가능한 미래를 위해 세계 시민으로서 생활해야 한다. ③ 잘 안 입는 옷은 재활용 가게에 기증한다.

과학

1 가설 설정은 궁금한 점을 탐구 문제로 정하고, 잠정적으로 답을 세우는 과정이다.

2 지구가 자전축을 중심으로 하루에 한 바퀴씩 서쪽에서 동쪽으로 회전하는 것을 지구의 자전이라고 한다.

3 지구의를 서쪽에서 동쪽으로 회전시키면 관측자 모형에게 전등은 동쪽에서 서쪽으로 움직이는 것처럼 보인다. 이와 같이 지구가 서쪽에서 동쪽으로 자전하기 때문에 지구에 있는 우리에게 태양이 동쪽에서 서쪽으로 움직이는 것처럼 보인다.

4 지구는 자전을 하면서 동시에 공전을 한다.

5 지구의가 (라) 위치에 있을 때 거문고자리가 전등과 같은 방향에 있어 밝은 전등 빛 때문에 거문고자리를 볼 수 없다.

6 하현달은 음력 22~23일 무렵에 볼 수 있다.

7 음력 7~8일 무렵 태양이 진 직후 남쪽 하늘에서 상현달을 볼 수 있다. 7일 뒤인 음력 15일 무렵에는 동쪽 하늘에서 보름달을 볼 수 있다.

8 산소가 발생할 때 가지 달린 삼각 플라스크 내부에서 거품이 발생하며, 수조의 ㄱ자 유리관 끝에서 거품이 나와 집기병에 모인다.

9 진한 식초와 탄산수소 나트륨이 만나면 이산화 탄소가 발생한다.

10 투명하던 석회수가 이산화 탄소를 만나면 뿌옇게 된다.

11 액체는 압력을 가해도 부피가 거의 변하지 않지만, 기체는 가한 압력의 크기에 따라 부피가 달라진다.

12 물방울이 든 스포이트를 뒤집어 얼음물에 넣으면 스포이트 속 공기의 부피가 작아져 물방울이 처음보다 아래로 움직인다.

13 식품 포장에는 질소, 비행선이나 기구에는 헬륨, 청정 연료로는 수소, 드라이아이스나 탄산음료의 제조에는 이산화 탄소가 이용된다.

14 세포는 대부분 매우 작아 맨눈으로는 관찰하기 어렵다. 세포의 핵은 보통 둥근 모양이며, 생물의 세포는 크기와 모양이 다양하다.

15 아이오딘－아이오딘화 칼륨 용액은 녹말과 반응하면 청람색으로 변하며, 감자에 녹말이 들어 있기 때문에 청람색으로 변한 것이다.

16 잎이 있는 모종(㉡)에서는 삼각 플라스크의 물이 줄어들고, 잎에서 증산 작용이 일어나 비닐봉지 안에 물이 생긴다.

17 잎의 표면에는 우리 눈에 보이지 않는 작은 구멍인 기공이 있다. 잎에 도달한 물은 기공을 통해 식물 밖으로 빠져나간다.

18 **오답피하기** ① 수술에서 꽃가루를 만든다. ② 꽃가루받이를 거친 암술에서 씨를 만든다. ③ 씨를 퍼뜨리는 일을 하는 것은 열매이다. ④ 식물의 꽃가루받이는 곤충, 새, 바람, 물 등의 도움으로 이루어진다.

19 도깨비바늘과 도꼬마리의 열매에는 갈고리가 있어 동물의 털이나 사람의 옷에 붙어서 이동하다가 퍼진다.

20 프리즘에 햇빛이 통과하면 여러 가지 빛깔로 나타난다.

21 빛이 서로 다른 물질의 경계에서 비스듬히 나아가면 꺾여 나아간다. 빛이 수직으로 나아가면 꺾이지 않고 그대로 나아간다.

22 공기와 물의 경계에서 빛이 굴절하기 때문에 물속에서 다리가 짧아 보인다.

23 평평한 유리창은 가운데 부분이 가장자리보다 두껍지 않고 렌즈가 아니기 때문에 볼록 렌즈의 구실을 할 수 없다.

24 볼록 렌즈를 통과한 햇빛은 한곳으로 모이며, 햇빛이 만든 원 안의 온도는 점점 높아진다.

25 간이 사진기의 속 상자에 있는 기름종이는 물체의 모습이 나타나는 스크린의 역할을 한다. 간이 사진기로 물체를 보면 상하좌우가 바뀌어 보인다.

---

1 ②   **2** ①, ②   **3** ㉡   **4** ㉢   **5** ①   **6** ③   **7** ④   **8** ㉡, ㉢
9 ⑤   **10** ㉠, ㉡, ㉢   **11** ①   **12** ㉠   **13** ①   **14** ③
15 ③, ⑤   **16** ①   **17** ㉠ 식도 ㉡ 위 ㉢ 작은창자
18 ㉠ 기관지 ㉡ 기관   **19** ②   **20** ③   **21** ②   **22** ④
23 ①   **24** ⑤   **25** ⑤

---

1 전지 두 개가 직렬로 연결된 ②의 전기 회로의 전구가 전지 두 개가 병렬로 연결된 ①, ③, ④의 전기 회로의 전구보다 더 밝다.

2 전지 두 개가 직렬로 연결되어 있고, 전구 두 개가 병렬로 연결되어 있다.

3 전류가 흐르는 전선 주위에 자석의 성질이 나타나 남북으로 정렬되어 있던 나침반 바늘이 움직인다.

4 전자석은 전류가 흐르는 전선 주위에 자석의 성질이 나타나는 것을 이용해 만든 자석이다.

5 에어컨을 켤 때는 문을 닫고, 물 묻은 손으로 전기 제품을 만지지 않는다. 플러그를 뽑을 때는 전선을 잡아당기지 않고, 사용하지 않는 전열 기구의 플러그는 뽑아 놓는다.

6 태양 고도는 태양이 지표면과 이루는 각으로, 한쪽 끝에 실이 달린 막대기를 세우고, 막대기 그림자의 끝과 실이 이루는 각을 측정한다.

7 **오답피하기** ① 태양 고도는 낮 12시 30분 무렵에 가장 높다. ② 그림자 길이가 가장 짧을 때는 12시 30분 무렵이고 기온이 가장 높을 때는 14시 30분 무렵이다. ③ 그림자 길이는 낮 12시 30분까지 점점 짧아진다. ⑤ 기온은 오전에 높아지기 시작하여 14시 30분 무렵에 가장 높다.

8 태양의 남중 고도가 높아질수록 낮의 길이가 길어지고, 태양의 남중 고도가 낮아질수록 낮의 길이가 짧아진다.

9 실험에서 전등과 모래가 이루는 각이 태양의 남중 고도를 의미하므로 다르게 해야 할 조건은 전등과 모래가 이루는 각이다.

10 지구가 (나) 위치에 있을 때 우리나라는 여름으로, 태양의 남중 고도가 가장 높고 기온도 가장 높다.

11 불꽃 주변이 밝고 따뜻해지고, 초와 알코올이 타면서 물질의 양이 줄어든다.

12 크기가 큰 아크릴 통 속 초가 더 오래 탄다.

13 성냥의 머리 부분이 발화점에 도달해 직접 불을 붙이지 않아도 탄다.

14 물질이 연소하면 물과 이산화 탄소가 생긴다.

15 **오답피하기** ① 발화점 아래로 온도를 낮추어 불을 끄는 방법이다. ②, ④ 산소의 공급을 막아 불을 끄는 방법이다.

16 뼈는 스스로 움직이는 것이 아니라 뼈와 연결된 근육의 길이가 줄어들거나 늘어나면서 움직인다.

17 우리 몸속에 들어간 음식물은 입, 식도, 위, 작은창자, 큰창자, 항문을 거치며 소화되어 배출된다.

18 숨을 내쉴 때 폐 → 기관지 → 기관 → 코를 거쳐 공기가 이동한다.

19 순환이란 심장의 펌프 작용으로 온몸에 보내진 혈액이 다시 심장으로 돌아오는 과정을 말한다.

20 배설은 혈액에 있는 노폐물을 몸 밖으로 내보내는 과정이다.

21 감각 기관이 받아들인 자극은 신경계를 통해 전달되고, 신경계는 이를 해석하여 행동을 결정한 뒤 운동 기관에 명령을 내린다.

22 달팽이, 소, 토끼는 다른 생물을 먹어 얻은 양분으로 에너지를 얻고, 선인장은 햇빛을 받아 광합성을 하여 양분을 만들어 냄으로써 에너지를 얻는다.

23 나무는 화학 에너지, 머리 말리개는 전기 에너지, 열에너지, 달리는 사람은 운동 에너지 등을 갖고 있다.

24 롤러코스터가 낮은 곳에서 높은 곳으로 올라갈 때는 운동 에너지가 위치 에너지로 전환된다.

25 전기 에너지를 효율적으로 이용하려면 에너지 소비 효율이 1등급에 가까운 전기 기구를 이용한다.

영어

핵심 개념 체크 ❶ 학기　　　　　　　62~63쪽

1 spell	**2** fifth	**3** subject	**4** When
5 All right.	**6** Sorry	**7** Why	**8** headache
9 left	**10** has	**11** going to	

핵심 개념 체크 ❷ 학기　　　　　　　64~65쪽

1 fifty thousand	**2** order	**3** Take, get	**4** Twice
5 can	**6** should	**7** What	**8** Who
9 taller	**10** idea	**11** be	

반편성 배치고사 기출 문제 ❶ 학기　　　　66~69쪽

1 (1) fifth　(2) ninth　**2** ④　**3** ②　**4** ⑤　**5** ③　**6** ①
7 ③　**8** subject　**9** May, fifth(5th)　**10** ④　**11** ④
12 ⑤　**13** ⑤　**14** ②　**15** ③　**16** between, and　**17** ③
18 ①, ③　**19** left, right　**20** ②　**21** ⑤　**22** ②　**23** ③
24 ③　**25** (1) 9월 20일　(2) 5시　(3) 학교

1 숫자 five의 서수는 fifth이고, nine의 서수는 ninth이다.

2 나머지는 모두 과목(subject) 이름을 나타낸다.
① 과학 ② 영어 ③ 수학 ⑤ 사회

3 '두통'은 headache이다.

4 11월은 November이고, December는 12월이다.

5 '오른쪽으로 돌다'는 Turn right.이다.

6 자신의 개가 아프다고 했으므로 슬프다고 하는 것이 알맞다.

　　오답피하기 자신의 개가 아픈 상황이므로 '행복한, 무서워하는, 화난, 신난'의 감정은 어울리지 않는다.

7 상대방 이름의 철자를 물을 때 How do you spell ~? 을 이용하여 말한다.

8 subject(과목), math(수학)

9 날짜는 It's로 시작하며 '월'에 해당하는 May와 '일'에 해당하는 5를 서수인 fifth로 쓴다.

10 피자 파티에 초대하는 말에 삼촌 댁을 방문해야 한

다고 답하는 것으로 보아, 빈칸에는 초대를 거절하는 말이 알맞다.

11 함께 하자고 제안할 때 쓰는 동사는 join이다.

12 화가 난 이유를 묻는 질문에 '여동생이 장난감을 망가뜨렸다'는 응답이 알맞다.

13 여름에 무엇을 할지 묻는 질문에 태권도를 할 거라는 대답이 나오고 좋은 계획이라는 응답이 이어지는 것이 자연스럽다.

14 미래 계획을 물을 때는 What are you going to ~?로 묻고, 상대방이 어떨지 물을 때는 How〔What〕 about you?를 사용한다.

　　오답피하기 첫 번째 빈칸은 미래 계획이 무엇인지 묻고, 두 번째 빈칸에서는 상대방은 어떠한지를 묻고 있다. 두 번째 빈칸에는 how, what 모두 가능하다.

15 외모를 묻는 말에 대한 응답으로 알맞은 것은 ③ '그녀는 긴 곱슬머리야.'이다.

16 식당은 학교와 우체국 사이에 있다.

17 눈이 크고 파란색이면서 빨간 모자를 쓰고 있는 아이는 ③이다.

18 감기에 걸렸고 열도 난다고 하는 것으로 보아, 아픈 곳을 묻는 말이 알맞다.

19 병원은 두 블록을 곧장 가서 왼쪽으로 돌면 오른편에 있으므로, 빈칸에는 left와 right가 알맞다.

20 학년을 물을 때는 What grade are you in?이라고 하고, 대답은 서수를 이용하여 말한다.

21 미나와 엄마의 대화이며 미나는 두통이 있고 엄마는 약을 먹고 쉴 것을 권하고 있다.

　　오답피하기 Take some medicine and get some rest.라고 했으므로 병원을 가라는 내용은 일치하지 않는다.

22 애완동물 가게는 한 블록 곧장 가서 버스 정류장에서 오른쪽으로 돌면 도서관 옆에 있다고 했다.

23 의사가 썩은 이가 있다며 단 것을 많이 먹지 말라고 조언했다.

24 연주회가 언제인지 묻는 문장은 날짜를 말하는 말 앞인 ③에 들어가는 것이 알맞다.

25 Jenny는 9월 20일 5시에 학교에서 피아노 연주회를 한다.

　　오답피하기 September는 9월이고 twentieth는 20일을 뜻한다.

1 ③   **2** ⑤   **3** ⑤   **4** ③   **5** twice   **6** ①   **7** ⑤
8 Three, times   **9** ⑤   **10** ①   **11** wrote   **12** stronger, than   **13** ③   **14** ④   **15** shorter   **16** ①, ⑤   **17** ①
18 ②   **19** ②   **20** ⑤   **21** ②   **22** ③   **23** ②   **24** ②
25 ②

1 '소방관'은 firefighter라고 한다.

2 '무거운'을 뜻하는 heavy의 비교급은 heavier이다.

3 slow는 '느린'이라는 뜻이고, 나머지는 모두 음식의 맛을 나타내는 낱말이다.

4 lend의 과거형은 lent이다.

5 '두 번'을 뜻하는 말은 twice이다.

6 'Jason이 했어.'라는 응답으로 보아, 빈칸에는 누가 했는지 묻는 Who가 들어가는 것이 알맞다.

7 '한과'는 한국의 전통 과자(cookie)라고 할 수 있다.

8 빈도수는 「횟수+a+기간을 나타내는 낱말.」로 표현하고, '세 번'을 나타내는 말은 three times이다.

> **오답피하기** How often ~?은 빈도수를 묻는 질문이고, '일주일에'라는 뜻은 a week이다.

9 교통수단은 「by+교통편」으로 나타낸다. on foot은 '걸어서'라는 뜻이다.

10 목적지를 갈 수 있는 교통수단을 물을 때는 How can I get to ~?로 물어보고 '(교통 수단에서) 내리다'는 뜻의 단어는 get off이다. near는 '근처에'라는 뜻이다.

11 과거에 누가 어떤 일을 했는지 물을 때 「Who+동사의 과거형 ~?」으로 표현한다. write(쓰다)의 과거형은 wrote이다.

12 비교하는 말은 「A is+비교급+than B.」의 어순이며, strong의 비교급은 stronger이다.

13 pants는 복수로 쓰이는 단어이므로 「They're+숫자+화폐 단위.」로 답하는 것이 알맞다.

14 ④ '너는 에너지를 아껴야 해.'라는 뜻으로 의무를 나타내는 표현이다.

15 A가 Tom이 Kate보다 더 키가 크다고 하는 말에 B가 그렇지 않다며 부정을 하였으므로, 빈칸에는 taller의 반대말인 shorter가 들어가는 것이 알맞다.

> **오답피하기** That's not right.는 앞의 의견을 부정하므로 Tom이 Kate보다 키가 작거나 둘의 키가 같다는 말이 뒤에 나올 수 있다. 빈칸 뒤에 than이 나오므로 '키가 더 작다'는 말이 들어간다.

16 글쓴이는 병든 지구를 위해 물을 아껴 쓰고(save water), 걸어서 등교하자(walk to school)는 의견을 제시하였다.

17 요리사(cook)가 장래 희망인 사람은 음식 만들기(make food)를 좋아한다고 하는 것이 알맞다.

18 책이 재미있다는 B의 말에 A가 이야기가 훌륭하다는 의견을 말하는 것으로 보아, 빈칸에는 상대방의 의견에 동의하는 말이 들어가는 것이 알맞다.

19 점원이 도와줄지 묻는 말에 긍정으로 응답한 뒤 가격을 묻고 답하는 말이 이어지는 것이 자연스럽다.

20 손님은 레모네이드가 신맛이 나지만 마음에 든다고 말했다.

> **오답피하기** but은 앞에 문장과 반대 의미를 가진 문장을 이어주는 접속사이다. '레모네이드는 신맛이 나지만 좋다'라는 의미이다.

21 Amy를 위해 3달러짜리 인형을 사자는 제안에 좋은 생각이라며 싸고 예쁘다는 의견을 말하고 있으므로 빈칸에는 상대방의 의견을 묻는 말이 알맞다.

22 Cindy는 일주일에 다섯 번(five times a week) 아침을 먹는다.

> **오답피하기** '하루에'라는 뜻은 a day이고, '일주일에'라는 뜻은 a week이다. every day는 '매일'을 뜻한다.

23 스마트 거울에 대해 아는 것이 있는지 묻는 말에 모른다고 답한 후 컴퓨터와 같은 거울이라고 말하는 것은 자연스럽지 않다.

24 3호선 지하철을 타고 학교에서 내리면 학교 옆에 빵집이 있다.

25 버스를 타고 경찰서에서 내리면 경찰서 옆에 우체국이 있다. '(교통 수단에서) 내리다'는 뜻은 get off이다.

국어 **1**회 반편성 배치고사 **모의고사** 76~80쪽

1 ㉠	**2** ③	**3** ⑤	**4** (1) 덕진 (2) 쌀	**5** ⑤	**6** ①
7 ③	**8** 호랑이	**9** ④	**10** ④	**11** ⑤	**12** ③	**13** ①
14 ②	**15** ⑤	**16** (1) 글 ㉮ (2) 글 ㉯ (3) 글 ㉰	**17** ④		
18 ①	**19** ④	**20** ③, ⑤	**21** ②	**22** 민아	**23** ⑤
24 ⑤	**25** ④				

1 이 시에서 '교향악'은 봄비 내리는 소리를 비유하는 표현이다.

2 '세숫대야 바닥'을 '작은북'에 비유한 까닭은 크기가 작고 작은 소리가 나는 것이 비슷하기 때문이다.

3 "너는 이승에 있을 때 남에게 덕을 베푼 일이 없지 않느냐?"라는 말에서 원님의 저승 곳간이 비어 있는 까닭을 짐작할 수 있다.

4 이 글은 전체 이야기 중 전개 부분으로 저승사자와 원님 사이에 있었던 일이 무엇인지를 중심으로 사건의 중심 내용을 간추린다.

5 동영상은 음악이나 자막을 넣어 대상의 움직이는 모습을 잘 전달할 수 있다.

6 이 글은 논설문으로, 글쓴이가 내세우는 주장은 '자연을 보호해야 한다'는 것이다.

7 "소 잃고 외양간 고친다"는 소를 도둑맞은 다음에야 빈 외양간의 허물어진 데를 고치느라 수선을 떤다는 뜻의 속담으로, 일이 이미 잘못된 뒤에는 손을 써도 소용이 없다는 말이다.

8 '호랑이'와 관련 있는 속담이다.

9 경복궁은 태조 이성계가 조선을 세운 뒤에 한양, 즉 지금의 서울에 세운 법궁이라고 했다.

10 글에서 뜻을 알지 못하는 낱말이나 문장은 앞뒤 문장에서 알 수 있는 사실을 바탕으로 하여 그 뜻을 추론할 수 있다. '연회'는 '사신을 접대하다', '베풀다' 같은 말에서 '축하를 하기 위한 잔치'를 뜻한다고 추론할 수 있다.

11 두 친구는 배려하는 말을 하지 않고 비속어를 사용하여 서로를 비난하며 대화하고 있다.

12 이방원은 '만수산 드렁칡'에 빗대어 고려나 새로 세울 나라나 다를 것이 없다는 자신의 생각을 말하였다.

13 감사하는 마음을 전하는 상황이나 축하하는 마음을 전하는 상황은 기쁜 마음을 표현하기에 알맞다.

14 여자들이 나선다고 뭐가 달라지겠냐는 말에서 남녀 차별이 있던 시대임을 알 수 있고, 의병 운동에 나서자는 것에서 의병 운동이 활기를 띄었던 시대임을 짐작할 수 있다.

15 사전에서 뜻을 찾거나 대화 앞뒤 내용을 잘 보면 관용 표현의 뜻을 짐작할 수 있다.

16 서론에는 문제 상황이나 주장의 동기, 자신의 주장을 쓰고, 본론에는 주장을 뒷받침하는 근거를 쓰며, 결론에는 본론을 요약하고 주장을 다시 한번 강조하여 쓴다.

17 글 ㉯에 공정 무역 제품을 사용하자는 글쓴이의 주장에 대한 근거가 나타난다.

18 어떤 사실이나 정보, 의견을 담아서 듣는 사람에게 전할 때에는 그 내용을 전하기에 가장 효과적인 매체 자료를 활용해야 한다.

19 글쓴이는 우리나라가 세계에서 가장 아름다운 나라가 되기를 원한다고 하였다.

20 글쓴이의 생각을 파악하며 글을 읽으면 글 내용을 좀 더 깊이 있게 이해할 수 있고, 글쓴이가 글을 쓴 의도와 목적을 알 수 있다.

21 여자아이는 기후 협약이 무엇인지 궁금해하고 남자는 그에 대해 답을 하고 있다. 이 모습에서 뉴스가 사람들에게 새로운 정보를 알려 주는 기능을 한다는 것을 알 수 있다.

22 광고 문구에서 '당신의 일상에 신바람이 일어납니다.'는 자전거를 탄다고 누구나 신바람이 나는 것이 아니기 때문에 광고의 표현이 과장되었다고 볼 수 있다. 또한 '당신의 즐거운 일상과 건강한 체력을 책임져 줄 단 한 가지!'라는 표현도 자전거만이 즐거운 일상과 건강한 체력을 책임지는 것이 아니므로 과장된 표현이다.

23 불량 식품이 몸에 좋지 않으므로 먹지 말자는 것이 이 글의 주제이므로 '쓰레기가 되는 불량 식품'이라는 제목을 주제에 맞게 '건강을 해치는 불량 식품'이라는 제목으로 바꾸는 것이 알맞다.

24 ⑤는 글자를 뺄 때 사용하는 교정 부호이다.

25 이 글은 영화를 보고 영화 전체에 대한 자신의 느낌을 쓴 부분이다.

1 ②	**2** ②	**3** ③	**4** ④	**5** ②	**6** ②	**7** ③, ④
8 1 : 35000		**9** ④	**10** ③	**11** ③	**12** ④	**13** 8 cm
14 ①	**15** $3\frac{7}{16}$		**16** ㉡	**17** ③	**18** 옆	**19** ④	**20** ②
21 ③	**22** ③	**23** ②	**24** ②	**25** ㉡		

1 2를 똑같이 3으로 나누었으므로 $2 \div 3 = \frac{2}{3}$이다.

2 $\frac{8}{3} \div 6 = \frac{\overset{4}{8}}{3} \times \frac{1}{\underset{3}{6}} = \frac{4}{9} \Rightarrow 9-4=5$

4 밑면이 다각형이면서 이등변삼각형이 옆으로 둘러싼 입체도형은 각뿔이고, 옆면이 7개이므로 칠각뿔이다. 칠각뿔의 모서리는 $7 \times 2 = 14$(개)이다.

5 $2.4 \div 5 = 0.48$(m)

6 어떤 수를 □라 하여 잘못 계산한 식을 쓰면 $□ \times 9 = 45.36$에서 $□ = 45.36 \div 9 = 5.04$이므로 바르게 계산하면 $5.04 \div 9 = 0.56$이다.

7 비율을 분수로 나타냈을 때 가분수인 것을 찾는다.
① $0.9 = \frac{9}{10}$ ② $38\% = \frac{38}{100}$ ④ $1.6 = \frac{16}{10}$

8 지도에서 거리 1 cm가 실제 거리 350 m를 나타내고 350 m = 35000 cm이므로 지도의 축척은 1 : 35000이다.

9 $100 - (30 + 20 + 15 + 10) = 25$(%)

10 $30 \div 15 = 2$(배)

11 ① $4.2 \, m^3$ ② $7300000 \, cm^3 = 7.3 \, m^3$
③ $2 \times 2 \times 2 = 8 \, (m^3)$
④ $100 \times 100 \times 100 = 1000000 \, (cm^3) = 1 \, m^3$
⑤ $4 \times 0.8 \times 1.5 = 4.8 \, (m^3)$

12 처음 건물의 부피는 $3 \times 3 \times 3 = 27 \, (m^3)$이다.
새로 지은 건물의 각 모서리의 길이는 $3 \times 2 = 6 \, (m)$이므로 부피는 $6 \times 6 \times 6 = 216 \, (m^3)$이다.
$\Rightarrow 216 \div 27 = 8$(배)

13 (직육면체의 겉넓이)
$= (12 \times 4 + 12 \times 9 + 4 \times 9) \times 2 = 384 \, (cm^2)$
(정육면체의 겉넓이) = (한 면의 넓이) × 6 = 384에서 (한 면의 넓이) = $384 \div 6 = 64 \, (cm^2)$이고, $8 \times 8 = 64$이므로 정육면체의 한 모서리의 길이는 8 cm이다.

14 ㉠$= \frac{4}{9} \div 2\frac{2}{5} = \frac{4}{9} \div \frac{12}{5} = \frac{\overset{1}{4}}{9} \times \frac{5}{\underset{3}{12}} = \frac{5}{27}$

㉡$= \frac{5}{27} \div 2\frac{2}{9} = \frac{5}{27} \div \frac{20}{9} = \frac{\overset{1}{5}}{\underset{3}{27}} \times \frac{\overset{1}{9}}{\underset{4}{20}} = \frac{1}{12}$

15 만들 수 있는 진분수 중에서 가장 큰 진분수는 $\frac{11}{12}$이고 가장 작은 진분수는 $\frac{4}{15}$이다.

$\Rightarrow \frac{11}{12} \div \frac{4}{15} = \frac{11}{\underset{4}{12}} \times \frac{\overset{5}{15}}{4} = \frac{55}{16} = 3\frac{7}{16}$

16 ㉠ $12.8 \div 1.6 = 8$ ㉡ $6.88 \div 0.8 = 8.6$
㉢ $19.6 \div 2.8 = 7$ ㉣ $19.98 \div 3.7 = 5.4$

17 $8.32 \div 0.26 = 32$(초)

18 2층, 3층, 3층으로 쌓인 모양이므로 옆에서 본 모양입니다.

19 쌓기나무가 가장 적은 때는 $2 + 1 + 3 + 2 + 1 + 1 = 10$(개)이고 쌓기나무가 가장 많은 때는 $10 + 1 + 1 + 2 = 14$(개)이다.
$\Rightarrow 14 - 10 = 4$(개)

20 ㉠과 ㉡은 내항이므로 내항의 곱이 200보다 작은 7의 배수이고, ㉠×㉡ = 9×□이다.
$\Rightarrow 9 \times □$는 7과 9의 공배수이다.
7과 9의 최소공배수는 63이므로 ㉠×㉡은 63의 배수이다. 200보다 작은 63의 배수는 63, 126, 189이므로 ㉠×㉡이 될 수 있는 가장 큰 수는 189이다.
$\Rightarrow 9 \times □ = 189$, $□ = 21$

21 초보자가 3시간 일할 때 숙련자가 일하는 시간을 □시간이라 놓고 비례식을 세우면 $8 : 6 = 3 : □$이다.
$\Rightarrow 8 \times □ = 6 \times 3$, $8 \times □ = 18$, $□ = 2.25$
따라서 숙련자는 2시간 15분 동안 일해야 한다.

22 8 m 37 cm = 837 cm이다.
굴렁쇠의 원주는 $54 \times 3.1 = 167.4$(cm)이고 $837 \div 167.4 = 5$이므로 5바퀴를 굴린 것이다.

23 색칠하지 않은 부분을 모아 보면 반지름이 4 cm인 원 2개와 같다.
(색칠한 부분의 넓이)
= (반지름이 8 cm인 원의 넓이)
    − (반지름이 4 cm인 원의 넓이) × 2
$= 8 \times 8 \times 3.1 - 4 \times 4 \times 3.1 \times 2$
$= 198.4 - 99.2 = 99.2 \, (cm^2)$

사회 1회 반편성 배치고사 모의고사   85~88쪽

1 ⓒ	2 ③, ⑤	3 주민 소환제	4 ㉠, ㉢, ㉣	5 ②	6 ④
7 ②	8 시장	9 ①	10 ③	11 ⑤	12 수출, 수입
13 ③	14 ①	15 ④	16 ③	17 (1) ⓒ (2) ⓒ (3) ㉠
18 러시아	19 ③	20 ⑤	21 반크	22 ②	23 ④
24 비정부 기구(NGO)	25 ④			

1 4·19 혁명으로 이승만은 대통령 자리에서 물러났고, 3·15 부정 선거는 무효가 되었다.

2 ③ 전두환은 5·18 민주화 운동을 진압한 후 간선제로 대통령이 되었다. ⑤ 박정희가 유신 헌법을 공포했다.

4 ㉡ 정치적 상황은 가정, 학급, 학교, 지역, 국가 등에서 모두 일어난다.

6 ㉡ 국정 감사를 하는 일은 국회에서 하는 일이다. 정부는 법에 따라 나라의 살림을 맡아 하는 곳이다.

9 ① 개인은 직업을 선택할 자유가 있다. 자유와 경쟁을 통해 자신의 재능과 능력을 더 잘 발휘할 수 있다.

10 1970년대 정부는 철강, 석유 화학, 기계, 조선 등의 산업을 성장시키려고 다양한 노력을 했다.

11 ①과 ②는 첨단 산업, ③과 ④는 서비스 산업으로 모두 2000년대 이후부터 발달하고 있는 산업이다.

14 지구본은 실제 지구의 모습을 아주 작게 줄인 모형으로 실제 지구처럼 생김새가 둥글다.

15 ④ 캐나다는 북아메리카에 속한 나라이다.

17 세계의 기후는 열대 기후, 건조 기후, 온대 기후, 냉대 기후, 한대 기후, (고산 기후) 등으로 나눌 수 있다.

18 러시아는 우리나라와 국경을 마주하고 있다.

19 ③은 우리나라 안에서 이루어지는 교류이다.

22 남북은 원래 한민족이므로 마땅히 통일되어야 한다.

23 전쟁이 일어나면 집을 잃어 헤매거나 학교도 갈 수 없게 된다.

24 비정부 기구는 지구촌의 갈등 해결, 평화 유지와 발전을 위해 여러 형태로 노력한다.

25 제시된 물품들이 생산 과정에서 자원을 아껴 쓰고 쓰레기도 줄어들어 환경 문제를 줄일 수 있게 될 것이다.

과학 1회 반편성 배치고사 모의고사   89~92쪽

1 ③	2 ③	3 ①	4 ②	5 ㉠ 묽은 과산화 수소수, ㉡
이산화 망가니즈	6 ①	7 ㉠, ㉡	8 ㉠ 광합성, ㉡ 잎
9 ②	10 ③	11 ④	12 ⑤	13 ③	14 ⑤	15 ②
16 ㉡	17 ②	18 ④	19 ⓒ	20 물	21 ③	22 ⑤
23 ②	24 ⑤	25 ②				

2 지구가 서쪽에서 동쪽으로 자전하기 때문에 하루 동안 태양과 달은 동쪽에서 서쪽으로 움직이는 것처럼 보인다.

4 음력 2~3일 무렵에 보이는 달은 초승달이다. ①은 음력 27~28일 무렵에 보이는 그믐달이다.

7 따뜻한 음식에 비닐 랩을 씌워 냉장고에 오랫동안 두면 온도가 낮아져 기체의 부피가 작아지므로 비닐 랩의 윗면이 오목하게 들어간다.

9 민들레는 가벼운 솜털이 있어 바람에 날려 씨가 퍼진다. 봉선화는 열매껍질이 터지며 씨가 튀어 나가고, 단풍나무는 날개가 있어 빙글빙글 돌며 날아간다. 겨우살이는 열매가 동물에게 먹힌 뒤 소화되지 않은 씨가 똥과 함께 나와 퍼진다.

11 볼록 렌즈로 햇빛을 굴절시켜 모을 수 있고, 이렇게 빛이 모인 지점은 온도가 높기 때문에 종이를 태울 수 있다.

13 전구를 직렬연결한 전기 회로의 전구보다 전구를 병렬연결한 전기 회로의 전구가 더 밝다.

14 전자석은 전류가 흐를 때만 자석의 성질이 나타나고, 영구 자석은 항상 자석의 성질이 나타난다.

16 태양이 지표면과 이루는 각이 더 클 때가 태양 고도가 더 높은 때이다.

18 계절이 변하는 까닭을 알아보는 실험으로, 지구의가 ㈏ 위치에 있을 때 태양의 남중 고도가 가장 높고, ㈐ 위치에 있을 때 태양의 남중 고도가 가장 낮다.

19 촛불 불꽃의 윗부분이 밝고 아랫부분은 윗부분보다 어둡다.

20 푸른색 염화 코발트 종이는 물에 닿으면 붉게 변하는 성질이 있다.

24 주어진 자극에 대해 사람마다 다르게 반응할 수 있다.

25 백열등은 전기 에너지가 빛에너지로, 전기난로는 전기 에너지가 열에너지로 전환되는 예다.

1 ③ **2** ② **3** ④ **4** expensive **5** heavier **6** ⑤
7 ② **8** ① **9** When **10** ④ **11** ③ **12** ⑤ **13** ②
14 ④ **15** happy, Because **16** ⑤ **17** ⑤ **18** plant,
trees **19** ② **20** ② **21** ① **22** ② **23** ② **24** did
25 ④

1 ④ **2** ③ **3** 황금 사과 **4** ⑤ **5** ⑤ **6** ⑤ **7** ⑤
8 ③ **9.** 하윤 **10** ② **11** ② **12** ㉮ **13** ③, ④
14 ㉰ 하늘을 나는 것 **15** ⑤ **16** ㉱ 낭비 **17** ②
18 ③ **19** ③ **20** ④ **21** ②, ③ **22** ② **23** ④
24 ①, ② **25** ①

2 ② locker는 '개인 물품 보관함'을 뜻하고 나머지는
직업을 나타내는 낱말이다.

3 나머지는 모두 감정을 나타내는 낱말인데 curly(곱
슬곱슬한)는 모양을 나타내는 낱말이다.

5 내 수박이 상대방의 수박보다 무겁다(heavier)는 것
을 나타내는 그림이다.

6 함께 하자는 A의 제안에 B는 '다음번에.'라고 말했
으므로 그 앞에는 거절하는 응답이 알맞다.

7 두 블록 곧장 가서 오른쪽으로 돌면 왼편에 있는 것
은 ② 우체국이다.

10 B가 '하루에 세 번 이를 닦아라.'라고 충고하는 것으
로 보아, A는 '이가 아프다.'라고 말하는 것이 알맞다.

13 A가 파자마 파티를 초대하고 있고 B는 승낙을 하는
대화이다.

14 첫 번째 빈칸에는 가격을 묻는 How much가, 두 번
째 빈칸에는 빈도수를 묻는 How often이 알맞다.

15 그림으로 보아, 기쁜(happy) 이유를 묻고 답하는 것
이 알맞다. 이유를 답할 때는 '~ 때문에'를 뜻하는
because를 이용할 수 있다.

16 스포츠 경기 보는 것을 좋아하고 글쓰기를 잘한다고
했으므로 장래 희망으로 '스포츠 기자(sports reporter)'
가 알맞다.

17 지구를 위해 할 수 있는 일이 무엇인지 묻는 말에 B
는 전등을 끌 수 있다는 의견을 제시했다.

20 날짜를 말할 때는 「It's+월+일.」로 표현하며 1월에
해당하는 January의 첫 글자를 대문자로 쓰고, '일'
은 서수로 쓴다.

21 ① 이름의 철자를 묻는 말에 '만나서 반갑다'는 답은
어울리지 않는다.

24 과거의 사실을 묻는 말에 대한 응답이 되어야 하므
로, 동사 does를 과거형 did로 고쳐 써야 한다.

1 헤어질 때 또 만나자고 손 흔드는 친구의 모습이 바
람하고 엉켰다가 풀 줄 아는 풀잎의 모습과 닮아서
비유하여 나타냈다.

2 ㉡에서는 '~같이', '~처럼', '~듯이'와 같은 말을 써
서 두 대상을 직접 견주어 표현하는 방법인 직유법
이 사용되었다. ③은 '~은/는 ~이다' 같이 표현하는
은유법이 사용된 문장이다.

3 사건을 요약할 때에는 이야기에 등장하는 인물, 인
물 사이에 일어난 사건, 사건의 흐름 등을 잘 살펴보
아야 한다.

4 전교 학생회 회장단 선거에 입후보한 나성실 학생이
자신의 공약을 발표하는 상황이다.

5 학생들이 학교에 바라는 점을 설문 조사한 결과표를
활용하여 발표하고 있다.

6 글쓴이는 글 ㉮에서 요즘에 우리 전통 음식보다 외
국에서 유래한 음식을 더 좋아하는 어린이를 쉽게
볼 수 있다는 것을 문제 상황으로 제시하였다.

7 글 ㉯는 본론으로, 글쓴이가 제시한 주장의 근거와
그 근거를 뒷받침하는 내용이 나타나 있다.

8 독장수는 독을 팔아 부자가 될 생각을 하며 기뻐하
다가 실수로 독을 다 깨뜨리게 되어 눈물을 흘리며
속상해하였다.

9 글에 나타난 속담과 그 뜻을 통해 주제를 짐작할 수
있다. 독장수가 허황된 생각을 하다 '독을 깨뜨리는
것에서 허황된 욕심이 손해를 가져온다.'가 주제임
을 알 수 있다.

10 추론은 이미 아는 정보를 근거로 삼아 다른 판단을
이끌어 내는 것이다. 어미 닭이 자기 새끼를 물고 달
아나는 고양이를 쫓아가는 모습에서 추론할 수 있는
것은 '어미의 사랑'이다.

11 글쓴이는 긍정하는 말과 고운 우리말을 사용하자는
주장을 하고 있다.

12 책을 읽으면 지혜롭게 세상을 살 수 있다는 말에서 책을 읽자고 말하는 것임을 알 수 있다.

13 '나'는 미역국을 엎질러서 미안한 마음이 들었고, 당황스러워하는 자신을 이해해 준 지효에게 고마운 마음이 들었다.

14 어기의 말과 행동을 통해 하늘을 날고 싶어 하지만 잘 날지 못하고 있다는 것을 짐작할 수 있다.

15 어기는 날지 못해도 포기하지 않고 계속해서 즐겁게 도전했다.

16 이 광고는 '물 쓰듯 쓰다'라는 말이 아주 헤프게 쓴다는 뜻으로 쓰이지 않도록 물을 아껴 쓰자고 말하고 있다.

17 이 기사문은 나무가 가정이나 기업에서 배출되는 이산화 탄소를 흡수하고 지구 온난화 예방에도 큰 역할을 한다는 것을 알려 준다.

18 자료가 근거를 뒷받침하려면 근거와 관련 있는 내용이어야 하고, 믿을 만한 자료여야 한다. 이 기사문의 내용으로는 '숲은 지구 온난화를 막아 준다.'라는 근거를 뒷받침하는 것이 가장 알맞다.

19 이 자료는 휴대 전화 관련 교통사고 발생이 점점 늘어나고 있음을 나타내는 도표이다.

20 이 도표는 휴대 전화 관련 교통사고 발생률을 나타내는 것으로, 걸을 때나 운전할 때 휴대 전화를 사용하면 위험하다는 주제를 나타내기 알맞다.

21 글쓴이는 로봇세 도입은 로봇 산업 발전을 더디게 할 것이며 지금은 로봇 기술의 개발이 먼저 이루어져야 하므로 로봇세 도입을 늦추어야 한다는 생각을 가지고 있다.

22 로봇세 도입이 로봇 산업 발전을 더디게 하며 발전하려는 로봇 산업에 방해가 된다는 글쓴이의 생각이 잘 나타나는 제목을 생각해 본다.

23 있지도 않은 상품 기능을 있는 것처럼 설명하는 광고는 '허위 광고'이다. '과장 광고'는 상품이 잘 팔리게 하려고 상품 기능을 실제보다 부풀려 표현하는 것이다.

24 동물 실험이 안전하게 진행된다거나 동물 실험을 통과한 신약이 효과가 없다는 내용은 이 글에 나타나 있지 않다.

25 이 자료를 동물 실험을 해야 한다는 주장을 뒷받침하기 위해 사용할 수 있다.

수학 **2**회 반편성 배치고사 **모의고사** 102~105쪽

1 ④	**2** ③	**3** ④	**4** ①, ③	**5** ④	**6** 나 기차, 0.4 km
7 ②	**8** ②	**9** ③	**10** ⑤	**11** ③	**12** 120 cm³	**13** $\frac{9}{10}$
14 ④, ⑤	**15** ②	**16** ③	**17** 나	**18** 2가지	**19** ①
20 ④	**21** ③	**22** ⑤	**23** ㉠, ㉣, ㉡, ㉢	**24** ①, ④
25 ④					

2 $2\frac{6}{7}\div5=\frac{20}{7}\div5=\frac{20\div5}{7}=\frac{4}{7}>\frac{\square}{7}$ 이므로

□ 안에 들어갈 수 있는 자연수는 1, 2, 3이다.

4 ① 면은 5개이다. ③ 모서리는 8개이다.

5 15.57÷9에서 15.57을 반올림하여 일의 자리까지 나타내면 16이고, 16÷9의 몫은 1보다 크고 2보다 작으므로 15.57÷9=1.73이 올바른 식이다.

6 (가 기차)=36.15÷15=2.41(km)
(나 기차)=33.72÷12=2.81(km)
⇨ 2.81-2.41=0.4(km)

7 A팀을 응원하는 사람은 $1500\times\frac{3}{5}=900$(명)이고, 이 중 모자를 쓴 사람은 900×0.24=216(명)이다.

8 20÷10=2(배)

9 잡곡류는 식량 작물의 35 %이므로
400×0.35=140(t)이고 옥수수는 잡곡류의 25 %이므로 140×0.25=35(t)이다.

10 정육면체 한 개의 부피는 5×5×5=125(m³)이므로 건축물의 부피는 125×14=1750(m³)이다.

11 정육면체의 한 모서리의 길이는 33÷3=11(cm)이므로 겉넓이는 11×11×6=726(cm²)이다.

12 직육면체의 세로를 ㉠ cm라 하면
(6×㉠+6×4+㉠×4)×2=148,
(10×㉠+24)×2=148,
10×㉠+24=74, 10×㉠=50, ㉠=5이므로
직육면체의 부피는 6×5×4=120(cm³)이다.

13 $\frac{3}{8}\div\frac{5}{12}=\frac{3}{8}\times\frac{\overset{3}{\cancel{12}}}{5}=\frac{9}{10}$

14 $6\div\frac{1}{\square}=6\times\square$ 이므로 6×□<24이다.

6×4=24에서 □ 안에 들어갈 수 있는 자연수는 4보다 작으므로 1, 2, 3이다.

15 $90÷3.75=24$, $78÷2.6=30$이므로 $24<□<30$ 에서 □ 안에 들어갈 수 있는 자연수는 25, 26, 27, 28, 29로 모두 5개이다.

16 (백두산의 높이)÷(청태산의 높이)
$=2.75÷1.2=2.29⋯⋯ ⇨ 2.3$배

17 가 다

18 쌓인 쌓기나무가 12개이므로 6개로 만든 모양으로 나누었을 때, 같은 모양이 되는 경우를 찾는다.

19 오늘 오전 8시부터 내일 오전 10시까지는 26시간이다. 26시간 동안 느려지는 시간을 □분이라 하여 비례식을 세우면 $1:4=26:□$, $□=4×26=104$이다. 따라서 내일 오전 10시까지 104분, 즉 1시간 44분이 느려지므로 오전 10시에 이 시계가 가리키는 시각은 오전 10시－1시간 44분＝오전 8시 16분이다.

20 냉장고에 넣어 둔 방울토마토는 $96×\dfrac{3}{8}=36$(개)이고, 남은 방울토마토는 $96-36=60$(개)이므로 정우에게 준 방울토마토는 $60×\dfrac{7}{12}=35$(개)이다.

21 원 밖의 큰 정육각형의 넓이는 삼각형 ㄱㅇㄷ의 넓이의 6배이므로 $40×6=240(cm^2)$이고 원 안의 작은 정육각형의 넓이는 삼각형 ㄹㅇㅂ의 넓이의 6배이므로 $30×6=180(cm^2)$이다. 따라서 원의 넓이는 $180\,cm^2$보다 넓고 $240\,cm^2$보다 좁다.

22 반원의 지름이 14 cm이므로 반지름은 7 cm이다. 작은 원의 지름은 반원의 반지름과 같으므로 7 cm이다. 따라서 색칠한 부분의 둘레는 $14×3÷2+14+7×3=56(cm)$이다.

23 ㉠ 반지름이 9 cm이므로 지름은 18 cm이다.
㉢ $37.2÷3.1=12$이므로 지름은 12 cm이다.
㉣ $198.4÷3.1=64$이므로 반지름은 8 cm이고 지름은 16 cm이다.

24 ② 원기둥은 밑면이 2개, 원뿔은 밑면이 1개이다.
③ 원뿔에만 원뿔의 꼭짓점이 있다.
⑤ 서로 평행한 두 면은 원기둥의 두 밑면이다.

25 구를 앞에서 본 모양은 반지름이 7 cm인 원이므로 넓이는 $7×7×3.14=153.86(cm^2)$이다.

사회 2회 반편성 배치고사 **모의고사** 106~109쪽

1 ③	**2** ④	**3** ②	**4** ④	**5** ⑤	**6** ①	**7** ㉢	**8** ㉢

9 ②, ③　**10** ㉠ 연도, ㉢ 국내 총생산 금액　**11** ②　**12** ③
13 ①　**14** ㉠　**15** ④　**16** (1) 열대 기후 (2) 한대 기후
17 ③　**18** ①　**19** ⑤　**20** ①　**21** ③　**22** ①　**23** ④
24 ②　**25** 지속 가능한 미래

1 ③ 이승만 정부는 시위를 무력으로 진압했고, 이 과정에서 많은 시민과 학생들이 죽거나 다쳤다.

2 전두환이 보낸 계엄군은 시민들과 학생들을 향해 총을 쏘며 폭력적으로 시위를 진압했고, 이 과정에서 많은 사람이 죽거나 다쳤다.

4 다수의 의견이 항상 옳은 것은 아니기 때문에 다수결의 원칙을 사용할 때는 소수의 의견을 존중해야 한다.

5 ⑤ 법을 만드는 일은 국회에서 하는 가장 중요한 일이다.

6 ① 대통령의 임기는 5년이다.

9 ① 천 필통이 가장 잘 팔렸고, ④ 2018년에는 필통을 20만 개 정도 판매했으며, ⑤ 필통의 가격은 회사마다 다르다.

11 1960년대 이후 우리나라의 국내 총생산 금액은 큰 폭으로 증가했다.

16 세계는 적도 지방에서 극지방으로 갈수록 기온이 점차 낮아진다.

17 게르는 가축과 함께 자주 이동해야 하는 유목 생활에 유리한 집 형태이다.

18 영국에서는 마부가 마차의 오른쪽에 앉았던 것이 오늘날까지 이어져 자동차 운전석이 오른쪽에 있다.

19 우리나라는 젓가락으로 집는 반찬이 무게가 있고, 절인 음식이 많아 국물이 스며들지 않는 금속 젓가락을 사용한다.

21 통일이 되면 위험 요소가 해소돼서 전쟁에 대한 두려움도 사라질 것이다.

22 메콩강은 자원으로 인한 분쟁의 대표적인 사례이다.

25 지속 가능한 미래는 미래의 세대가 발전할 수 있는 가능성을 파괴하지 않으면서 오늘날의 사람들이 좀 더 나은 세계에 살아갈 수 있도록 실천할 때 이루어진다.

과학 2회 반편성 배치고사 모의고사 110~113쪽

1 ②	2 ③	3 ⑤	4 사자자리	5 산소	6 ④	7 ③
8 ③	9 ⑤	10 ③	11 ②	12 ③	13 ㉠	14 ②
15 ②, ⑤	16 ③	17 ⑤	18 ⑤	19 ㉢	20 머리
21 ④	22 ④	23 ⑤	24 ③	25 ①

3 지구는 하루에 한 바퀴씩 자전하기 때문에 낮과 밤이 하루에 한 번씩 번갈아 나타난다.

4 지구의가 ㉮ 위치일 때는 한밤에 전등과 반대쪽에 위치한 사자자리가 가장 잘 보인다.

5 묽은 과산화 수소수와 이산화 망가니즈가 만나면 산소가 발생한다.

6 진한 식초 대신 레몬즙을 사용해도 된다.

7 물이 든 주사기의 입구를 막은 상태로 피스톤을 누르면 물의 부피가 변하지 않아 피스톤이 들어가지 않는다.

9 잎에 도달한 물이 기공을 통해 식물 밖으로 빠져나가는 것을 증산 작용이라고 한다.

10 암술에서 꽃가루받이가 이루어지고, 수술은 꽃가루를 만드는 역할을 한다.

11 프리즘을 통과한 햇빛이 하얀색 도화지에 여러 가지 빛깔로 나타난다.

14 전지 두 개는 직렬연결하고, 전구 두 개는 병렬연결할 때 전구의 밝기가 가장 밝다.

15 ① ㉡ 전자석에 전류가 흐르기 때문에 극이 나타난다. ③ 전류의 방향은 알 수 없다. ④ 전자석에 전류가 흘러도 종이는 전자석에 달라붙지 않는다.

16 기온은 14시 30분 무렵에 가장 높고, 태양 고도는 낮 12시 30분 무렵에 가장 높다. 태양 고도가 가장 높은 때 그림자 길이가 가장 짧다.

19 전자레인지로 음식을 따뜻하게 데우는 것은 물질이 타면서 발생하는 빛과 열을 이용하는 예가 아니다.

24 온몸을 돌아 노폐물이 많아진 혈액이 콩팥으로 운반되면 콩팥은 혈액에 있는 노폐물을 걸러 내고, 방광은 콩팥에서 걸러 낸 노폐물을 모아 두었다가 관을 통해 몸 밖으로 내보낸다.

25 운동장을 굴러가는 축구공과 달리는 자동차는 운동에너지를 가진다.

영어 2회 반편성 배치고사 모의고사 114~117쪽

| 1 ③ | 2 ⑤ | 3 ② | 4 ③ | 5 ⑤ | 6 ⑤ | 7 ② | 8 is → are |
| 9 Mike, Eric, Jake | 10 ⓐ | 11 ① | 12 ② | 13 ① | 14 brush, Once | 15 ① | 16 ④ | 17 ⑤ | 18 two, blocks, right, right | 19 ① | 20 ③, ⑤ | 21 ③ | 22 (1) 수학 (2) 미술 | 23 ② | 24 April, thirtieth(30th) | 25 ③ |

2 twenty(20)의 서수는 twentieth로 쓴다.

4 1만 5천 원은 fifteen thousand won으로 읽는다.

5 teach는 불규칙 동사로 과거형은 taught이다.

7 날짜를 말할 때 「It's+월+일(서수)」로 나타낸다. 3월은 March이다.

8 안경처럼 짝을 이루는 물건의 가격을 물을 때는 How much are ~?로 묻는다.

10 '~해야 한다'를 뜻하는 should를 이용하여 '물을 잠그라'고 말하고 있으므로 ⓐ가 알맞다.

11 B는 스파게티와 오렌지주스를 주문했다.

12 그림 속 여자아이는 초록색 모자를 쓰고(wearing a green hat) 있다.

13 A가 박물관에 가는 방법을 묻자 B는 2번 버스를 타고 가라고 말하는 대화이다.

14 표에 따르면 하루에 세 번 하는 것은 양치하기(brush your teeth)이고, 패스트푸드를 먹는 것은 일주일에 한 번(Once a week.)이다.

17 지수는 초록 선이 파란 선보다 길다고 생각하고 민지와 주호는 두 선의 길이가 같다고 생각한다.

18 약도에 따르면, 목적지는 두 블록(two blocks)을 곧장 가서 오른쪽(right)으로 돌면 오른편(right)에 있다.

20 민준이는 방학에 스키 캠프에 가고(go to a ski camp), 영어도 배울 것이라고(learn English) 했다.

21 도움을 줄지 묻는 말에 거절한 뒤 가격을 묻는 말을 하는 것은 자연스럽지 않다.

22 준수가 가장 좋아하는 과목은 수학(math)이고, Ally가 가장 좋아하는 과목은 미술(art)이다.

24 오늘이 4월 29일이라고 했으므로, 나라 생일은 내일인 4월 30일이다.

1 ④ **2** ⑤ **3** ③ **4** ④ **5** ④ **6** ① **7** ①, ④ **8** ③
9 ①, ② **10** ④ **11** ①, ②, ③ **12** ④ **13** ② **14** ③
15 ①, ④ **16** ② **17** ④ **18** ④ **19** ① **20** ③, ④
21 ② **22** ④ **23** ④ **24** ① **25** ① **26** ② **27** ⑤
28 ② **29** ① **30** ④

1 친구와 바람은 헤어졌다가 다시 찾아온다는 공통점이 있다.

2 비유하는 표현을 쓴다고 해서 시의 내용을 쉽게 바꿀 수 있는 것은 아니다.

3 저승사자는 원님이 이승에 있을 때 남에게 덕을 베푼 일이 없어 볏짚이 한 단밖에 없다고 했다.

4 덕진의 곳간에 쌀이 수백 석 있다는 내용에서 덕진이 남에게 베풀 줄 아는 사람임을 짐작할 수 있다.

5 중요한 부분은 기록하며 듣는 것이 좋지만 중요하지 않은 부분까지 기록하려 하면 중요한 내용을 놓칠 수도 있다.

6 지훈이는 '동물원은 필요한가'라는 주제에 대해 찬성하는 입장이다.

7 지훈이는 동물원이 있어야 한다고 주장하며, 그 근거로 동물원은 우리에게 큰 즐거움을 주고 동물을 보호해 준다고 말했다.

8 어떤 일이든 한 가지 일을 끝까지 해야 성공할 수 있다는 뜻의 '우물을 파도 한 우물만 파라'라는 속담이 들어가는 것이 알맞다.

9 수원 화성은 일제 강점기를 거치면서 성곽 일대가 훼손되기 시작하고 6.25 전쟁 때 크게 파괴되었다.

10 이 글에서 '쌓다'는 '물건을 차곡차곡 포개어 얹어서 구조물을 이루다.'라는 뜻으로 쓰였다.

11 긍정하는 말을 쓰면 말하는 사람과 듣는 사람 모두 마음이 편해지고 기분이 좋아지며 자신감이 생긴다.

12 빈칸에는 부정하는 말인 "안 돼."를 긍정하는 말로 바꾸어 쓴 말이 들어가야 한다.

13 케냐의 새로운 지도자들은 돈벌이를 위해 숲을 없애고 차나무와 커피나무를 심었다.

14 케냐의 환경을 보호하려고 나무를 심기로 마음먹는 것으로 보아 왕가리 마타이가 추구하는 가치는 '자연환경 보호'이다.

15 인물의 생김새나 옷차림, 인물과 비슷한 이름을 가진 다른 이야기 속 인물을 떠올리는 것은 인물이 추구하는 가치를 자신의 삶과 관련짓는 방법이 아니다.

16 이 글은 정약용이 자신의 두 아들에게 쓴 편지이다.

17 글쓴이는 두 아들이 남의 도움을 바라는 말버릇을 가진 것을 걱정하고 있다.

18 글쓴이는 글을 읽는 두 아들이 먼저 베풀기를 바라고, 다른 사람이 보답해 주지 않더라도 원망하지 말라고 하였다.

19 퐁은 꿈이 없냐는 진진의 물음에 신나게 춤추는 것이 자신의 꿈이라고 대답하였다.

20 퐁이 한 말과 행동으로 보아, 퐁은 자신이 하고 싶은 일을 행복하게 열정적으로 하는 삶을 추구한다.

21 듣는 사람들에게 꿈을 펼치는 방법을 말하려고 한다고 하였다.

22 관용 표현의 뜻은 앞뒤 문장을 잘 살펴보거나, 관용 표현에 포함된 낱말의 뜻을 생각해 보면 알 수 있다.

23 글쓴이는 습관적으로 그냥 살지 말자고 말하였다.

24 대화 **1**은 사진, 대화 **2**는 영상을 활용하여 말하였고, 듣는 사람은 대화 **2**에서 율동 동작을 더욱 생생하게 잘 알 수 있다.

25 이 광고의 마지막 문구에 말하고 싶은 내용이 나타나 있다.

26 이 공익 광고는 음식물 쓰레기를 중형차에 비교하여 표현하면서, 음식물 쓰레기를 많이 버리지 말자고 말하고 있다.

27 광고에서는 오래 기억되도록 같은 말을 반복해서 사용하거나 효과적으로 표현하려고 강조법을 사용하기도 한다.

28 글쓴이는 고운 말을 사용해야 한다고 주장하려고 이 글을 썼다.

29 '요즘'은 현재를 나타내는 말이고 '사용했다'는 과거를 나타내는 말로 서로 호응을 이루지 못하므로, '사용한다'로 고쳐 써야 한다.

30 홍라는 빚을 갚고 상단을 구하기 위해 교역을 떠나기로 결심했다.

수학 1회 기초학력 진단평가 **실전 모의고사** 126~130쪽

1 ③	**2** ①	**3** ④	**4** ①	**5** ②	**6** ④	**7** ②	**8** ③	**9** ⑤
10 ④	**11** ⑤	**12** ①	**13** ③	**14** ④	**15** ④	**16** ④		
17 ⑤	**18** ⑤	**19** ①	**20** ③	**21** ④	**22** ⑤	**23** ④		
24 ③	**25** ⑤	**26** ④	**27** ①	**28** ④	**29** ③	**30** ②		

1 나누어지는 수의 분자가 나누는 수의 배수이므로
$\dfrac{9}{10} \div 3 = \dfrac{9 \div 3}{10} = \dfrac{3}{10}$으로 계산할 수 있다.

2 $5\dfrac{7}{8} \div \square$의 몫이 1보다 작으려면 $5\dfrac{7}{8} < \square$이어야 하므로 $\square$ 안에 들어갈 수 있는 자연수는 6, 7, 8, 9이다.

3 각기둥의 높이는 두 밑면을 이은 모서리이므로 선분 ㄴㅁ, 선분 ㄷㅂ, 선분 ㄱㄹ이다.

4 전개도를 접었을 때 면 라와 만나지 않는 면은 면 가이다.

5 ■각기둥과 ■각뿔은 옆면의 수와 밑면의 모양이 같다.

6 ① $2.5 \div 2 = 1.25$　　② $5 \div 4 = 1.25$
③ $6.25 \div 5 = 1.25$　　④ $7.35 \div 7 = 1.05$
⑤ $12.5 \div 10 = 1.25$

7 색칠한 부분의 길이는 전체를 9등분 한 것 중 1이므로 $9.36 \div 9 = 1.04$(cm)이다.

8 $11 : 25 \Rightarrow \dfrac{11}{25} = \dfrac{44}{100} = 0.44$

9 전체 20칸 중 색칠한 부분은 7칸이다.
$\Rightarrow \dfrac{7}{20} \times 100 = 35(\%)$

10 액자의 세로는 $84 \times \dfrac{7}{12} = 49$(cm)이므로 액자의 둘레는 $(84+49) \times 2 = 266$(cm)이다.

11 스마트폰으로 가장 많은 학생이 주로 하는 활동은 게임이고, 가장 적은 학생이 주로 하는 활동은 공부이다.

12 SNS를 주로 하는 학생은 검색을 주로 하는 학생의 $25 \div 20 = 1.25$(배)이므로 $4 \times 1.25 = 5$(명)이다.

13 • 가와 나는 가로, 높이가 같고 나의 세로가 더 길므로 (가의 부피) < (나의 부피)이다.
• 가와 다는 세로, 높이가 같고 가의 가로가 더 길므로 (가의 부피) > (다의 부피)이다.
$\Rightarrow$ (나의 부피) > (가의 부피) > (다의 부피)

14 $4 \times 8 \times \square = 160$, $32 \times \square = 160$, $\square = 5$

15 정육면체의 한 면의 넓이는 $6 \times 6 = 36$(cm²)이고, 직육면체는 면 $9 \times 2 + 3 \times 4 = 30$(개)로 둘러싸여 있으므로 겉넓이는 $36 \times 30 = 1080$(cm²)이다.

16 $\dfrac{6}{7} \div \dfrac{3}{7} = 6 \div 3 = 2$

17 $4 \div \dfrac{2}{3} = (4 \div 2) \times 3 = 6$(개)

18 어떤 수를 $\square$라 하여 잘못 계산한 식을 세우면 $\square \times \dfrac{7}{13} = 1\dfrac{8}{13}$에서 $\square = 1\dfrac{8}{13} \div \dfrac{7}{13} = \dfrac{21}{13} \div \dfrac{7}{13} = 3$
이므로 어떤 수는 3이다. 따라서 바르게 계산하면
$3 \div \dfrac{7}{13} = 3 \times \dfrac{13}{7} = \dfrac{39}{7} = 5\dfrac{4}{7}$이다.

19 $1.26 \div 0.42 = 3$

20 ① $5.3 \div 2 = 2 \cdots 1.3$　　② $9.71 \div 3 = 3 \cdots 0.71$
③ $16.8 \div 6 = 2 \cdots 4.8$　　④ $34.3 \div 5 = 6 \cdots 4.3$
⑤ $40.7 \div 9 = 4 \cdots 4.7$

21 주어진 모양에서 쌓기나무는 1층에 5개, 2층에 3개, 3층에 1개 쌓여 있으므로 똑같이 쌓으려면 쌓기나무 $5+3+1 = 9$(개)가 필요하다.

22 ⑤

23 $\overset{13}{\cancel{91}} \times \dfrac{2}{\underset{1}{\cancel{7}}} = 26$, $\overset{13}{\cancel{91}} \times \dfrac{5}{\underset{1}{\cancel{7}}} = 65$

24 $4 : 3 = 24 : \square \Rightarrow \square = 3 \times 6 = 18$

25 20분 동안 통화를 했을 때 발생하는 이산화 탄소의 양을 $\square$g이라고 하면 $1 : 50 = 20 : \square$이다.
$\Rightarrow \square = 50 \times 20 = 1000$

26 (원의 둘레) $= 7 \times 2 \times 3 = 42$(cm)

27 (왼쪽 원의 반지름) $= 25.12 \div 3.14 \div 2 = 4$(cm)
(오른쪽 원의 반지름) $= 31.4 \div 3.14 \div 2 = 5$(cm)
$\Rightarrow 4 + 5 = 9$(cm)

28 원의 지름은 정사각형의 한 변의 길이와 같으므로 20 cm이다.
(원의 반지름) $= 20 \div 2 = 10$(cm)이므로
(원의 넓이) $= 10 \times 10 \times 3.1 = 310$(cm²)이다.

30 왼쪽 원기둥의 밑면의 지름은 $5 \times 2 = 10$(cm)이고, 오른쪽 원기둥의 밑면의 지름은 $3 \times 2 = 6$(cm)이다.
$\Rightarrow 10 - 6 = 4$(cm)

1 ②	**2** ⑤	**3** ⑤	**4** ①	**5** ③	**6** ②	**7** ②	**8** ②, ③
9 ⑤	**10** ③	**11** ⑤	**12** ⑤	**13** ③	**14** ③	**15** ②, ③, ④
16 ②	**17** ⑤	**18** ⑤	**19** ②	**20** ①	**21** ②	**22** ①
23 ①	**24** ③	**25** ④	**26** ②	**27** ④	**28** ⑤	**29** ④
30 ④						

1 ② 대통령 직선제를 간선제로 바꿨다.

2 ⑤는 박정희와 관련된 낱말이다.

3 군사 정변(쿠데타)은 군인들이 힘을 앞세워 정권을 잡는 행위를 말한다.

5 ③ 다수결의 원칙이 항상 옳은 방법이라고 할 수는 없다.

6 헌법에서는 주권이 국민에게 있음을 분명히 하고 있으며, 이를 실현하려고 국민의 자유와 권리를 법으로 보장하고 있다.

9 ⑤는 크기가 가장 크다.

10 ㉢ 특정 기업만 물건을 만들어 가격을 마음대로 올리지 못하도록 감시하고 있다.

11 ⑤ 정부는 1950년대부터 다른 나라의 도움을 받아 농업 중심의 산업 구조를 공업 중심의 산업 구조로 변화시키려고 노력했다.

13 ③ 철강 산업은 1970년대부터 발달하기 시작한 산업이다.

14 ③ 우리나라는 카타르에서 천연가스를 수입하고 있다.

19 온대 기후 지역 중 우리나라가 속한 아시아에서는 주로 벼농사를 많이 짓는다.

21 우리와 다른 다양한 생활 모습을 이해하고 존중하려는 마음가짐이 필요하다.

22 일본은 섬으로 이루어진 나라이며, 국토 대부분이 산지이고 화산이 많고 지진 활동이 활발하다.

24 조선 숙종 때 살았던 안용복은 울릉도와 독도가 우리나라 영토임을 일본으로부터 확인받았다.

25 ④ 독도는 경사가 급하고 대부분 암석이다.

28 유엔 난민 기구(UNHCR)는 난민들을 돕는 국제 연합(UN) 산하 기구이다.

30 세계 곳곳에서는 문화가 다르다는 이유로 편견과 차별에 고통 받는 사람들이 있다.

1 ④	**2** ④	**3** ④	**4** ④	**5** ①	**6** ④	**7** ②	**8** ④
9 ②	**10** ⑤	**11** ⑤	**12** ⑤	**13** ①, ②	**14** ②	**15** ②
16 ③	**17** ①	**18** ①	**19** ①	**20** ④	**21** ④	**22** ①
23 ②, ③, ⑤	**24** ⑤	**25** ③	**26** ④	**27** ④	**28** ③
29 ③	**30** ⑤					

1 궁금한 점이 생기면 탐구 문제를 정하고 가설을 설정하여 탐구를 할 수 있다.

2 밤 12시 무렵 보름달은 남쪽 하늘에 위치한다.

4 지구가 태양 주위를 공전하기 때문에 계절에 따라 지구의 위치가 달라져 밤에 보이는 별자리가 달라진다.

5 5일 뒤에는 상현달을 볼 수 있으며, 저녁 7시에 같은 장소에서 상현달은 남쪽 하늘에서 볼 수 있다.

8 공기보다 매우 가볍고 비행선이나 풍선을 공중에 띄우는 데 이용되며, 목소리를 변조하는데 이용하거나 냉각제로 이용하기도 하는 기체는 헬륨이다.

10 식물 세포와 동물 세포에는 모두 핵과 세포막이 있지만, 식물 세포에는 세포벽이 있고, 동물 세포에는 세포벽이 없다.

11 식물이 빛과 이산화 탄소, 뿌리에서 흡수한 물을 이용해 스스로 양분을 만드는 것을 광합성이라고 하며, 광합성은 주로 식물의 잎에서 일어난다.

16 전지 두 개 이상을 서로 같은 극끼리 연결하는 방법을 전지의 병렬연결이라고 한다.

19 태양 고도는 태양이 지표면과 이루는 각이다.

21 지구의 자전축이 공전 궤도면에 대해 수직인 채 공전하면 태양의 남중 고도가 일정해 계절이 변하지 않는다.

24 승강기 대신 계단을 이용하고, 나무로 된 가구 밑에 들어가지 않으며, 큰 소리로 "불이야."라고 외치고, 뜨거운 문손잡이는 맨손으로 잡지 않는다.

26 주입기의 펌프를 빠르게 누르면 붉은 색소 물의 이동 빠르기가 빨라지고 붉은 색소 물의 이동량이 많아진다.

28 식물은 햇빛을 받아 스스로 양분을 만들어 에너지를 얻고 동물은 식물이나 다른 동물을 먹고 에너지를 얻는다.

30 높은 곳에 있던 물의 위치 에너지가 아래로 떨어지면서 운동 에너지로 전환된다.

1 ②	**2** ③	**3** ①, ②	**4** ①	**5** ②	**6** ②	**7** ①	**8** ②
9 ②	**10** ④	**11** ③	**12** ③	**13** ③	**14** ④	**15** ④
16 ③	**17** ①	**18** ②	**19** ②	**20** ⑤	**21** ⑤	**22** ④
23 ⑤	**24** ③	**25** ①	**26** ③	**27** ④	**28** ⑤	**29** ④
30 ②							

1 M: It's between the museum and the post office.
그곳은 박물관과 우체국 사이에 있다.

2 ① M: What are you going to do during the vacation? 너는 방학 동안 무엇을 할 거야?

W: I'm going on a trip to Spain.
나는 스페인으로 여행을 갈 거야.

② M: Where are you from? 너는 어디 출신이야?

W: I'm from Russia. 나는 러시아 출신이야.

③ M: What grade are you in? 너는 몇 학년이야?

W: It's on the second floor. 그곳은 2층에 있어.

④ M: We're going to go to the festival. Can you join us? 우리는 축제에 갈 거야. 너도 함께 할래?

W: Sure. 좋아.

⑤ M: Why are you excited? 너는 왜 그렇게 신이 났니?

W: Because I got a present! 선물을 받았거든!

3 M: Ann, you don't look well.
Ann, 너 몸이 안 좋아 보이는구나.

W: Yes. I have a stomachache, Dad.
네. 저 배가 아파요, 아빠.

M: That's too bad. Take this medicine and get some rest. 안됐구나. 이 약을 먹고 좀 쉬렴.

4 M: _____

W: It's August 11th today. 오늘은 8월 11일이야.

① What date is it today? 오늘이 며칠이야?

② What day is it today? 오늘이 무슨 요일이야?

③ What's your favorite subject?
네가 가장 좋아하는 과목은 뭐야?

④ What's the matter? 무슨 일이니?

⑤ What are you going to do tomorrow?
너는 내일 뭐 할 거야?

5 W: Steve, let's play badminton this afternoon.
Steve, 오늘 오후에 배드민턴 치자.

M: I'm sorry, I can't. I'm going to play basketball with my friends. Can you join us? 미안하지만, 안 되겠어. 나는 친구들이랑 농구를 할 거야. 너도 함께 할래?

W: All right. 좋아.

6 W: Wow! You look great. 왜! 너 멋져 보인다.

M: Thank you. I got this black jacket for my birthday. 고마워. 난 생일 선물로 이 검은색 재킷을 받았어.

W: Do you like black? 너는 검은색을 좋아하니?

M: Yes, I love black. What's your favorite color?
응, 나는 검은색을 정말 좋아해. 네가 가장 좋아하는 색은 뭐야?

W: I like blue. 나는 파란색을 좋아해.

7 W: Jack, what's wrong? You look sick.
Jack, 어디 안 좋니? 너 아파 보이는구나.

M: I have a fever and a runny nose.
저는 열이 나고 콧물이 나요.

W: You have a cold. You should go and see a doctor. 너 감기에 걸렸구나. 가서 진찰을 받으렴.

M: OK, I will. 네, 그럴게요.

8 W: This is my friend Jessie. She has long curly hair and big brown eyes. She's wearing a white T-shirt and green pants.
이 아이는 내 친구 Jessie야. 그녀는 긴 곱슬머리를 하고 있고 눈은 크고 갈색이야. 그녀는 흰색 티셔츠와 초록색 바지를 입고 있어.

9 W: What's the date today? 오늘이 며칠이야?

M: It's March 15th. 3월 15일이야.

W: Oh, I have a soccer game today.
오, 나 오늘 축구 경기가 있어.

M: Good luck! 행운을 빌어!

10 M: What's wrong, Bora? 무슨 일 있니, 보라야?

W: _____

① I have a toothache. 나는 이가 아파.

② I want to buy a hat. 나는 모자를 사고 싶어.

③ I hurt my arm. 나는 팔이 아파.

④ I have a stomachache. 나는 배가 아파.

⑤ I'm so happy. 나는 너무 행복해.

11 M: Hi, I'm Jason. Nice to meet you.
안녕, 나는 Jason이야. 만나서 반가워.

W: Hi, Jason. I'm Kelly. 안녕, Jason. 나는 Kelly야.

M: Where are you from, Kelly? 너는 어디에서 왔니?

W: I'm from Australia. How about you?
나는 호주에서 왔어. 너는?

M: I'm from Canada. 나는 캐나다에서 왔어.

12 W: Brian, you look so sad. Why are you sad?
Brian, 너 무척 슬퍼 보이는구나. 넌 왜 슬프니?

M: Because I lost my dog. I can't find him.
내 개를 잃어버렸기 때문이야. 난 그를 찾을 수가 없어.

W: Oh, cheer up. I can help you. Let's go.
오, 기운 내. 내가 도와줄게. 가자.

M: Thank you, Jimin. 고마워, 지민아.

13 W: Minho, I have a piano concert this Saturday. Can you come to the concert?
민호야, 나 이번 주 토요일에 피아노 연주회를 해. 연주회에 와 줄래?

M: Sorry, I can't. I'm going to go camping with my family.
미안하지만, 안 되겠어. 나는 가족과 함께 캠핑을 하러 갈 거야.

14 M: How can I get to the post office?
우체국에 어떻게 갈 수 있나요?

W: _____

① Go straight one block and turn left. It's on your left. 한 블록을 쭉 가서 왼쪽으로 도세요. 그곳은 왼편에 있어요.

② Go straight two blocks and turn left. It's on your right. 두 블록을 쭉 가서 왼쪽으로 도세요. 그곳은 오른편에 있어요.

③ Go straight two blocks and turn left. It's on your left. 두 블록을 쭉 가서 왼쪽으로 도세요. 그곳은 왼편에 있어요.

④ Go straight two blocks and turn right. It's on your left. 두 블록을 쭉 가서 오른쪽으로 도세요. 그곳은 왼편에 있어요.

⑤ Go straight two blocks and turn right. It's on your right. 두 블록을 쭉 가서 오른쪽으로 도세요. 그곳은 오른편에 있어요.

15 M: What are you going to do this weekend?
넌 이번 주말에 뭐 할 거야?

W: I'm going to visit my grandparents in Jeju. I'm going to go hiking with them. 난 제주에 계시는 조부모님 댁을 방문할 거야. 그분들과 하이킹을 하러 갈 거야.

M: Sounds great. I want to go to Jeju, too.
좋겠다. 나도 제주에 가고 싶어.

W: What are you going to do? 너는 뭐 할 건데?

M: I have a party for my mom. Her birthday is this Saturday. 나는 엄마를 위해 파티를 할 거야. 엄마 생신이 이번 주 토요일이거든.

16 M1: Oh, your birthday is tomorrow, Amy. Happy birthday! 어, 네 생일이 내일이구나. Amy, 생일 축하해!

W: Thank you. I have my birthday party tomorrow. Will you come to my party, Junha?
고마워. 내일 내 생일 파티를 할 거야. 파티에 올래, 준하야?

M1: Sorry, I cant. 미안하지만, 안 되겠어.

W: How about you, Nick? 너는 어때, Nick?

M2: Sure, I'd love to. 그래, 난 가고 싶어.

17 W: Hello. What's your name?
안녕하세요. 이름이 무엇인가요?

M: I'm Michael. 저는 Michael입니다.

W: How do you spell your name, Michael?
이름의 철자가 어떻게 되죠, Michael?

M: _____

19 A: 버스 정류장에 어떻게 갈 수 있나요?

B: 두 블록을 쭉 가서 왼쪽으로 도세요. 그곳은 오른편에 있어요.

20 A: 교실을 청소하자. 우리와 함께 할래?

B: 미안하지만 안 되겠어. 난 지금 집에 가야 해.

22 (C) 난 정말 속상해.

(A) 왜 속상하니?

(B) 내 남동생이 내 새 자전거를 망가뜨렸거든.

(D) 오, 안됐구나.

23 안녕, 난 Mark야. 나는 독일에서 왔어. 나는 지금 서울에서 살아. 난 6학년이야. 내가 가장 좋아하는 계절은 겨울이야. 난 스키 타는 것을 정말 좋아해!

25 A: 안녕하세요. White 선생님.

B: 안녕, 수호야. 무슨 일 있니?

A: 저는 아파요. 배가 아파요.

B: 이 약을 먹고 따뜻한 물을 마시렴.

A: 고맙습니다.

26 A: 너희 아버지는 어떻게 생기셨어?

B: 그는 키가 크셔. 머리는 짧고 검은색이야.

A: 네 이름의 철자가 어떻게 되니?

B: J-U-N-S-E-O야.

27 나는 이번 여름에 많은 것을 할 거야. 나는 삼촌과 함께 캠핑을 갈 거야. 우리는 함께 낚시를 할 거야. 나는 친구들과 수영을 하러 갈 거야. 그리고, 책도 많이 읽을 거야!

28 A: Cindy, 너 기분 좋아 보인다.

B: 응, 난 정말 기분 좋아.

A: 왜 그렇게 기분이 좋은데?

B: 우리가 야구 경기에서 우승했거든!

A: 와! 잘했다! (슬퍼하지 마.)

29 간식 파티에 오세요

안녕, Eddie. 내가 이번 주 금요일에 간식 파티를 열어. 파티에 와 줄래? 간식을 먹고 재밌게 보내자! 우리는 보드게임을 할 거야. 우리 집으로 4시에 와.
예나

30 오늘은 어린이날이다. 어린이들은 부모님께 선물을 받고 종일 즐거워한다. 오늘은 며칠인가?

국어 2회 기초학력 진단평가 **실전 모의고사** 145~150쪽

1 ②	**2** ⑤	**3** ①	**4** ③	**5** ③	**6** ②	**7** ①
8 ②	**9** ⑤	**10** ⑤	**11** ①, ⑤	**12** ②	**13** ①, ②, ⑤	
14 ②	**15** ③	**16** ⑤	**17** ③, ④	**18** ③	**19** ①	
20 ①	**21** ⑤	**22** ①, ③	**23** ③	**24** ⑤	**25** ②	
26 ①, ⑤	**27** ①	**28** ①, ②	**29** ②	**30** ②, ③, ④		

1 어떤 현상이나 사물을 비슷한 현상이나 사물에 빗대어 표현하는 것을 '비유하는 표현'이라고 한다.

2 '봄비 내리는 소리'와 '교향악'은 여러 가지 소리가 섞여 있는 모습이 비슷하다.

3 이 시에서는 '달빛 내리던 지붕'을 '큰북'에 비유하여 표현했다.

4 아이의 엄마는 담 너머에 끔찍한 괴물들이 산다고 하였지만 아이가 본 것은 공을 가지고 즐겁게 노는 아이들이었다.

5 글 ㈏는 이 글의 마지막 부분으로, 아이가 담 너머 친구들에게 인사를 하는 것으로 이야기가 마무리된다.

6 시작하는 말에는 발표하려는 주제를 제시했다.

7 이 글은 '미래에는 어떤 인재가 필요할까'라는 주제로 발표한 것이다.

8 글쓴이는 우리 전통 음식의 과학성과 우수성을 알고 우리 전통 음식에 관심을 가지고 우리 전통 음식을 사랑해야한다고 주장했다.

9 까마귀가 염라대왕의 뜻을 잘못 전한 뒤부터 강 도령은 나이에 상관없이 아무나 되는대로 저승으로 보냈다.

10 "까마귀 고기를 먹었나."는 무엇인가를 잘 잊어버리는 사람을 가리킬 때 사용하는 속담이다.

11 궁궐에는 '전' 자가 붙는 건물이 있는데, 이러한 건물에는 궁궐에서 가장 신분이 높은 왕과 왕비만 살 수 있었다고 하였다.

12 이 글을 통해 궁궐 사람들은 각자의 신분에 알맞은 건물에서 생활했다는 것을 알 수 있다.

13 바른 언어생활을 위해서는 올바른 우리말을 사용하고, 예절을 지켜 말하며, 다른 사람에게 힘이 되는 긍정적인 말을 해야 한다.

14 이방원의 「하여가」에 정몽주의 충심을 존경하는 마음은 나타나 있지 않다.

15 정몽주의 「단심가」에는 고려에 충성하는 마음이 담겨 있다.

16 마음을 나누는 글을 쓸 때에는 글을 쓴 상황이나 목적이 잘 드러나게 써야 한다.

17 이 시에서 반복되어 쓰인 말은 '~야지', '공이 되어'이다.

18 말하는 이는 공처럼 살아 봐야겠다고 하며 힘들어도 포기하거나 좌절하지 않고 다시 일어서서 도전하며 살고 싶어 한다.

19 친구들은 고운 말을 사용하자는 내용으로 이야기를 나누고 있다.

20 말을 시작할 때 관용 표현을 활용하면 듣는 사람의 관심을 끌 수 있고, 말을 끝낼 때 관용 표현을 활용하면 생각을 효과적으로 정리할 수 있다.

21 성민이는 누리 소통망에 퍼진 △△식당에 대한 이야기는 사실과 다르다고 말하였다.

22 인터넷의 글은 실제로 있었던 일과 다름에도 불구하고 쉽게 퍼져 △△식당 불매 운동이 벌어졌고, 성민이의 이름과 다니는 학교까지 인터넷에 올려 학교에도 소문이 났다고 하였다.

23 베트남의 전통 의상을 소개할 때에는 사진 자료를 함께 활용하는 것이 바람직하다.

24 가장 먼저 발표 상황을 파악하고, 가장 나중에 발표를 한다.

25 글쓴이가 이 글을 쓴 의도나 목적을 떠올려 알맞은 제목을 찾는다.

26 주장에 대해 든 근거가 사실인지, 주장을 뒷받침하는지 판단해야 한다.

27 '진행자의 도입' 부분에서 올바른 손 씻기 방법을 알려 준다고 하였다.

28 이 뉴스는 '기자의 보도' 부분에서 관련 실험 결과와 선생님(전문가) 면담 자료를 사용했다.

29 ㉠ 문장에서 '아무리'는 '~아도/어도'와 호응하므로, '아무리 맛있어도 먹지 말아야 합니다.'와 같이 고쳐 써야 한다.

30 ②는 글 ㈏, ③은 글 ㈎, ④는 글 ㈐에서 찾을 수 있다.

1 ②	2 ⑤	3 ③	4 ③	5 ②	6 ③	7 ④	8 ②	9 ⑤
10 ①	11 ②	12 ③	13 ③	14 ①	15 ⑤	16 ⑤		
17 ④	18 ④	19 ④	20 ④	21 ①	22 ②	23 ③		
24 ④	25 ②	26 ④	27 ③	28 ④	29 ①	30 ⑤		

1 $3 \div 5 = \dfrac{3}{5}$ (kg)

2 (삼각형의 높이)＝(넓이)×2÷(밑변의 길이)
$$= \dfrac{30}{7} \times 2 \div 5 = \dfrac{60}{7} \div 5 = \dfrac{12}{7} \text{ (cm)}$$

3 육각기둥의 한 밑면의 변의 수는 6이므로
꼭짓점의 수는 $6 \times 2 = 12$, 면의 수는 $6 + 2 = 8$,
모서리의 수는 $6 \times 3 = 18$이다.
⇨ ㉠－㉡＋㉢＝12－8＋18＝22

4 전개도를 접었을 때 만나거나 평행한 모서리의 길이
는 서로 같다.
(선분 ㄱㅎ)＝(선분 ㅋㅊ)＝4 cm
(선분 ㅎㅋ)＝(선분 ㅊㅈ)＝5 cm
⇨ (선분 ㄱㅈ)＝4＋5＋4＋5＝18(cm)이다.

5 ㉢ 밑면과 옆면이 서로 수직인 입체도형은 각기둥이다.

6 나누는 수가 같고 나누어지는 수가 $\dfrac{1}{100}$ 배가 되면
몫도 $\dfrac{1}{100}$ 배가 된다.

7 $5 \div 4 = 1.25 \text{(m}^2)$

8 $4 \div 5 = 0.8 \text{(L)}$

9 ⑤ 전체 과일 수에 대한 사과 수의 비는 5 : 13이다.

10 소금물의 양은 $40 + 160 = 200$ (g)이므로 소금물 양
에 대한 소금 양의 비율은 $\dfrac{40}{200} \times 100 = 20 \text{(\%)}$이다.

11 $100 - (30 + 20 + 15 + 10) = 25 \text{(\%)}$

12 ① $20 \times 0.2 = 4$(명)
③ 기타 항목이 있으므로 가장 적은 학생이 하고 싶
은 운동은 알 수 없다.
④ $30 \div 20 = 1.5$(배)
⑤ $20 \times 0.25 - 20 \times 0.15 = 5 - 3 = 2$(명)

13 $4 \times 4 \times 4 = 64 \text{(cm}^3)$

14 $0.9 \times 0.8 \times 1.5 = 1.08 \text{(m}^3)$
$90 \times 80 \times 150 = 1080000 \text{(cm}^3)$

15 선우는 직육면체의 부피를, 지민이는 옆면의 넓이의
합을, 정연이는 한 꼭짓점에서 만나는 세 면의 넓이
의 합을, 승희는 옆면의 넓이의 합과 한 밑면의 넓이
의 합을 구했다.

16 $1\dfrac{2}{5} \div \dfrac{3}{10} = \dfrac{7}{5} \div \dfrac{3}{10} = \dfrac{7}{5} \times \dfrac{\overset{2}{10}}{3} = \dfrac{14}{3} = 4\dfrac{2}{3}$

17 $8 \div \dfrac{4}{3} = (8 \div 4) \times 3 = 6$
① $3\dfrac{3}{5}$ ② $2\dfrac{1}{2}$ ③ 9 ④ 6 ⑤ $18\dfrac{2}{3}$

18 $17.5 \div 2.5 = 175 \div 25 = 7$

19 $148.2 \div 24.7 = 6$(배)

20 ① $14.2 \div 3 = 4.73 \cdots \Rightarrow 4.7$
② $28.1 \div 6 = 4.68 \cdots \Rightarrow 4.7$
③ $33.1 \div 7 = 4.72 \cdots \Rightarrow 4.7$
④ $38.1 \div 8 = 4.76 \cdots \Rightarrow 4.8$
⑤ $42.2 \div 9 = 4.68 \cdots \Rightarrow 4.7$

21 쌓기나무 10개로 쌓았으므로 보이지 않는 부분에
쌓기나무는 더 없다.
따라서 앞에서 본 모양은 2층, 3층, 1층이다.

22 3층이 되면서 위에서 본 모양이 정사각형이 되려면
1층에 먼저 4개를 쌓고, 쌓기나무 7개로 쌓아야 하
므로 2층에 2개, 3층에 1개를 쌓는다.

1	1
2	3

1	2
3	1

1	1
3	2

⇨ 3가지

23 $\left(\dfrac{1}{3} \times 15\right) : \left(\dfrac{1}{5} \times 15\right) = 5 : 3$

24 ① 10 ② 10 ③ 10 ④ 12 ⑤ 10

25 $5000 \times \dfrac{2}{2+3} = 5000 \times \dfrac{2}{5} = 2000$(원)

26 $1.3 \times 2 \times 3.1 = 8.06 \text{(cm)}$

27 원주가 50.24 cm인 원의 반지름은
$50.24 \div 3.14 \div 2 = 8 \text{(cm)}$이므로
원의 넓이는 $8 \times 8 \times 3.14 = 200.96 \text{(cm}^2)$이다.

28 색칠한 부분의 넓이는 지름이 20 cm인 원의 넓이와
같다.
⇨ $10 \times 10 \times 3 = 300 \text{(cm}^2)$

29 ① 옆면은 굽은 면으로 1개이다.

30 옆면인 직사각형의 가로는 밑면인 원의 원주와 길이
가 같다.

사회 2회 기초학력 진단평가 실전 모의고사 156~160쪽

1 ①	2 ③	3 ④	4 ⑤	5 ⑤	6 ④	7 ④	8 ①	9 ⑤
10 ⑤	11 ②	12 ①, ④	13 ④	14 ③	15 ②	16 ①
17 ②	18 ①	19 ⑤	20 ④	21 ④	22 ⑤	23 ⑤
24 ①	25 ②	26 ④	27 ②	28 ②	29 ②	30 ⑤

1 4 · 19 혁명을 계기로 민주적인 절차와 과정을 무시하고 들어선 정권은 국민 스스로 바로잡아야 한다는 교훈을 얻게 되었다.

2 ③ 박정희는 6월 민주 항쟁 이전에 5 · 16 군사 정변을 일으켜 정권을 잡았다.

5 대화와 토론을 바탕으로 관용과 비판적 태도, 양보와 타협하는 자세가 필요하며, 함께 결정한 일은 따르고 실천해야 한다.

7 ②는 국회, ③은 법원, ⑤는 헌법 재판소에 대한 설명이다.

8 제시된 내용은 국회가 정부를 견제하는 사례이다.

10 ①은 부동산 시장, ②는 주식 시장, ③은 인력 시장, ④는 외환 시장으로 모두 물건이 아닌 것을 거래하는 시장이다.

11 개인은 더 좋은 일자리를 얻으려고 다른 사람과 경쟁한다.

13 경제가 성장하면서 잘사는 사람과 그렇지 못한 사람의 소득 격차가 더욱 커졌다.

17 아시아는 우리나라가 속해 있는 대륙이다.

19 건조 기후가 나타나는 사막 지역에서는 강 주변에서 농사를 지으며 살아간다.

21 러시아에는 아시아와 유럽을 구분하는 우랄산맥이 있고, 겨울철 추위로 유명한 오이먀콘 마을이 있다.

24 현재 독도에는 독도 경비대원, 등대 관리원, 울릉군청 독도 관리 사무소 직원 등이 거주하고 있다.

26 ①, ②, ③, ⑤는 지구촌 갈등에 대한 사례이다.

27 1945년 설립된 국제 연합(UN)은 지구촌의 평화 유지, 전쟁 방지, 국제 협력 활동을 하는 국제기구이다.

28 간디는 남아프리카 공화국에서 일어났던 인도인 인종 차별과 억압에 대해 비폭력적 방법으로 투쟁함으로써 인류 평화에 이바지했다.

30 ⑤는 국가가 할 수 있는 일이다.

과학 2회 기초학력 진단평가 실전 모의고사 161~164쪽

1 ②	2 ①	3 ④	4 ⑤	5 ③	6 ①	7 ③	8 ⑤
9 ①	10 ④	11 ②	12 ④	13 ③	14 ②	15 ①
16 ③	17 ①	18 ①	19 ②	20 ③	21 ②	22 ③
23 ④	24 ①, ④	25 ②	26 ②	27 ①	28 ⑤
29 ①	30 ①

2 하루 동안 달은 동쪽 하늘에서 남쪽 하늘을 지나 서쪽 하늘로 움직이는 것처럼 보인다.

3 지구가 태양 주위를 공전하기 때문에 계절에 따라 지구의 위치가 달라지고, 달라진 지구의 위치에 따라 밤에 보이는 별자리가 달라진다. 별자리들은 두 계절이나 세 계절에 걸쳐 보이기도 한다. 태양과 같은 방향에 있는 별자리는 태양 빛 때문에 보이지 않는다.

10 땅속으로 뻗은 식물의 뿌리는 식물을 지지하여 강한 바람에도 잘 쓰러지지 않도록 한다.

13 장난감의 모습이 실제 물체보다 크게 보이는 것으로 보아 ㉠은 볼록 렌즈이다.

14 간이 사진기로 본 글자의 모습은 글자의 상하좌우가 바뀌어 보인다.

15 현미경은 볼록 렌즈인 대물렌즈와 접안렌즈를 이용하여 작은 물체의 모습을 확대해서 볼 수 있게 만든 기구이다.

16 전류는 (+)극에서 (−)극으로 흐른다. 전기 부품은 도체와 부도체로 이루어져 있다. 전선, 전구, 전지가 끊어지지 않게 연결되어야 전구에 불이 켜진다. 전기 회로는 전기 부품을 서로 연결해 전기가 흐르도록 한 것이다.

18 나침반은 방위를 알려주는 기구로, 전기를 안전하게 사용하거나 절약하기 위해 사용하는 제품이 아니다.

23 연소란 물질이 산소와 빠르게 반응하여 빛과 열을 내는 현상이다.

25 ㉡은 간으로, 소화를 도와주는 기관이다.

28 에너지란 일을 할 수 있는 능력으로, 생물이 살아가거나 기계를 움직이는 데에 에너지가 필요하다.

29 전기 주전자는 전기 에너지를 열에너지로 전환하여 물을 끓일 수 있는 전기 기구이다.

30 에너지 소비 효율 등급이 1등급에 가까울수록 에너지를 효율적으로 이용하는 전기 기구이다.

1 ②	**2** ③	**3** ②	**4** ①	**5** ①	**6** ②	**7** ④	**8** ⑤	**9** ②
10 ③, ④	**11** ④	**12** ②	**13** ②	**14** ③	**15** ③	**16** ⑤		
17 ④	**18** ④	**19** ①	**20** ②, ④	**21** ②	**22** ①	**23** ③		
24 ④	**25** ②	**26** ①	**27** ②	**28** ⑤	**29** ④	**30** ④		

1 M: ① You should wear your seatbelt.
안전벨트를 매야 합니다.

② You should use the crosswalk.
횡단보도를 이용해야 합니다.

③ Don't forget to stand behind the line.
선 뒤에 서 있어야 하는 것을 잊지 마시오.

④ You should look left and right.
좌우를 살펴야 합니다.

⑤ Don't forget to wear a helmet.
안전모 쓰는 것을 잊지 마시오.

2 W: Hello. How much is this bag?
안녕하세요. 이 가방 얼마예요?

M: It's 15 dollars. 15달러입니다.

W: It's too expensive. How much is that cap?
너무 비싸네요. 저 모자는 얼마예요?

M: It's 10 dollars. 10달러예요.

W: OK. I'll take it. 알겠습니다. 그것으로 살게요.

3 W: Take Bus Number 17 and get off at the park.
It's across from the bus stop.
17번 버스를 타서 공원에서 내리세요. 그곳은 버스 정류장 건너편에 있어요.

4 M: How can I get to the hospital?
병원에 어떻게 갈 수 있나요?

W: _____

① Take Bus Number 7 and get off at the park. It's
near the park.
7번 버스를 타서 공원에서 내려요. 그곳은 공원 근처에 있어요.

② Take Subway Line 7 and get off at the police
station. It's near the police station.
지하철 7호선을 타서 경찰서에서 내려요. 그곳은 경찰서 근처에 있어요.

③ Take Bus Number 17 and get off at the school.
It's near the school.
17번 버스를 타서 학교에서 내려요. 그곳은 학교 근처에 있어요.

④ Take Bus Number 7 and get off at the post
office. It's near the post office.
7번 버스를 타서 우체국에서 내려요. 그곳은 우체국 근처에 있어요.

⑤ Take Subway Line 7 and get off at the park. It's
near the school.
지하철 7호선을 타서 공원에서 내려요. 그곳은 학교 근처에 있어요.

5 M: Minji, how often do you exercise?
민지야, 너는 얼마나 자주 운동을 하니?

6 W: Let's make a cake for grandmother. I think it's
easy. 할머니께 드릴 케이크를 만들자. 내 생각에 그건 쉬워.

M: I don't think so. 나는 그렇게 생각하지 않아.

W: Come on! She will like it.
하자! 할머니께서 좋아하실 거야.

7 ① M: I think it's fun. What do you think?
그것은 재미있을 것 같아. 너는 어떻게 생각해?

W: The red box is bigger than the yellow box.
빨간색 상자가 노란색 상자보다 더 커.

② M: How can I get to the ice cream shop?
아이스크림 가게에 어떻게 갈 수 있어?

W: Yes, please. I'd like an ice cream.
네. 아이스크림 주세요.

③ M: What do you want to be? 너는 뭐가 되고 싶어?

W: I think so, too. 나도 그렇게 생각해.

④ M: Who wrote *Romeo and Juliet*?
'로미오와 줄리엣'을 누가 썼어?

W: Shakespeare did. 셰익스피어가 썼어.

⑤ M: What can we do for the earth?
우리가 지구를 위해 무엇을 할 수 있을까?

W: They're twenty thousand won.
그것은 2만 원이야.

8 W: ① It's hot, but I like it. 그것은 맵지만 마음에 들어요.

② I'd like a hamburger and a coke.
햄버거와 콜라 주세요.

③ It's sweet. 그것은 달아요.

④ May I take your order? 주문하시겠어요?

⑤ This is very sour. 이것은 매우 신맛이 나요.

9 W: I want to be an announcer.
나는 아나운서가 되고 싶어.

M: Great! You can do it! You have a good voice.
멋지다! 넌 할 수 있어! 너는 목소리가 좋잖아.

W: Thank you, Giho. What do you want to be?
고마워, 기호야. 너는 뭐가 되고 싶어?

M: I want to be a pianist. 나는 피아니스트가 되고 싶어.

10 W: Hello. May I take your order?
안녕하세요. 주문하시겠어요?

M: Yes, please. I'd like a spaghetti. 네. 스파게티 주세요.

W: Any drinks? 음료수는요?

M: I'd like a lemonade. 레모네이드 주세요.

W: Here you go. 여기 있습니다.

11 M: The earth is very sick. We should save the
earth. You can use a cup and save water. You
can recycle cans and bottles. You can use a
shopping bag, too.
지구는 무척 병들었습니다. 우리는 지구를 구해야 합니다. 여러분은 컵을 사용해서 물을 아낄 수 있습니다. 캔과 병을 재활용할 수 있습니다. 장바구니도 사용할 수 있습니다.

12 W: What do you want to be, Kevin?
너는 뭐가 되고 싶어, Kevin?

M: I want to be an engineer. I want to build many buildings. How about you, Meg?
나는 건축 기사가 되고 싶어. 나는 건물을 많이 짓고 싶어. 너는, Meg?

W: I want to be an astronaut. I want to go to other planets.
나는 우주 비행사가 되고 싶어. 나는 다른 행성에 가고 싶어.

13 M: ① Sally is faster than Alex.
Sally는 Alex보다 더 빠르다.

② Alex is heavier than Sally.
Alex는 Sally보다 더 무게가 나간다.

③ Sally is heavier than Alex.
Sally는 Alex보다 더 무게가 나간다.

④ Alex is stronger than Sally.
Alex는 Sally보다 더 힘이 세다.

⑤ Sally is stronger than Alex.
Sally는 Alex보다 더 힘이 세다.

14 W: _____

M: It's four thousand won. 4천 원이에요.

① Any drinks? 음료는요?

② How much is a sandwich? 샌드위치 얼마예요?

③ How much is an orange juice? 오렌지주스 얼마예요?

④ May I take your order? 주문하시겠어요?

⑤ How many do you want? 몇 개를 원하세요?

15 M: May I take your order? 주문하시겠어요?

W: Yes, please. I want a chicken salad and a hamburger. 네. 치킨 샐러드와 햄버거 주세요.

M: Is that all? 그게 전부인가요?

W: Oh, I'd like a coke, please. 오, 콜라 주세요.

M: OK. 알겠습니다.

16 M: ① Don't forget to turn off the water.
물을 잠그는 것을 잊지 마.

② You should use a shopping bag.
너는 장바구니를 사용해야 해.

③ You should recycle. 너는 재활용을 해야 해.

④ Don't forget to use a cup.
컵을 사용하는 것을 잊지 마.

⑤ You should turn off the lights.
너는 전등을 꺼야 해.

17 M: What are you doing, Semi?
너 뭐 하고 있어, 세미야?

W: I'm listening to *pansori*. Do you know anything about *pansori*, Jake?
나는 판소리를 듣고 있어. 판소리에 대해 아니, Jake?

M: I have no idea. What is it? 몰라. 그게 뭔데?

W: _____

18 여러분은 조용히 해야 합니다. 이곳에서는 음식을 먹어서는 안 됩니다. 그림을 만지지 마십시오. 천천히 걷는 것을 잊지 마세요.

[19~20]

A: 네 차와 내 차 중에 어느 것이 더 빨라?

B: 내 차가 네 차보다 더 빨라!

A: 나는 그렇게 생각하지 않아. 봐!

B: 네 말이 맞네. 네 차는 정말 빠르구나.

22 여러분은 이것에 대해 알고 있나요? 그것은 한국의 전통 음식입니다. 한국에서, 사람들은 설날에 그것을 즐겨 먹습니다. 많은 사람들이 그것을 좋아합니다. 그것은 맛있어요. 드셔 보세요!

23 안녕, 나는 Brad야. 나는 축구 하는 것을 좋아해. 나는 매일 축구를 해. 내가 가장 좋아하는 축구 선수는 Messi야. 나는 그처럼 훌륭한 축구 선수가 되고 싶어.

24 지구를 구합시다. 우리는 컵을 사용할 수 있어요. 우리는 캔과 병을 재활용할 수 있어요. 우리는 장바구니를 사용할 수 있어요. 우리는 나무를 심을 수 있어요. 전등을 끄는 것을 잊지 마세요.

25 A: 세종대왕에 대해 알고 있니?

B: 몰라. 그가 누구야?

26 A: 이 영화 보자. 재미있어 보여. 너는 어떻게 생각해?

B: 나는 그렇게 생각하지 않아. 그건 지루해 보여.

A: 알겠어. 이 영화는 어때?

B: 좋아. 가자.

27 독서를 좋아하시나요? 우리는 많은 책을 보유하고 있습니다. ABC 도서관에 오셔서 책을 즐기세요! 지하철 3호선을 타서 시청에서 내리세요. ABC 도서관은 시청 근처에 있습니다.

29 A: 누가 저 사진을 찍었어? 근사하다!

B: 우리 아버지가 찍으셨어. 우리 가족은 방학 때 부산에 갔었는데 그는 거기서 그 사진을 찍으셨지.

A: 너는 부산에서 무엇을 했니?

B: 나는 해변에 가서 바다에서 수영을 했어.

30 나는 지난주에 Tony네 피자집에 갔다. 음식은 훌륭했다. 나는 포테이토 피자와 오렌지주스를 주문했다. 피자는 맛있었고 오렌지주스는 달콤했다. 나는 그곳을 또 방문할 것이다!

적중 **반편성
배치고사
+
진단평가**

정답과 풀이

● 다음 물음에 맞는 답을 OMR 카드에 표기하시오.

1 다음 시에서 ㉠을 비유하는 표현은 무엇입니까?

> 달빛 내리던 지붕은
> 두둑 두드둑
> 큰북이 되고
>
> 아기 손 씻던
> ㉠세숫대야 바닥은
>
> 도당도당 도당당
> 작은북이 된다.
>
> 앞마을 냇가에선
> 퐁퐁 포옹 퐁
>
> 뒷마을 연못에선
> 풍풍 푸웅 풍

① 지붕   ② 큰북   ③ 냇가
④ 작은북   ⑤ 엄마 소

2~3

> ㈎ "내 거여! 이 동네에서 폐지 줍는 노인네들은 다 아는구먼."
> 하지만 눈에 혹이 난 할머니는 아무 대꾸도 없이 상자를 실은 유모차를 끌고 가려고 했어.
> 울뚝, 화가 치밀어 오른 종이 할머니는 눈에 혹이 난 할머니의 팔을 잡고는 힘껏 밀어 버렸어. 벌러덩, 눈에 혹이 난 할머니는 힘없이 넘어졌어.
> ㈏ 종이 할머니는 여전히 폐지를 모았어. 그렇지만 이제는 혼자가 아니야. 눈에 혹이 난 할머니와 같이 주웠어. 그리고 저녁이 되면 따뜻한 밥도 같이 먹고 생강차도 나누어 마셨지.
> 종이 할머니는 벽에 붙여 놓은 우주 그림을 보며 잠깐잠깐 이런 생각에 빠졌단다.
> '여기가 우주 호텔이 아닌가? 여행을 하다가 잠시 이렇게 쉬어 가는 곳이니……, 여기가 바로 우주의 한가운데지.'

2 글 ㈎와 글 ㈏에서 종이 할머니의 마음은 어떻게 바뀌었습니까?

① 낯섦 → 우울함   ② 기쁨 → 외로움
③ 즐거움 → 행복함   ④ 답답함 → 그리움
⑤ 화가 남 → 따뜻함

3 글 ㈏는 이야기의 구조 중 어디에 해당합니까?

① 발단   ② 전개   ③ 위기
④ 절정   ⑤ 결말

4 다음 그림 ㉮와 그림 ㉯ 중, 여러 친구 앞에서 공식적으로 말하는 상황은 무엇인지 그림의 기호를 쓰시오.

5 논설문에 다음 보기 와 같은 표현을 쓸 때의 문제점은 무엇입니까?

> 보기
>
> 내 생각에 급식 시간에 음식을 남기는 것은 괜찮은 것 같다.

① 주제와 관련 없는 표현이라 적절하지 않다.
② 객관적인 표현이라 사실을 있는 그대로 드러낸다.
③ 단정하는 표현이라 어떤 사실을 딱 잘라 판단하게 한다.
④ 비유하는 표현이라 자신의 생각을 명확하게 전달할 수 없다.
⑤ 주관적인 표현이라 다른 사람을 논리적으로 설득하기 어렵다.

6 다음 상황에서 사용할 수 있는 속담으로 알맞은 것은 무엇입니까?

> 만 원을 주고 장난감을 샀습니다. 그런데 가지고 놀다가 고장 나서 고치러 갔더니 수리비가 만오천 원이라고 합니다. 장난감 가격보다 수리비가 더 비쌉니다.

① 바늘 가는 데 실 간다
② 배보다 배꼽이 더 크다
③ 쥐구멍에도 볕 들 날 있다
④ 하룻강아지 범 무서운 줄 모른다
⑤ 콩 심은 데 콩 나고 팥 심은 데 팥 난다

7~8

㈎ 『화성성역의궤』는 수원 화성에 성을 쌓는 과정을 기록한 책인 의궤야. 수원 화성은 일제 강점기를 거치면서 성곽 일대가 훼손되기 시작하고 6.25 전쟁 때 크게 파괴되었는데, 『화성성역의궤』를 보고 원래의 모습대로 다시 만들어졌단다. 덕분에 ⊙수원 화성이 1997년에 유네스코 세계 문화유산으로 등록될 수 있었어.

㈏ 수원 화성은 정조 임금의 원대한 꿈이 담긴 곳으로 볼거리가 많아. 건물 하나만 보는 것보다는 주변 경치를 함께 ⓛ감상하는 것이 더 좋아. 정조 임금이 엄격하게 고른 좋은 자리에 지었으니까. 수원 화성은 규모가 커서 다 돌아보려면 꽤 시간이 걸려. 다리가 아프면 화성 열차를 타는 것도 좋겠지. 화성 열차는 수원 화성 구경을 하러 온 사람들을 위해 마련한 열차야.

7 ⊙ 부분에서 추론할 수 있는 사실은 무엇입니까?

① 수원 화성에는 더 둘러볼 곳이 없다.
② 수원 화성에 가면 화성 열차를 타는 것이 좋다.
③ 수원 화성은 엄격하게 고른 좋은 자리에 지었다.
④ 수원 화성은 여러 위기를 거치며 원래의 모습을 잃었다.
⑤ 수원 화성은 세계적인 문화유산으로 인정받을 만큼 훌륭한 건축물이다.

8 ⓛ '감상'의 뜻으로 알맞은 것을 찾아 기호를 쓰시오.

> ㉮ 감상¹ 하찮은 일에도 쓸쓸하고 슬퍼져서 마음이 상함. 또는 그런 마음.
> ㉯ 감상⁵ 주로 예술 작품을 이해하여 즐기고 평가함.

9 다음 대화에서 여자아이가 사용한 말은 무엇입니까?

① 욕설　　② 비속어　　③ 외래어
④ 줄임 말　　⑤ 배려하는 말

10~11

㈎ "버들이가 이번에는 샘을 기와집 뒤란으로 옮겨 달라고 하잖아. 그러면 집에서 샘물을 긷게 될 거라고."
"이제 보니 버들이는 욕심쟁이구나. 샘을 옮기다니! 그러면 다른 동물들은 샘물을 못 마시잖아?"

㈏ "버들이가 묻더군. 도깨비가 제일 무서워하는 게 뭐냐고."
"무서운 거?"
"말 머리와 말 피를 무서워한다고 했지. 그랬더니 그걸로 도깨비들이 집 안에 얼씬거리지 못하도록 수를 써야 한다고 했어. 내가 샘물줄기를 바꾸고 나면 틀림없이 도깨비들이 노여워할 거라고 말이야. 샘물줄기를 찾아 물길을 바꾸고 며칠 뒤에 가 보니까 기와집 앞은 온통 아수라장이었어."
"왜?"
"샘이 마른 이유를 알아내고 동물과 도깨비들이 모두 그곳으로 모인 거야. 대왕님은 나를 잡아 오라고 불호령을 내렸지. 하지만 아무도 기와집은 건드리지 못했어. 기와집 담에는 빈틈없이 말 피가 뿌려져 있었고 대문에는 말 머리가 높이 올려져 있었던 거야. 끔찍한 광경이었어."

10 도깨비들이 무서워하는 것을 두 가지 고르시오.

① 말 피　　② 기와집　　③ 말 머리
④ 샘물줄기　　⑤ 살아 있는 말

11 이 글에서 짐작할 수 있는 버들이가 추구하는 가치는 무엇입니까?

① 생명 존중을 추구한다.
② 믿음과 사랑을 추구한다.
③ 현실적인 이익을 추구한다.
④ 다른 사람과 함께하는 삶을 추구한다.
⑤ 진심을 담아 상대를 대하는 것을 추구한다.

12 다음 문자 메시지에서 지수가 정민이와 나누려는 마음은 무엇입니까?

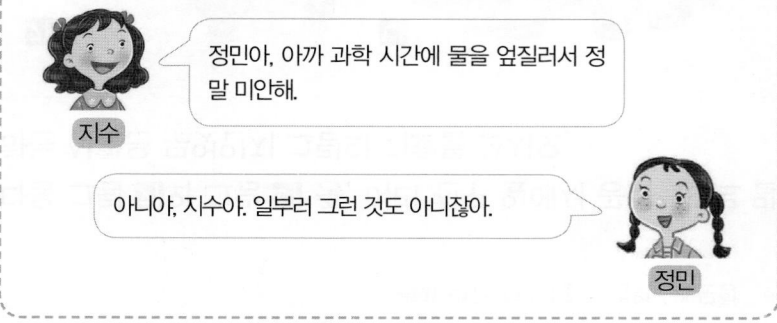

① 화난 마음　　② 슬픈 마음　　③ 미안한 마음
④ 섭섭한 마음　　⑤ 답답한 마음

13~14

㈎ 허련은 벌떡 일어나 큰절을 올렸다. 추사 선생은 미간에 주름을 세우고 허련을 바라보았다.

"저는 해남을 떠나올 때 이미 스승을 찾았습니다. 초의 선사의 편지 내용이 어떤 것이었든 이제 상관이 없습니다. 어르신께서 제 그림의 부족함을 일깨워 주셨으니 그것을 채우는 것도 어르신께로부터 배우고 싶습니다."

추사 선생은 못마땅한 표정으로 허련을 쏘아보았다. 애당초 흔쾌한 대답을 기대하지 않은 터였다. 허련은 개의치 않고 고개를 깊이 숙였다. 추사 선생이 심드렁하게 말했다.

"그러시게. 자네는 자네의 스승을 찾게. 나는 내 제자를 찾을 터이니."

㈏ 허련은 월성위궁을 떠날 생각은 완전히 접고 아예 추사 선생의 자잘한 시중을 맡아 했다. 새벽에 일어나 마당을 쓸고, 서재를 활짝 열어 신선한 공기를 넣었다. 그러면 허련의 새 하루도 시작되었다. 사랑채를 청소하고 추사 선생의 붓을 씻어 말리고 먹을 갈았다. 얼마 안 가서 하인이 아예 허련에게 일을 미루어 버렸다. 추사 선생도 언제부턴가 허련이 월성위궁에 머무는 걸 당연하게 여겼다.

13 글 ㈎에서 허련이 처한 상황은 어떠합니까?

① 추사 선생이 제자로 받아 주지 않았다.
② 추사 선생을 찾아갔으나 만날 수 없었다.
③ 월성위궁에 머물고 싶지만 머물 수 없었다.
④ 그림을 열심히 그렸으나 그림 실력이 늘지 않았다.
⑤ 하인들과 친하게 지내고 싶으나 하인들이 외면했다.

14 허련이 추구하는 삶과 관련 있는 가치는 무엇입니까?

① 평등   ② 정의   ③ 자유
④ 끈기   ⑤ 생명 존중

15~16

태우: 소진아, 제주도에 다녀왔다며? 재미있었어?
소진: 제주도에 다녀온 것 말이야? 아까 민진이에게만 말했는데 넌 어떻게 알았어? 정말 ㉠발 없는 말이 천 리 가는구나.

15 ㉠ 대신에 쓸 수 있는 표현으로 알맞은 것은 무엇입니까?

① 눈이 동그래지다
② 눈이 번쩍 뜨이다
③ 말꼬리를 물고 늘어지다
④ 가는 말이 고와야 오는 말이 곱다
⑤ 낮말은 새가 듣고 밤말은 쥐가 듣는다

16 소진이처럼 말을 할 때 관용 표현을 활용하면 좋은 점이 <u>아닌</u> 것은 무엇입니까?

① 전하고 싶은 말을 쉽게 표현할 수 있다.
② 하려는 말을 상대가 쉽게 알아들을 수 있다.
③ 하고 싶은 말을 더 효과적으로 표현할 수 있다.
④ 전하려는 말을 길고 구체적으로 표현할 수 있다.
⑤ 재미있는 표현이어서 듣는 사람의 관심을 불러일으킬 수 있다.

17~18

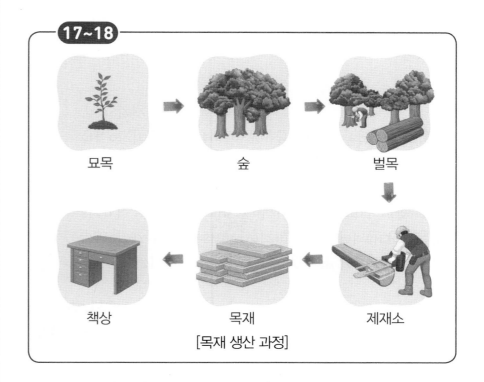

묘목 → 숲 → 벌목 → 제재소 → 목재 → 책상

[목재 생산 과정]

17 이 자료의 종류는 무엇입니까?

① 지도   ② 그림   ③ 도표
④ 음악   ⑤ 기사문

18 이 자료는 다음 중 어떤 근거를 뒷받침하는 것인지 기호를 쓰시오.

㉮ 숲은 지구 온난화를 막아 준다.
㉯ 숲은 홍수와 산사태를 막아 준다.
㉰ 숲은 소중한 자원을 제공해 준다.
㉱ 숲은 미세 먼지를 잡아 주어 공기를 깨끗하게 해 준다.

19 다음 친구는 어떤 매체 자료를 활용해 다른 나라의 문화를 소개했는지 빈칸에 들어갈 알맞은 말을 쓰시오.

폴란드 민속춤의 움직임이나 특징을 [   ]을/를 보여 주며 소개했어.

20~21

㈎ "나리는 어떻게 생각하시는지요? ㉠역시 오랑캐의 나라라 볼 게 없다고 여기시는지요?"

창대의 질문에 나리는 기다렸다는 듯이 대답했다.

"나는 시골의 삼류 선비지만, 중국의 제일가는 경치는 저 기와 조각과 똥 덩어리라고 말하고 싶구나."

㈏ "깨진 기와 조각은 천하에 쓸모없는 물건이다. 그러나 백성들의 집에 담을 쌓을 때 깨진 기와 조각을 둘씩 짝을 지어 물결무늬를 만들기도 하고, 혹은 네 조각을 모아 쇠사슬 모양이나 엽전 모양을 만들지 않느냐? ㉡깨진 기와 조각도 알뜰하게 사용했기에 천하의 고운 빛깔을 다 낼 수 있었던 것이다."

㈐ "㉢사람으로 태어나서 어찌 다른 사람의 손길만 기다리겠느냐? 스스로 쓰임새를 찾는다면 어찌 똥오줌이나 깨진 기와 조각의 쓰임새에 비하겠으며, 그렇지 못하다면 그야말로 길거리에 굴러다니는 개똥보다 못할 것이니라."

"에이, 그게 뭡니까? 맞으면 맞는다, 아니면 아니다 명확히 대답을 해 주셔야지요."

장복이의 응석에 나리는 다시 한번 꼬집어 말하였다.

"㉣스스로의 가치는 스스로가 매기는 거야."

20 깨진 기와 조각의 쓰임으로 알맞은 것은 무엇입니까?

① 거름으로 쓴다.
② 집에 담을 쌓을 때 쓴다.
③ 물건을 사거나 팔 때 쓴다.
④ 아픈 사람을 치료할 때 쓴다.
⑤ 고마운 마음을 표현할 때 쓴다.

21 ㉠~㉣ 중 글쓴이의 생각이 담긴 표현이 아닌 것의 기호를 쓰시오.

22~23

어려운 경기 속에서도 이렇게 기부가 늘어난 데는 재미와 감동이 함께하는 이른바 '스마트 기부'가 한몫을 하고 있습니다. 신방실 기자가 전해 드립니다.

기부에 손쉽게 다가갈 수 있는 방법입니다.

스마트 기부 콘텐츠 '동기' 분석
자료: ○○학회

22 이 뉴스에서 전하는 내용은 무엇입니까?

① 스마트폰 사용자가 늘어난다는 것
② 디지털 기술이 점점 발전한다는 것
③ 기부를 하는 사람들이 줄어든다는 것
④ 이웃과 정을 나누는 방법이 다양하다는 것
⑤ 재미와 감동이 함께하는 스마트 기부가 확산된다는 것

23 장면 ❶에서 진행자의 역할은 무엇입니까?

① 알리려는 내용을 취재한다.
② 뉴스 영상을 제작하고 편집한다.
③ 취재한 내용을 뉴스로 보도한다.
④ 면담 자료나 통계 자료로 설명한다.
⑤ 뉴스의 핵심 내용을 요약해 안내한다.

24 다음 ㉠~㉤ 중, 바르게 고쳐 쓰지 못한 부분을 찾아 기호를 쓰시오.

하루 세끼 가운데에서 가장 ㉠중요한것이 아침밥이다. 부모님께서는 건강하려면 아침밥을 먹어야 한다고 말씀하신다. 비록 한 ㉡끼라서 아침밥을 거르거나 대충 때우면 ㉢하루 온종일 열량과 영양소가 부족해 건강을 잃게 된다. 아침밥을 거르면 영양소가 ㉣부족해 몸도 마음도 힘들어진다. 그렇다면 아침밥을 먹어야 하는 ㉤까닭은 무엇일까?

25 경험한 내용을 영화로 만들 때 가장 먼저 할 일은 무엇입니까?

① 문구 정하기
② 주제 정하기
③ 음악과 자막 넣기
④ 사진이나 영상 넣기
⑤ 자료를 수집하고 정리하기

● 다음 물음에 맞는 답을 OMR 카드에 표기하시오.

1 나눗셈의 몫이 1보다 작은 것을 모두 고르세요.

① $1 \div 4$ ② $6 \div 5$ ③ $8 \div 3$
④ $11 \div 9$ ⑤ $12 \div 20$

2 가로가 2 cm이고 넓이가 $\frac{9}{5}$ cm²인 직사각형이 있습니다. 이 직사각형의 세로는 몇 cm인가요?

3 각기둥과 각뿔에 대한 설명으로 잘못된 것은 어느 것인가요?

① 각기둥의 두 밑면은 서로 평행하다.
② 오각기둥과 오각뿔의 옆면의 수는 같다.
③ 각뿔의 옆면의 수는 밑면의 변의 수와 같다.
④ 각기둥에서 높이는 두 밑면 사이의 거리이다.
⑤ 각뿔의 꼭짓점에서 밑면에 수직인 선분을 모서리라고 한다.

4 꼭짓점이 14개인 각기둥의 이름은 무엇인가요?

① 삼각기둥   ② 오각기둥   ③ 칠각기둥
④ 구각기둥   ⑤ 십각기둥

5 오른쪽 전개도를 접었을 때 만들어지는 각기둥의 모든 모서리의 길이의 합은 몇 cm인가요?

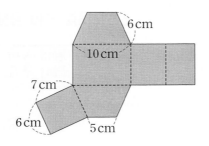

① 34 cm   ② 68 cm
③ 82 cm   ④ 110 cm
⑤ 136 cm

6 나눗셈의 몫이 가장 큰 것은 어느 것인가요?

① $94.5 \div 27$ ② $9.45 \div 27$
③ $945 \div 27$ ④ $0.945 \div 27$
⑤ $0.0945 \div 27$

7 3 : 5와 다른 비는 어느 것인가요?

① 3 대 5   ② 3과 5의 비
③ 5와 3의 비   ④ 3의 5에 대한 비
⑤ 5에 대한 3의 비

8 어느 문구점에서 파는 학용품의 정가와 판매 가격을 나타낸 표입니다. 할인율이 가장 높은 학용품은 어느 것인가요?

학용품	정가	판매 가격
공책	1500원	1200원
필통	3000원	2280원
색연필	2000원	1500원

9 띠그래프 또는 원그래프로 나타내기에 알맞지 않은 것을 모두 고르세요.

① 학년별 몸무게의 변화
② 한 달 동안의 용돈 사용 내역
③ 어느 과수원의 과일별 생산량
④ 월별 초미세 먼지 농도의 변화
⑤ 친구들이 좋아하는 간식의 종류

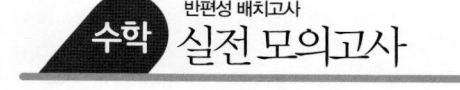
[10~11] 지훈이네 반 학생들이 좋아하는 운동을 조사하여 나타낸 띠그래프입니다. 물음에 답하세요.

좋아하는 운동별 학생 수

0 10 20 30 40 50 60 70 80 90 100 (%)

야구 (30 %)	축구 (25 %)	농구 (15 %)	배구 (10 %)	기타 (20 %)

10 가장 많은 학생이 좋아하는 운동은 어느 것인가요?

① 야구   ② 축구   ③ 농구
④ 배구   ⑤ 기타

11 축구를 좋아하는 학생 수는 배구를 좋아하는 학생 수의 몇 배인가요?

① 1배   ② 1.5배   ③ 2배
④ 2.5배   ⑤ 3배

12 부피 단위 사이의 관계를 바르게 나타낸 것은 어느 것인가요?

① $4\text{ m}^3 = 40000\text{ cm}^3$

② $2.4\text{ m}^3 = 240000\text{ cm}^3$

③ $30\text{ m}^3 = 3000000\text{ cm}^3$

④ $6500000\text{ cm}^3 = 6.5\text{ m}^3$

⑤ $70000000\text{ cm}^3 = 7\text{ m}^3$

13 한 모서리의 길이가 4 cm인 쌓기나무 27개를 정육면체 모양으로 쌓았습니다. 쌓은 정육면체의 겉넓이는 몇 cm²인가요?

① 27 cm^2 ② 64 cm^2 ③ 144 cm^2
④ 864 cm^2 ⑤ 1728 cm^2

14 ㉠과 ㉡에 알맞은 수를 차례로 쓴 것은 어느 것인가요?

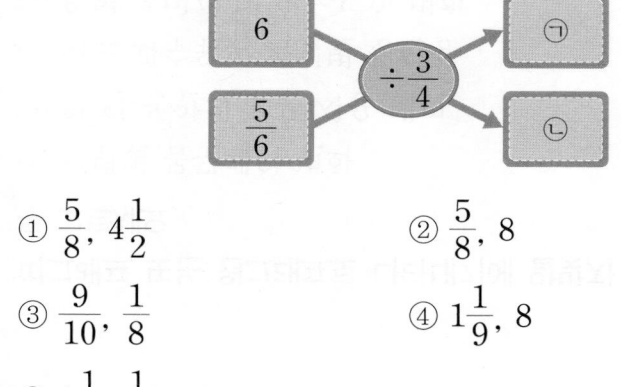

① $\dfrac{5}{8}$, $4\dfrac{1}{2}$ ② $\dfrac{5}{8}$, 8

③ $\dfrac{9}{10}$, $\dfrac{1}{8}$ ④ $1\dfrac{1}{9}$, 8

⑤ $1\dfrac{1}{9}$, $\dfrac{1}{8}$

15 계산 결과가 자연수인 것은 어느 것인가요?

① $4\dfrac{1}{6} \div 2\dfrac{1}{2}$ ② $4\dfrac{4}{7} \div \dfrac{4}{21}$

③ $4\dfrac{1}{3} \div 2\dfrac{8}{9}$ ④ $5\dfrac{2}{3} \div 1\dfrac{1}{2}$

⑤ $6\dfrac{3}{4} \div 2\dfrac{5}{6}$

16 다음 나눗셈의 몫을 반올림하여 소수 둘째 자리까지 나타내세요.

$$3.2 \div 7$$

17 다음 3장의 수 카드를 한 번씩만 사용하여 몫이 가장 크게 되도록 (소수 한 자리 수)÷(소수 한 자리 수)를 완성할 때 몫은 얼마인가요?

4	6	7	⇨	0.□) □.□

① 16   ② 17   ③ 18
④ 19   ⑤ 20

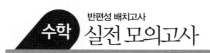
18 주어진 모양과 똑같이 쌓는 데 필요한 쌓기나무는 몇 개인가요?

위에서 본 모양

① 7개   ② 8개   ③ 9개
④ 10개   ⑤ 11개

19 쌓기나무로 쌓은 모양을 위, 앞, 옆에서 본 모양입니다. 쌓은 모양으로 가능한 모양을 찾아 기호를 쓰세요.

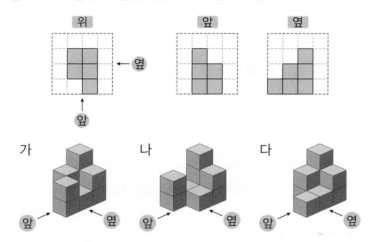

20 두 비율을 보고 비례식으로 바르게 나타낸 것을 고르세요.

$$\frac{4}{7} = \frac{16}{28}$$

① 4 : 7 = 16 : 28   ② 7 : 4 = 16 : 28
③ 4 : 7 = 28 : 16   ④ 4 : 28 = 7 : 16
⑤ 28 : 4 = 16 : 7

21 가로와 세로의 비가 4 : 5인 직사각형 모양의 수첩을 샀습니다. 이 수첩의 가로가 12 cm일 때 세로는 몇 cm인가요?

① 13 cm   ② 14 cm
③ 15 cm   ④ 16 cm
⑤ 17 cm

22 넓이가 111.6 cm²인 원의 둘레는 몇 cm인가요?

(원주율: 3.1)

① 74.4 cm   ② 37.2 cm
③ 18.6 cm   ④ 12 cm
⑤ 6 cm

23 색칠한 부분의 넓이는 몇 cm²인가요? (원주율: 3.14)

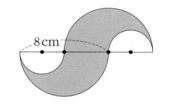

8 cm

24 원기둥과 원뿔의 같은 점을 모두 고르세요.

① 밑면이 원이다.
② 밑면이 2개 있다.
③ 옆면이 굽은 면이다.
④ 꼭짓점이 1개 있다.
⑤ 앞에서 본 모양이 직사각형이다.

25 다음 두 입체도형의 높이의 차는 몇 cm인가요?

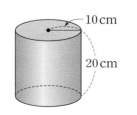

10 cm
20 cm
15 cm
17 cm
8 cm

① 2 cm   ② 3 cm   ③ 5 cm
④ 7 cm   ⑤ 10 cm

출제 범위: 6학년 전체 범위 / 25문항

● 다음 물음에 맞는 답을 OMR 카드에 표기하시오.

1 다음 ㉠, ㉡에 들어갈 사람이 알맞게 연결된 것은 무엇입니까?

> • 4 · 19 혁명 이후 국민은 민주적인 사회를 기대했지만 (㉠)은/는 군인들을 동원해 정권을 잡았다.
> • 1979년 (㉠)이/가 부하에게 살해되고 국민은 민주주의 사회가 될 것이라고 기대했지만, (㉡)이/가 중심이 된 군인들이 또 정변을 일으켰다.

	㉠	㉡		㉠	㉡
①	전두환	이승만	②	이승만	박정희
③	박정희	전두환	④	전두환	박정희
⑤	이승만	전두환			

2 5 · 18 민주화 운동의 의의로 알맞은 것은 무엇입니까?

① 헌법을 고치는 계기가 되었다.
② 지방 자치제가 실시될 수 있었다.
③ 대통령 간선제가 실시될 수 있었다.
④ 독재 정치가 유지될 수 있는 계기가 되었다.
⑤ 민주화에 대한 시민들과 학생들의 의지를 보여 주었다.

3 다음에서 설명하는 정치 제도는 무엇인지 쓰시오.

> 모든 국민이 나라의 주인으로서 권리를 갖고, 그 권리를 자유롭고 평등하게 행사하는 정치 제도를 말한다.

4 민주 선거의 기본 원칙에 대한 설명으로 알맞은 것을 모두 고른 것은 무엇입니까?

> ㉠ 직접 선거 – 투표는 자신이 직접 해야 함.
> ㉡ 보통 선거 – 누구나 한 사람이 한 표씩만 행사할 수 있음.
> ㉢ 비밀 선거 – 자신이 어떤 후보를 선택했는지 다른 사람에게 말하지 않음.
> ㉣ 평등 선거 – 선거일 기준으로 만 18세 이상의 국민이면 누구나 투표할 수 있음.

① ㉠, ㉡   ② ㉠, ㉢   ③ ㉠, ㉡, ㉣
④ ㉡, ㉢, ㉣   ⑤ ㉠, ㉡, ㉢, ㉣

[5~6] 다음을 보고, 물음에 답하시오.

법에 따라 재판으로 문제를 해결하는 곳이야. ㉠
교육부, 국방부, 외교부, 통일부 등의 조직으로 구성되어 있어. ㉡
법을 만드는 일, 법을 고치거나 없애는 일을 해. ㉢

5 위 ㉠~㉢에 해당하는 국가 기관의 이름을 각각 쓰시오.

㉠ ( ), ㉡ ( ), ㉢ ( )

6 위 ㉠~㉢ 중 다음과 같은 일을 하는 곳을 골라 기호로 쓰시오.

> • 정부에서 계획한 예산안을 살펴보고, 이미 사용한 예산이 잘 쓰였는지를 검토한다.
> • 정부가 법에 따라 일을 잘하고 있는지 확인하려고 국정 감사를 한다.

7 다음에서 설명하는 경제 활동의 주체는 무엇입니까?

> • 가정 살림을 같이하는 생활 공동체를 말한다.
> • 생산 활동에 참여하는 대가로 소득을 얻는다.

① 가계   ② 기업   ③ 정당
④ 정부   ⑤ 시민 단체

8 우리나라 경제의 특징으로 알맞은 것은 어느 것입니까?

① 소비자는 경제 활동에서 이익을 얻을 수 없다.
② 소비자는 국가에서 정해 준 물건만 살 수 있다.
③ 기업은 더 많은 이익을 얻기 위해서 경쟁을 한다.
④ 개인은 경제 활동의 자유는 누리지만 경쟁은 하지 않는다.
⑤ 기업은 경제 활동에서 경쟁을 하지만 자유는 누리지 못한다.

9 다음에서 설명하는 기관은 무엇입니까?

경제 활동이 공정하게 이루어질 수 있도록 심판과 같은 역할을 하는 곳이에요.

① 국회
② 헌법 재판소
③ 선거 관리 위원회
④ 공정 거래 위원회
⑤ 국가 인권 위원회

10 우리나라의 경제 성장 모습에 대한 설명을 바르게 말한 사람을 모두 골라 이름을 쓰시오.

• 찬영: 1962년에 정부는 경제 개발 5개년 계획을 세웠어.
• 소미: 1970년대에는 공업 중심의 산업 구조를 농업 중심의 산업 구조로 변화시키려고 노력했어.
• 한석: 자동차 산업은 1980년대에 본격적으로 세계 시장에 제품을 수출하면서 크게 성장했어.

11 다음과 같은 노력을 통해 해결할 수 있는 경제 성장 과정에서 나타난 문제점은 무엇입니까?

• 기업들이 친환경 제품을 판매한다.
• 정부에서 전기 자동차 보급을 위해 지원 정책을 마련한다.

① 이산가족 문제
② 환경 오염 문제
③ 경제적 양극화 문제
④ 노사 갈등에 따른 문제
⑤ 남녀 갈등에 따른 문제

12 다음 (   ) 안에 들어갈 말로 알맞은 것은 무엇입니까?

(   )은/는 나라와 나라 사이에 물건과 서비스를 사고 파는 것을 말한다.

① 경쟁
② 교류
③ 수입
④ 수출
⑤ 무역

13 세계 여러 나라가 무역을 하다가 불리한 점이 생기면 자기 나라 경제를 보호하는 까닭을 모두 고른 것은 무엇입니까?

㉠ 자기 나라 국민의 실업을 방지하려고
㉡ 다른 나라 물건에 낮은 관세를 부과하려고
㉢ 자기 나라의 경쟁력이 낮은 산업을 보호하려고

① ㉠
② ㉠, ㉡
③ ㉠, ㉢
④ ㉡, ㉢
⑤ ㉠, ㉡, ㉢

14 지구본에 대한 설명으로 알맞지 <u>않은</u> 것은 어느 것입니까?

① 가지고 다니기 편하다.
② 실제 지구처럼 생김새가 둥글다.
③ 전 세계의 모습을 한눈에 보기 어렵다.
④ 실제 지구의 모습을 아주 작게 줄인 모형이다.
⑤ 세계 여러 나라의 위치와 영토 등의 지리 정보를 세계 지도보다 더 정확하게 담고 있다.

15 다음에서 설명하는 대륙은 어디입니까?

• 우리나라가 속해 있는 대륙이다.
• 대륙 중 가장 크며 세계 육지 면적의 약 30%를 차지한다.

16 다음에서 설명하는 나라는 어디입니까?

• 위치한 대륙: 북아메리카
• 위도와 경도 범위: 북위 41°~84°, 서경 52°~141°
• 주변에 있는 대양: 북쪽에 북극해가 있다.
• 주변에 있는 나라: 남쪽에 미국이 있다.

① 일본
② 베트남
③ 브라질
④ 캐나다
⑤ 대한민국

17 다음 ㉠에 들어갈 내용으로 알맞은 것은 어느 것입니까?

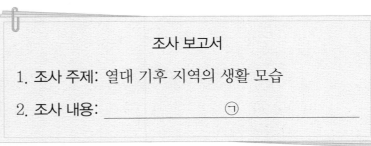

조사 보고서
1. 조사 주제: 열대 기후 지역의 생활 모습
2. 조사 내용: _____ ㉠

① 바나나, 기름야자, 커피를 대규모로 재배한다.
② 물과 풀을 찾아 가축과 함께 유목 생활을 한다.
③ 목재와 펄프의 세계적인 생산지가 되기도 한다.
④ 지중해 주변 지역에서는 올리브나 포도를 재배한다.
⑤ 이 지역의 자연환경을 연구하려고 여러 나라가 연구소나 기지를 세운다.

18 오른쪽 인도의 복장인 '사리'에 대한 설명으로 옳지 않은 것은 어느 것입니까?

① 인도 여성의 전통 복장이다.

② 길고 넓은 천 한 장으로 만들어졌다.

③ 두르는 방법에 따라 입는 방법이 다양하다.

④ 이슬람교의 영향으로 한 장의 천으로 만든다.

⑤ 옷감을 자르거나 바느질하는 것을 바람직하지 않게 여기는 종교의 영향을 받은 모습이다.

19 다음 사진과 관련 있는 나라는 어디입니까?

▲ 고비 사막   ▲ 동부 지역 바닷가에 있는 주요 항구 도시인 상하이

① 미국   ② 일본   ③ 중국

④ 칠레   ⑤ 러시아

20 사우디아라비아의 특징을 나타낼 수 있는 모습은 무엇입니까?

① ▲ 사파리 관광   ② ▲ 옥수수 수출

③ ▲ 겨울철 추위로 유명한 마을   ④ ▲ 원유 생산 국가

21 다음 (   ) 안에 공통으로 들어갈 알맞은 말을 쓰시오.

울릉도 주민들은 (   )을/를 '돌섬'의 사투리인 '독섬'이라고 불렀다. (   )은/는 '독섬'을 한자로 쓴 것이다.

22 분야별 남북통일을 위한 노력이 바르게 짝 지어진 기호는 어느 것입니까?

㉠ 정치적 노력: 2018년에 남북 정상 회담을 개최했다.
㉡ 사회 · 문화적 노력: 남북한 예술단이 합동 공연을 했다.
㉢ 경제적 노력: 남북 선수단이 올림픽에서 공동 입장을 했다.

① ㉠   ② ㉠, ㉡   ③ ㉠, ㉢

④ ㉡, ㉢   ⑤ ㉠, ㉡, ㉢

23 다음 신문 기사 속 지구촌 갈등의 원인으로 알맞은 것은 무엇입니까?

○○신문   20△△년 △△월 △△일

이스라엘과 팔레스타인은 지구촌의 대표적인 갈등 지역이다. 유대교를 믿는 이스라엘과 이슬람교를 믿는 팔레스타인의 다툼은 1948년 이후 지금까지 계속 되어 왔다.

① 자원   ② 종교   ③ 날씨

④ 강수량   ⑤ 인구수

24 다음에서 설명하는 국제기구는 무엇입니까?

제 1, 2차 세계 대전으로 큰 피해를 입은 세계가 평화로운 방법으로 갈등을 해결하는 것이 중요하다는 점을 깨닫고 1945년에 설립한 국제기구이다.

① 그린피스   ② 국제 연합

③ 세계 무역 기구   ④ 국경 없는 의사회

⑤ 세이브 더 칠드런

25 빈곤과 기아를 해결하기 위한 노력으로 알맞지 않은 것은 어느 것입니까?

① 가뭄에 강한 작물을 키울 수 있도록 돕는다.

② 빈곤과 기아 문제에 처한 사람들을 위해 모금 활동을 한다.

③ 지구촌 사람들이 빈곤과 기아 문제를 돕는 캠페인 활동에 참여한다.

④ 요즘 잘 사용하지 않는 물건을 버리고 새로운 물건으로 다시 구입한다.

⑤ 빈곤 때문에 교육을 받지 못하는 학생들이 교육을 받을 수 있도록 한다.

● 다음 물음에 맞는 답을 OMR 카드에 표기하시오.

1 민서네 모둠에서는 온도가 효모의 발효에 영향을 주는지 알아보기 위해 다음과 같은 가설을 세우고 실험을 하려고 합니다. 이 실험에서 다르게 해 준 조건은 어느 것입니까?

> [가설] 효모는 차가운 곳보다 따뜻한 곳에서 더 잘 발효할 것이다.
> [실험 방법] 효모와 설탕을 물에 녹여 효모액을 만들고 시험관에 넣은 뒤, 시험관을 차가운 물과 따뜻한 물에 각각 담그고 발효한 정도를 알아본다.

① 물의 양
② 효모의 양
③ 설탕의 양
④ 시험관의 크기
⑤ 시험관을 담글 물의 온도

2 지구의 운동에 대한 설명으로 옳지 <u>않은</u> 것은 어느 것입니까?

① 지구는 서쪽에서 동쪽으로 자전한다.
② 지구가 자전하기 때문에 낮과 밤이 생긴다.
③ 지구가 자전하는 방향과 공전하는 방향은 같다.
④ 지구는 태양을 중심으로 1년에 한 바퀴씩 공전한다.
⑤ 지구가 공전하기 때문에 하루 동안 별자리가 움직이는 것처럼 보인다.

3 지구가 자전하기 때문에 나타나는 현상을 에서 모두 골라 기호를 쓰시오.

> **보기**
> ㉠ 지구에 낮과 밤이 생긴다.
> ㉡ 지구에 계절의 변화가 생긴다.
> ㉢ 계절에 따라 보이는 별자리가 달라진다.
> ㉣ 하루 동안 태양과 달의 위치가 달라진다.

4 오른쪽은 어느 날 밤 관측한 달의 모양입니다. 약 7일 뒤 관측할 수 있는 달은 어느 것입니까?

① ② ③ ④

5 이산화 망가니즈에 묽은 과산화 수소수를 떨어뜨려 기체를 발생시켰습니다. 이때 발생한 기체의 성질로 옳은 것은 어느 것입니까?

① 노란색이다.
② 냄새가 있다.
③ 금속을 녹슬게 한다.
④ 석회수를 뿌옇게 만든다.
⑤ 다른 물질이 타는 것을 막는다.

6 오른쪽과 같이 주사기에 공기를 넣고 주사기 입구를 손가락으로 막은 다음, 피스톤을 누를 때 나타나는 변화로 옳은 것은 어느 것입니까?

① 공기의 부피가 커진다.
② 공기의 부피가 작아진다.
③ 공기의 부피가 변하지 않는다.
④ 피스톤을 세게 누르면 공기의 부피가 많이 커진다.
⑤ 피스톤을 약하게 누르면 공기의 부피가 조금 커진다.

7 세포에 대한 설명으로 옳지 <u>않은</u> 것은 어느 것입니까?

① 모든 생물은 세포로 이루어져 있다.
② 식물 세포는 핵, 세포벽, 세포막이 있다.
③ 대부분 크기가 매우 작아 맨눈으로 볼 수 없다.
④ 동물 세포는 식물 세포와 다르게 세포막이 없다.
⑤ 세포는 크기와 모양이 다양하고 하는 일도 다양하다.

8 식물 줄기의 기능으로 옳은 것을 **보기** 에서 모두 골라 기호를 쓰시오.

> **보기**
>
> ㉠ 씨를 만든다. ㉡ 양분을 저장한다.
> ㉢ 식물을 지지한다. ㉣ 물이 이동하는 통로이다.

9 식물의 각 부분이 하는 역할에 대한 설명으로 옳지 <u>않은</u> 것은 어느 것입니까?

① 열매 – 씨를 만든다.
② 뿌리 – 물을 흡수한다.
③ 줄기 – 물의 이동 통로이다.
④ 꽃 – 꽃가루받이가 일어난다.
⑤ 잎 – 양분을 만들고, 물을 내보낸다.

10 빛의 굴절과 관련이 <u>없는</u> 현상은 어느 것입니까?

① 개울물이 얕아 보인다.
② 물이 잠긴 다리가 짧아 보인다.
③ 물에 반쯤 담긴 젓가락이 꺾여 보인다.
④ 물체에 빛을 비추면 반대쪽에 그림자가 생긴다.
⑤ 물속의 물고기는 보이는 곳보다 깊은 곳에 있다.

11 다음 ( ) 안에 들어갈 알맞은 말을 옳게 짝 지은 것은 어느 것입니까?

> 볼록 렌즈를 통과한 햇빛이 만든 원 안은 원 밖보다 빛의 밝기가 (㉠), 온도가 (㉡).

	㉠	㉡		㉠	㉡
①	밝고	높다	②	밝고	낮다
③	어둡고	높다	④	어둡고	낮다
⑤	어둡고	같다			

12 간이 사진기로 오른쪽 그림을 보았을 때의 모습으로 옳은 것은 어느 것입니까?

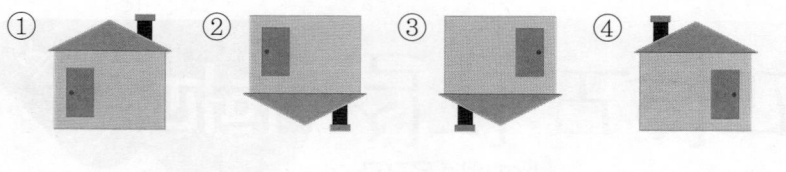

13 전지의 연결 방법이 다른 전기 회로는 어느 것입니까?

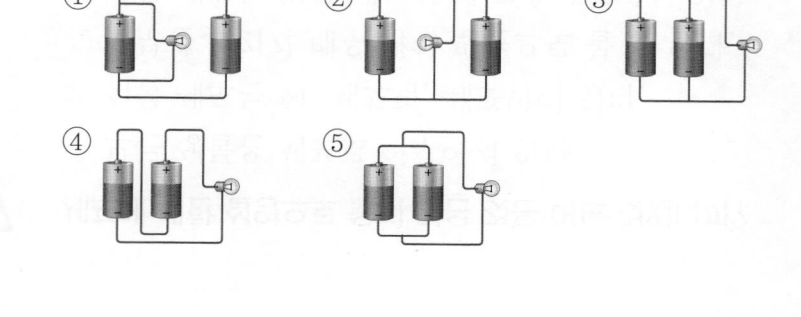

14 전구의 밝기가 가장 어두운 전기 회로를 **보기** 에서 골라 기호를 쓰시오.

> **보기**

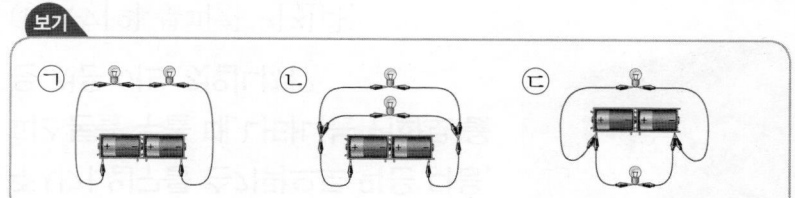

15 전자석의 성질을 이용한 전기 기구가 <u>아닌</u> 것은 어느 것입니까?

① 스피커
② 선풍기
③ 머리 말리개
④ 자기 부상 열차
⑤ 발광 다이오드 전등

16 어느 맑은 날 막대기를 세웠더니 다음과 같이 그림자가 생겼습니다. 태양 고도는 얼마입니까?

① $0°$ ② $30°$ ③ $60°$
④ $90°$ ⑤ $120°$

17 계절에 따라 기온이 달라지는 가장 큰 까닭은 어느 것입니까?

① 지구가 자전하기 때문이다.
② 태양의 온도가 변하기 때문이다.
③ 계절마다 구름의 양이 달라지기 때문이다.
④ 태양의 남중 고도가 계절마다 달라지기 때문이다.
⑤ 계절마다 태양과 지구 사이의 거리가 달라지기 때문이다.

18 오른쪽과 같이 크기가 다른 투명한 아크릴 통으로 크기가 같은 양초의 촛불을 동시에 덮은 뒤 초가 타는 시간을 비교했습니다. ㉠과 ㉡ 중 촛불이 먼저 꺼지는 것의 기호를 쓰시오.

19 초가 연소한 집기병에 석회수를 넣고 흔들었더니 무색투명했던 석회수가 뿌옇게 흐려졌습니다. 초가 연소한 후 무엇이 생겼기 때문입니까?

① 물   ② 재   ③ 산소
④ 석회수   ⑤ 이산화 탄소

20 탈 물질을 없애서 촛불을 끄는 경우와 가장 거리가 먼 것은 어느 것입니까?

①

▲ 촛불을 입으로 불기

②
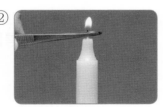
▲ 초의 심지를 핀셋으로 집기

③
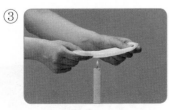
▲ 촛불을 물수건으로 덮기

④

▲ 초의 심지 자르기

21 다음에서 설명하는 것은 무엇입니까?

> 음식물을 잘게 쪼개는 과정을 말한다.

① 소화   ② 배설   ③ 호흡
④ 자극   ⑤ 순환

22 순환 기관 중에 하나이며, 펌프 작용으로 혈액을 온몸으로 순환시키는 역할을 하는 ㉠의 이름은 무엇입니까?

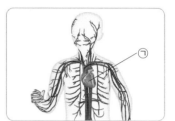

① 폐
② 심장
③ 혈관
④ 콩팥
⑤ 작은창자

23 우리 몸에 있는 감각 기관을 다섯 가지 쓰시오.

24 식물이나 사람 등의 생명 활동에 필요하며, 물질이 가진 잠재적인 에너지는 무엇입니까?

① 빛에너지   ② 열에너지   ③ 운동 에너지
④ 화학 에너지   ⑤ 전기 에너지

25 건축물에서 에너지를 효율적으로 이용하는 모습과 거리가 먼 것은 어느 것입니까?

① 단창을 설치한다.
② 이중창을 설치한다.
③ 단열재를 사용한다.
④ 외벽을 두껍게 만든다.
⑤ 단열 유리를 사용한 창문을 설치한다.

● 다음 물음에 맞는 답을 OMR 카드에 표기하시오.

1 순서에 맞게 빈칸에 알맞은 낱말을 쓰시오.

eleventh — ☐ — ☐ — fourteenth

2 다음 낱말을 모두 포함하는 낱말은 어느 것입니까?

apple   banana   orange

① sport   ② fruit   ③ season
④ body   ⑤ clothes

3 다음 그림에 알맞은 낱말은 어느 것입니까?

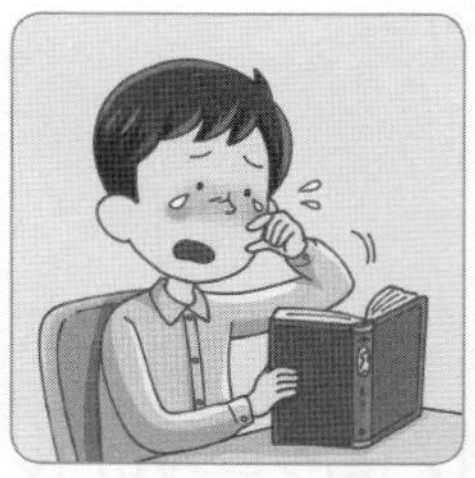

① sad   ② angry
③ happy   ④ tired
⑤ scared

4 다음 중 나머지와 성격이 <u>다른</u> 낱말은 어느 것입니까?

① bakery   ② bank   ③ medicine
④ restaurant ⑤ station

5 그림을 보고 직업을 나타내는 낱말을 완성하시오.

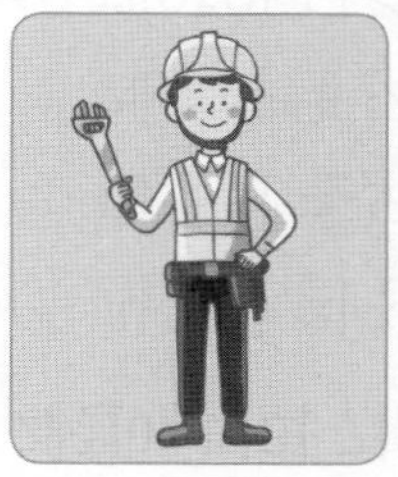

e ☐ ☐ ☐ ☐ ☐ ☐ ☐

6 다음 빈칸에 알맞은 말은 어느 것입니까?

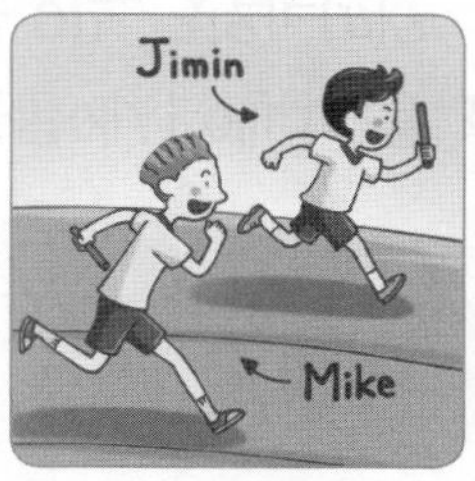

Jimin
Mike

Jimin is _____ than Mike.

① shorter   ② heavier   ③ stronger
④ older   ⑤ faster

7 다음 대화에서 <u>틀린</u> 부분을 찾아 바르게 고쳐 쓰시오.

A: Who invent Hangeul?
B: King Sejong did.

_____ ➡ _____

8 대화의 빈칸에 알맞은 질문은 어느 것입니까?

A: _____
B: M-I-N-A.

① How's it going?
② When is Mina's birthday?
③ What does she look like?
④ How do you spell your name?
⑤ Can I speak to Mina, please?

9 다음 중 대화 마지막에 이어질 말로 알맞은 것은 어느 것입니까?

A: What do you want to be?
B: I want to be a musician. _____

① I'm good at writing.
② I like to help animals.
③ My favorite subject is art.
④ I'll play beautiful music.
⑤ I like to read science books.

10 다음 빈칸에 알맞은 말은 어느 것입니까?

My _____ subject is math.
(내가 좋아하는 과목은 수학이야.)

① cute　　　② interesting　　　③ favorite
④ expensive　　⑤ wonderful

11 대화의 빈칸에 알맞은 말은 어느 것입니까?

A: This book looks interesting. What do you think?
B: _____ I think it's boring.

① I think so.　　　　② I have no idea.
③ I don't think so.　　④ I agree.
⑤ I don't know.

12 다음 대화의 빈칸에 알맞은 단어를 쓰시오.

A: What grade are you in?
B: I'm in the _____
_____ .

13 다음을 읽고, 내용과 일치하지 않는 것은 어느 것입니까?

Dear Harry,
How are you? What will you do this summer?
I'll go on a boat trip with Jim.
We'll swim in the river. We'll go fishing and cook.
Can you join us?
Your friend,
Jack

① Jack이 Harry에게 쓴 편지이다.
② Jack은 Jim과 보트 여행을 갈 것이다.
③ Jack과 Jim은 강에서 수영할 것이다.
④ Jack과 Jim은 하이킹하러 갈 것이다.
⑤ Jack과 Jim은 낚시를 해서 요리할 것이다.

14 다음 빈칸 (A), (B)에 알맞은 단어를 쓰시오.

A: What season do you ___(A)___ ?
B: I like ___(B)___ because I can make a snowman.

(A) _____　　　　(B) _____

15 대화의 빈칸에 알맞은 응답은 어느 것입니까?

A: The earth is very sick. What can we do for the earth?
B: _____

① We know about it.
② We can make robots.
③ We should stop at the red light.
④ We can recycle cans and bottles.
⑤ We're going to go to the museum.

16 지도에 따르면, 대화의 빈칸에 알맞은 말은 어느 것입니까?

A: Excuse me. Where's the _____ ?
B: Go straight two blocks and turn left. It's on your right.

① library　　　② hospital　　　③ museum
④ school　　　⑤ police station

17 다음 응답이 나올 수 있는 질문으로 알맞은 것은 어느 것입니까?

It's June 18th.

① What day is it today?
② When is your birthday?
③ What's the matter?
④ How will you get there?
⑤ Why are you angry?

18 대화의 빈칸에 들어갈 알맞은 말은 어느 것입니까?

A: ———— do you exercise?
B: Twice a week.

① How　② How often　③ How much　④ What time　⑤ What day

19 대화를 읽고, 빈칸에 들어갈 이름을 우리말로 쓰시오.

Mike: Can you come to my birthday party this Saturday?
Sora: Of course.
Kevin: Sorry, but I have a violin concert.

이번 토요일에 있는 Mike의 생일 파티에 참석할 수 있는 사람은 _____이다.

20 다음 중 Jim의 여동생은 누구입니까?

A: Where's Jim's sister?
B: She's over there.
A: What does she look like?
B: She has long straight hair. She is wearing glasses.

21 다음 글을 읽고, 흐름상 어색한 문장은 어느 것입니까?

Which animal do you like? My favorite animal is a kangaroo. ① Do you know anything about kangaroos? ② I have no idea. ③ Kangaroos live in Australia. ④ They can jump high. ⑤ But they can't walk backwards. Isn't it interesting?

22 다음 문장에서 틀린 부분은 어디입니까?

The melon is biger than the apple.
　①　②　③　④　⑤

23 다음 중 두 사람이 이야기하고 있는 물건은 어느 것입니까?

A: I'm looking for shoes.
B: How about these shoes?
A: Good. How much are they?
B: They're sixty thousand won.

[24~25] 다음 글을 읽고, 물음에 답하시오.

I went to Momo's Restaurant last weekend. The food was great. I ordered a spaghetti and a lemonade. The spaghetti was delicious. The lemonade was sweet and sour. I'll eat there again!

24 위 글을 읽고, 글쓴이가 주문한 음식을 모두 고르시오.

25 위 글을 읽고, 내용과 일치하는 것은 어느 것입니까?

① 글쓴이는 지난 주말에 식당을 찾지 않았다.
② 음식 맛은 별로였다.
③ 글쓴이는 스페게티와 레모네이드를 주문했다.
④ 레모네이드는 단맛이 전혀 나지 않았다.
⑤ 글쓴이는 앞으로 이 식당을 이용할 의사가 있다.